Atlas GASTRONOMIQUE *de la France*

Jean-Robert Pitte
de l'Institut

Atlas GASTRONOMIQUE de la France

CARTOGRAPHIE
Carl Voyer

ARMAND COLIN

Mise en bouche

« Le Repas gastronomique des Français » a été inscrit en 2010 par l'Unesco sur la liste représentative du Patrimoine immatériel de l'humanité. Le gouvernement français a pris à cette occasion l'engagement de poursuivre *« l'inventaire des savoir-faire agricoles et alimentaires, ainsi que des produits de terroir qui y sont associés »*. Celui-ci avait fait naguère l'objet d'une enquête approfondie dans toutes les régions françaises sur les produits agro-alimentaires et les recettes traditionnelles dans le cadre d'un organisme, hélas disparu, le Conseil national des arts culinaires, créé en 1990 par Jack Lang, ministre de la Culture, et placé sous la présidence du grand chef Alain Senderens et sous la direction d'Alexandre Lazareff. Cet inventaire a nourri une publication en 24 volumes aux éditions Albin Michel qui couvre l'ensemble du territoire métropolitain et une partie de l'Outre-Mer.

Il y avait eu dans les années 1930 le travail pionnier de Curnonsky, mais aucune recherche scientifique aussi exhaustive sur ce thème n'avait jamais été entreprise. Certains produits ont disparu, car ils étaient déjà confidentiels au tournant du XXIe siècle. D'autres sont apparus depuis, tant végétaux qu'animaux, sans oublier les vins et autres boissons fermentées, un univers en pleine recherche d'excellence. C'est le signe que notre patrimoine gastronomique est vivant et que, au-delà de l'uniformisation d'une partie de l'alimentation des Français, vivent et prospèrent des productions locales de haute qualité.

Cet inventaire voulu et financé par les pouvoirs publics a été largement mis à contribution pour établir les cartes du présent atlas, mais bien d'autres sources nationales ou régionales ont été sollicitées. L'exhaustivité est impossible dans ce domaine, car il existe de magnifiques produits de niche qui ne sont guère connus en dehors de leur terroir d'origine.

Les pages qui suivent se veulent une invitation au voyage gastronomique, à la rencontre par les papilles de toutes les régions de notre pays et à l'étonnement par la découverte des créations gourmandes. Elles veulent aussi convaincre les Français de reconquérir ce volet essentiel de leur identité et de leur culture partagée qu'est la gastronomie.

Trop souvent celle-ci passe pour un plaisir luxueux qui serait réservé à ceux qui peuvent s'offrir un repas dans l'une des nombreuses tables de France couronnées par les guides. Les grands chefs qui les font vivre sont les locomotives de l'univers gastronomique, comme les grands couturiers, les grands musiciens ou les étoiles de l'Opéra le sont, chacun, dans leurs domaines. Il faut leur rendre l'hommage qui est dû à leur talent, mais aussi débusquer, dans leur sillage, la multitude de petits bistrots chaleureux où l'on mange bien sans se ruiner, les pêcheurs, les agriculteurs, les éleveurs et les artisans des métiers de bouche qui œuvrent chaque jour pour offrir à chacun les meilleurs produits et répandent autour d'eux la joie de bien manger pour bien vivre.

Soupe aux truffes V G E
Elysée 1975

La gastronomie au cœur de l'identité française

Pour des raisons qui tiennent à sa culture religieuse et morale et à son histoire politique, la France a particulièrement cultivé l'art de bien manger et de bien boire, au point d'en faire quasiment l'un des beaux-arts. Le poète Joseph Berchoux couronne un processus commencé à la Renaissance en exhumant en 1801 un mot savant grec pour intituler l'un de ses poèmes *La gastronomie*. La terre entière l'a aujourd'hui adopté.

La soupe aux truffes noires VGE, ou soupe Élysée, spécialité culinaire créée par Paul Bocuse en 1975 pour le président Valéry Giscard d'Estaing.

Antiquité et Moyen Âge : les prémices

La réputation qu'ont les Gaulois chevelus auprès de tous les auteurs grecs et latins est de raffoler des banquets largement arrosés de cervoise, et de vin pour les plus riches d'entre eux. Des fouilles archéologiques pratiquées sur des sites datant d'avant la Guerre des Gaules ont révélé la richesse de l'alimentation de ceux que les Français affectionnent de nommer leurs ancêtres – bien qu'ils soient porteurs de bien d'autres gènes antérieurs et postérieurs aux invasions celtiques du milieu du Ier millénaire avant notre ère.

Les Gaulois sont d'excellents cultivateurs et éleveurs ; ils mangent beaucoup de viandes d'élevage, de porc en particulier, plutôt que de sanglier. Très tôt, ils exportent des fromages et des charcuteries qui sont vite réputés dans l'ensemble du monde romain. Ils vendent également des huîtres et des poissons salés pêchés le long de tous les littoraux. La cuisine gauloise est riche et variée dès avant la conquête, mais l'intégration à Rome y fait entrer de nouveaux raffinements, comme les condiments et les épices, et des recettes venues de tout l'Empire.

Au Ier siècle av. J.-C., l'écrivain grec Diodore de Sicile décrit l'amour immodéré que les Gaulois portent au vin, qu'ils importent de tout le Bassin méditerranéen et dont ils paient une amphore d'un esclave :

> *« Aimant le vin, ils s'emplissent de celui qu'apportent les marchands sans le mélanger d'eau et, leur passion les poussant à utiliser la boisson dans toute sa violence, ils s'enivrent et sombrent dans le sommeil ou dans des états délirants. »*

Lorsqu'ils apprendront à cultiver la vigne après la conquête, ils y consacreront tant de bonnes terres et d'énergie que l'empereur Domitien devra leur interdire en 92 d'en étendre les surfaces afin de ne pas mettre en péril la production céréalière. C'est Probus, le bien nommé, qui abolira cette décision très impopulaire en 276.

Après les sombres siècles des invasions germaniques et la décadence générale qui s'en suivit, notamment au plan culinaire et de la production du vin (qui ne survit que grâce à l'Église par l'eucharistie et l'hospitalité), le souci de bien manger renaît à partir du XIe siècle. Les grands seigneurs féodaux et la hiérarchie ecclésiastique y sont très attachés, car il s'agit d'affirmer son pouvoir par tous les arts, y compris ceux de la bonne chère et du bon vin.

Aux XIVe et XVe siècles, les cours princières sont encore itinérantes, mais les principales villes de séjours se transforment en brillantes capitales où ont lieu de grandes fêtes dynastiques : avènements, joyeuses entrées, mariages, réceptions de souverains étrangers, victoires militaires… En ces occasions, officiers de bouche et maîtres queux se procurent les denrées les plus rares, venues des environs ou d'horizons lointains, qu'ils cuisinent de façon savante et présentent aux convives dans de spectaculaires mises en scène. La cour de Bourgogne est de loin l'une des plus fastueuses. Le banquet du faisan offert par Philippe le Bon à Lille le 17 février 1454 marqua durablement les esprits, à la fois par les mets servis, mais aussi par la manière dont ils furent présentés.

Au Moyen Âge, on mange plutôt acide et peu gras – la sveltesse des modèles de la statuaire et de la peinture en témoigne. Comme à l'époque romaine, les plus fortunés se régalent d'épices, pour être en bonne santé, pour paraître, mais aussi par goût. Les repas sont pris assis à table et les aliments, posés sur un tranchoir de pain, mangés avec les doigts. Le nombre de plats servis dans les grands repas est tel qu'on se contente de ceux qui sont à proximité de soi.

Cameline française du XIVe siècle

« Broyez du gingembre, grand foison [quantité] de cannelle, du poivre long, [du pain] grillé trempé dans du vinaigre et du verjus ; passez le tout. »

Guillaume Tirel, dit Taillevent, *Le Viandier*, première moitié du XIVe siècle.

La Gaule à table

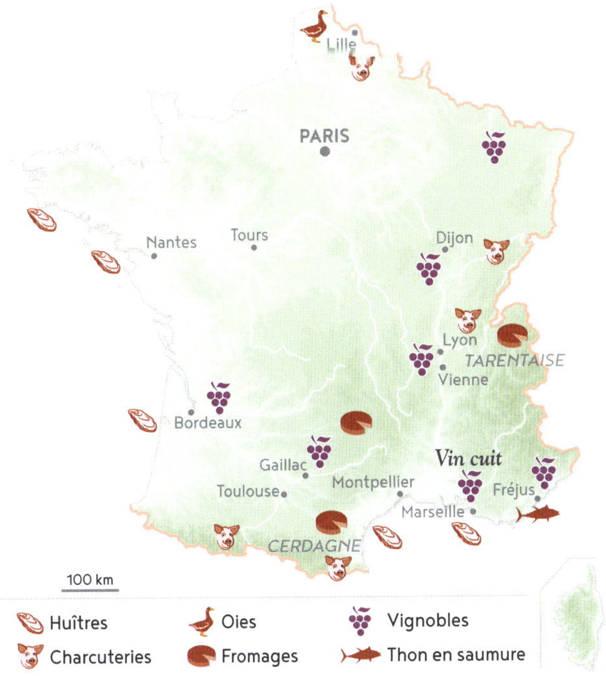

L'approvisionnement de la cour pontificale (XIVe s.)

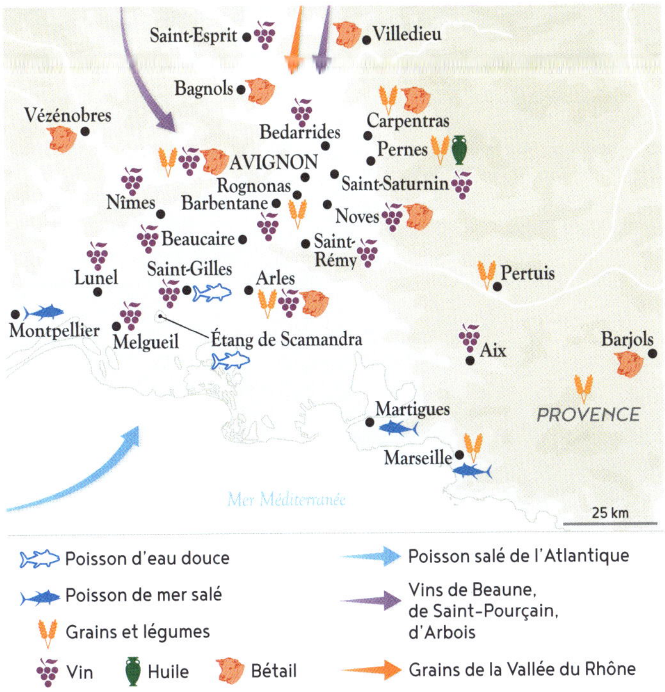

Bons vins et haute cuisine au Moyen Âge

Le poème d'Henri d'Andéli intitulé *La bataille des vins* donne la liste de tous les vins réputés en 1224. La plupart sont produits à proximité des grandes villes princières ou épiscopales où l'on aime faire bonne chère.

Les nouveautés de la Renaissance

Les Français ou, tout au moins, les habitants de l'extrémité occidentale de l'Europe qui intègrent progressivement le royaume capétien, conservent l'amour de la bonne chère que l'on prêtait jadis aux Gaulois et qui persiste au Moyen Âge. Malgré les famines, disettes et noires périodes de guerres et de pestes, les plaisirs de la table font partie de l'identité française, comme de tout le continent. Si, en Europe du Nord, à partir du XVIe siècle, la Réforme conduit à choisir une voie plus austère, au terme des guerres de religion, la France étant demeurée largement catholique, les mentalités médiévales subsistent, à l'image d'un Rabelais, chantre flamboyant de ce populaire et joyeux appétit des plaisirs de la vie.

« L'appétit vient en mangeant, la soif s'en va en buvant. »

Rabelais, *Gargantua*, 1534, chap. V, l. 108.

Cela ne veut pas dire que les habitudes alimentaires ne changent pas. Des nouveautés sont introduites d'Italie, notamment du fait des guerres menées par les Valois dans la péninsule, du tour d'Europe qu'accomplissent les garçons bien nés et des mariages qui se multiplient, en particulier celui d'Henri II avec Catherine de Médicis. Certains légumes verts deviennent furieusement à la mode (asperges, concombres, brocolis, artichauts, salades), ainsi que certains fruits (melon). Gelées et confitures sèches (le cotignac par exemple) entrent sur les tables raffinées, comme à Venise et, au-delà, en Orient où le sucre de canne est commun.

Les arts et les manières de la table se font plus élégants, même si l'on mangera encore avec les doigts jusqu'au temps de Louis XV. Vaisselle, lingerie rivalisent de luxe. C'est aussi le moment où la fourchette fait son apparition. La tradition veut qu'elle soit arrivée en Europe au XIe siècle. Lors de son séjour à Venise en 1574, le roi Henri III, qui rejoint la France pour y régner, découvre ce couvert raffiné et l'adopte. La mode du temps, avec ses cols haut-montés et ses fraises de dentelle, présente de grands risques de taches : habilement maniée, la fourchette permet de les éviter. Ses détracteurs, les ligueurs en particulier, se gaussent de cette manière, il est vrai peu commode pour manger des petits pois, comme le fera Thomas Artus dans *L'Isle des hermaphrodites* (1605).

La découverte de l'Amérique vient à point nommé pour accompagner la croissance démographique du XVIe siècle avec l'arrivée de plusieurs plantes nouvelles. Les mieux acceptées sont celles qui ne perturbent pas trop les habitudes gustatives. *Via* le Portugal, le maïs franchit ainsi les Pyrénées et arrive à Bayonne dans les années 1560. Il progresse dans le Sud-Ouest, le Languedoc et le couloir Rhône-Rhin à la vitesse d'un village par an et devient une nourriture appréciée tant des hommes que des volailles. Sans lui, jamais le foie gras, oublié depuis Rome, ne serait revenu en majesté. Le haricot (de l'aztèque *ayacotl*), à la consistance et à la saveur proches du dolique ou de la fève, rencontre également un grand succès dont le cassoulet est un témoin vivant. Le piment devient un substitut peu onéreux du poivre.

La méfiance est plus grande vis-à-vis de la tomate qui n'arrive, par exemple, en Alsace qu'aux alentours de 1920. Le Nord est réticent vis-à-vis des puissantes saveurs de la Méditerranée, et l'on oublie parfois qu'à Paris, dans les années 1950, l'huile d'olive était un produit exotique ou à usage thérapeutique. Quant à la pomme de terre, il faudra attendre la fin du règne de Louis XVI pour qu'elle commence à intéresser les Français, puis finalement les séduire et entrer dans toutes les cuisines régionales.

Parmentier serait bien étonné qu'une purée au beurre soit aujourd'hui le plat fétiche de l'un des plus célèbres chefs de la planète, Joël Robuchon…

LES VÉGÉTAUX VENUS D'AMÉRIQUE

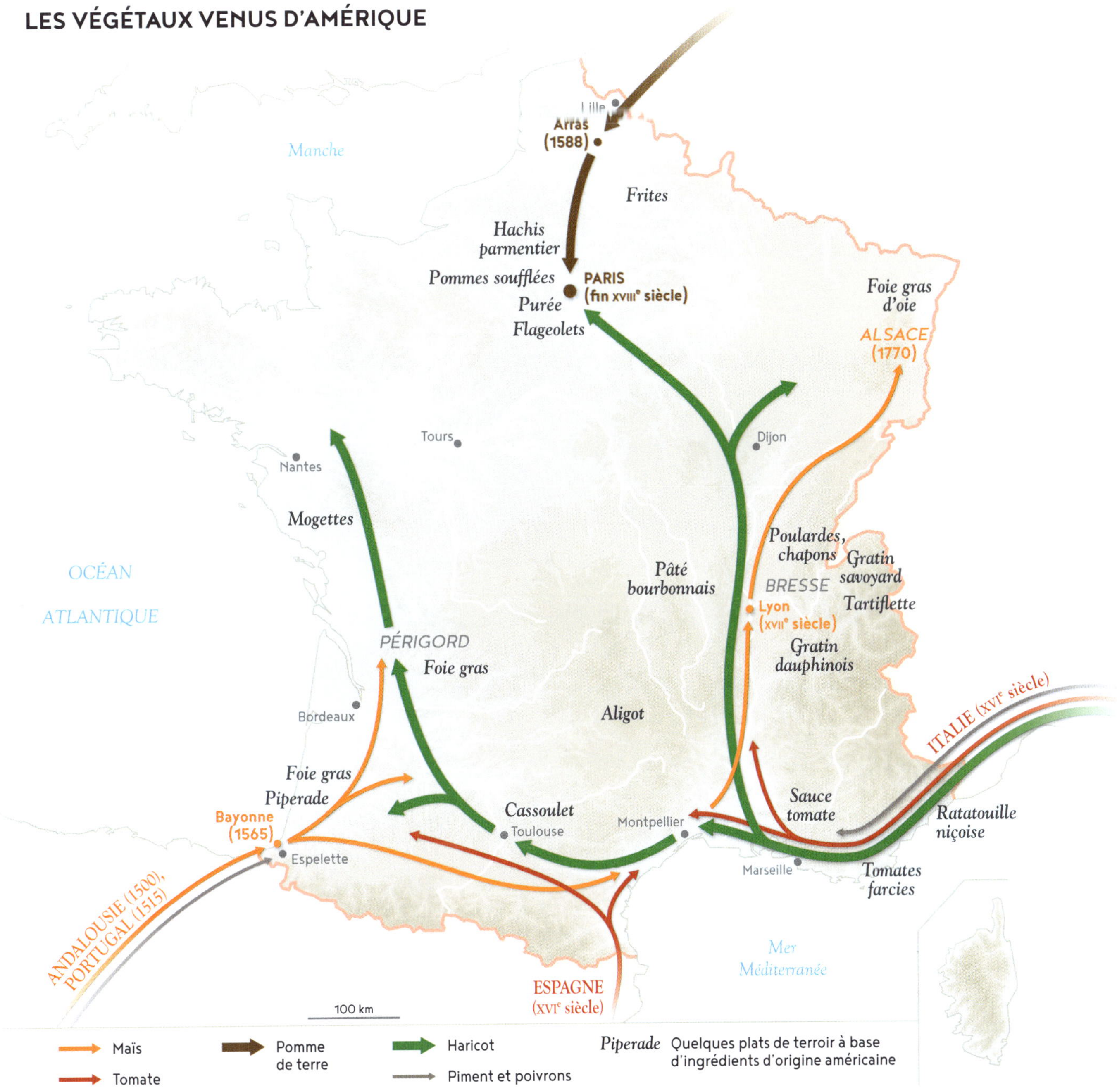

La recette du cotignac par Nostradamus

« Prenez des coings douze, et les faites cuire au four dans une pièce de cuivre, ou une bassine large basse, et faites que les coings soient bien mûrs et jaunes, quand ils seront bien rôtis au four tant qu'ils seront bien cuits, vous les ôterez du four, et les plumerez gentiment : puis les ferez passer par une toile neuve étroite, bien serrée, tant qu'ils en passent la plus grande part : quand vous verrez que tout sera bien passé, vous prendrez de la chair qui est passée, la poserez, que s'il y en a quatre livres, vous prendrez trois livres de sucre mis en poudre, et les mettrez avec la chair qui est passée, ferez cuire le tout dans une poêle sur le feu avec des charbons : que le feu soit au fond : aurez un bistortier*, ou un bâton rond, et tant qu'il cuira, incessamment ne ferez que remuer de peur qu'il ne soit brûlé : pour connaître quand il sera cuit, vous en mettrez avec le bistortier sur un plat d'étain, regarderez si la chair est ferme, si se ôte rondement sans adhérer au plat alors il sera cuit : après qu'il sera cuit, vous le mettrez tout chaud dans des boîtes ou de bois ou de verre, ainsi qu'il vous plaira. »

* Rouleau à pâtisserie.

Nostradamus,
Traité des confitures, Lyon, 1555.

La révolution culinaire des XVIIe et XVIIIe siècles : le rôle de la cour royale

La majorité de Louis XIV marque un tournant décisif dans l'histoire de la haute cuisine française. Sous l'impulsion personnelle du monarque, elle va ainsi se distinguer nettement du modèle hérité de Rome et depuis commun à toute l'Europe médiévale. Cette révolution culturelle touche tous les arts : l'architecture, la peinture, la sculpture, la musique, la danse, l'art des jardins, etc. Mais c'est peut-être dans le domaine culinaire qu'elle est la plus puissante.

Il s'agit d'affirmer le pouvoir du roi sur la haute noblesse et de mettre un point final à la Fronde ; il s'agit aussi de manifester l'éclat de la France en Europe et dans le monde et d'accompagner sa politique étrangère et son expansion territoriale. Près de 300 gentilshommes, officiers de bouche, cuisiniers et laquais préparent et servent ainsi chaque jour les repas royaux en respectant un rituel complexe, dans de la vaisselle en or et en argent, dont il ne reste rien, en raison des fontes ordonnées au XVIIIe siècle pour financer les campagnes militaires.

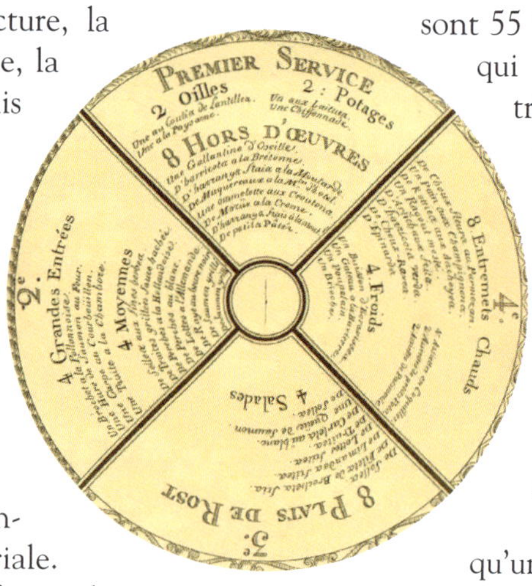

Menu du souper du roi à Choisy du 4 novembre 1757.

Le début de la révolution culinaire remonte en fait à 1651, date de la parution du livre de recettes *Le cuisinier françois* (*françois* voulant dire de l'Île-de-France et de la France du Nord) d'un certain La Varenne, au service de bouche du marquis d'Uxelles, conseiller du roi. Jusqu'en 1691, pas moins de 12 ouvrages de cuisine voient ainsi le jour, dont les multiples rééditions totalisent environ 100 000 volumes, permettant ainsi une diffusion rapide des nouvelles manières de table. Alors qu'au XIVe siècle, le célèbre *Viandier* de Taillevent ne proposait qu'une seule recette avec du beurre, 39 % des recettes du livre de La Varenne en comportent. On y découvre notamment la recette de la sauce douce destinée à accompagner les asperges, première version de la sauce dite hollandaise. Dans *L'Art de bien traiter* de 1674, ce sont 55 % des recettes et 80 % des sauces qui utilisent du beurre. Les saveurs très acides, aigres-douces et épicées ont ainsi quasiment disparu. Les viandes blanches et tendres sont à l'honneur, tout comme les légumes verts, les fines herbes et les fruits, d'où l'importance que Louis XIV accorde à son potager où il se rend souvent en y entrant par la plus somptueuse grille du domaine de Versailles.

On ne boit encore à la cour qu'un seul vin à table, pâle (clairet), de Champagne, puis de Bourgogne, largement étendu d'eau et de glace. Le champagne mousseux ne devient à la mode que sous la Régence et, surtout, sous Louis XV, comme le montrent les deux célèbres tableaux commandés par le roi en 1735 : *Le déjeuner d'huîtres* de Jean-François de Troy et *Le déjeuner de jambon* de Nicolas Lancret.

Bientôt, les chefs de cuisine ayant œuvré au service du roi de France et des puissants du royaume sont demandés dans toute l'Europe. L'un des pionniers du genre est André Noël, originaire du Périgord, qui devient maître d'hôtel de Frédéric II de Prusse de 1755 jusqu'à sa mort à Berlin en 1801. Le roi poète l'appréciait tant qu'il écrivit pour lui une *Épître au sieur Noël* en 137 vers, parmi lesquels :

> « *C'est un Newton dans l'art de la marmite*
> *Un vrai César en fait de lèchefrite.* »

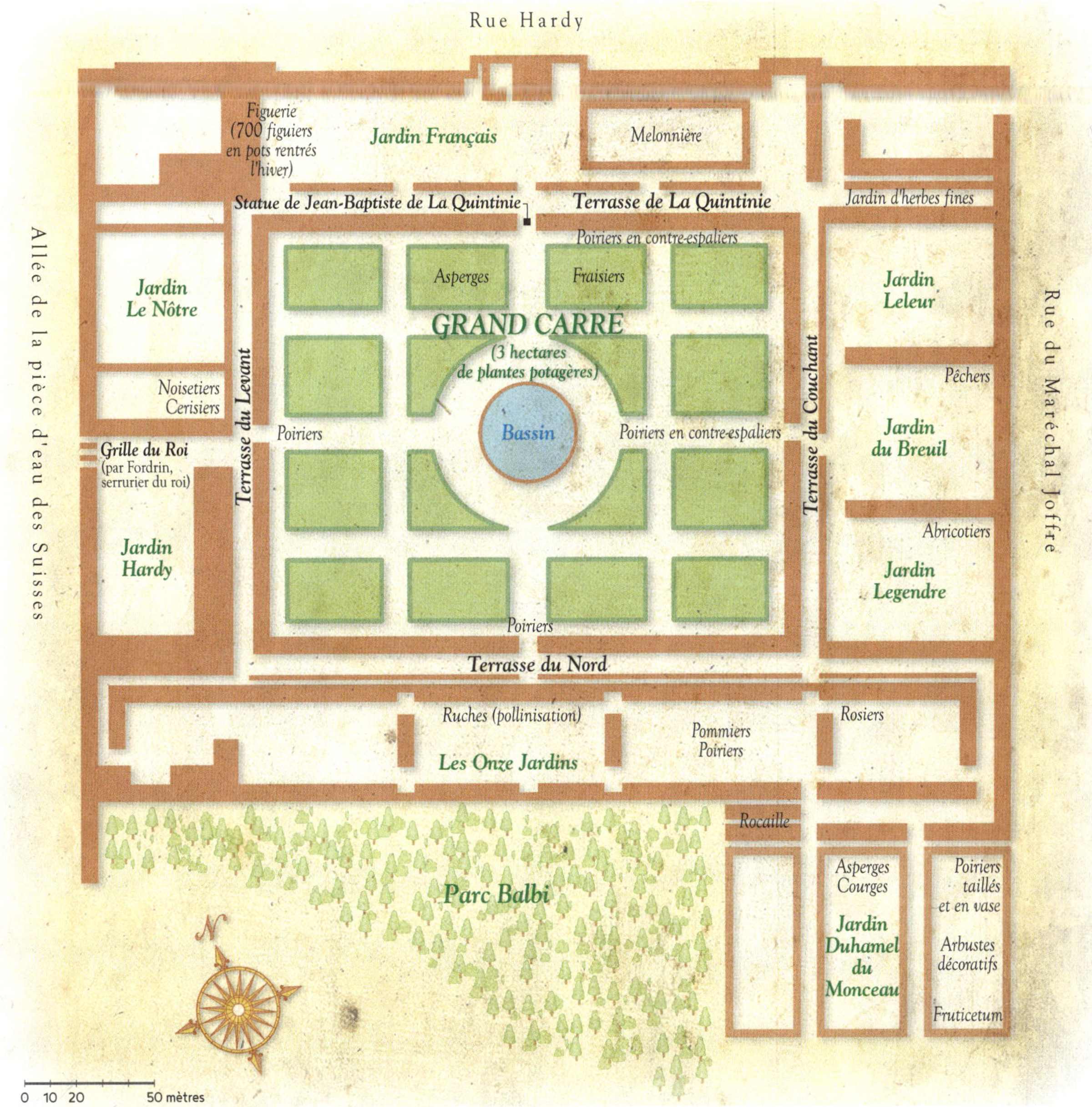

Le potager du roi

Né en 1626, Jean-Baptiste de La Quintinie devient avocat, puis précepteur, mais sa véritable passion est pour les jardins. Il travaille en particulier à Vaux-le-Vicomte avant que Louis XIV ne lui demande d'aménager un vaste potager sur un terrain marécageux de 9 hectares, situé près de l'Orangerie. Il va y conduire de grands travaux entre 1678 et 1683 (maçonnerie, apport de terre, drainage, fumage, arrosage).

Il y réalise également des merveilles au service de la haute cuisine dégustée à la table royale. Il perfectionne la greffe et la taille des arbres fruitiers, met au point la production de primeurs et même de fruits et légumes à contre-saison (laitues et asperges en janvier, fraises et en mars). Ses successeurs y produiront des ananas. Le potager est toujours en activité aujourd'hui et produit 20 tonnes de légumes et 50 tonnes de fruits par an.

Les trésors gastronomiques au tournant du XVIIIe siècle

À la fin de l'Ancien Régime, les progrès de l'agriculture, l'amélioration du réseau routier, le creusement de nouveaux canaux et surtout la demande de Versailles, de la haute noblesse désormais parisienne et de la bourgeoisie favorisent l'émergence et le transport sur des distances de plus en plus grandes de produits de haute qualité. La Révolution, l'Empire et la Restauration s'inscrivent ainsi dans le prolongement de cette recherche d'aliments rares et chers, solides ou liquides, qui stimulent le commerce et les producteurs exigeants.

C'est en 1800 qu'est inventé le mot « gastronomie » par le poète Joseph Berchoux, symbole assumé au lendemain de la Révolution du désir de plus en plus général, surtout à Paris et en ville, de bien manger et de partager ce qui est devenu un élément majeur de l'identité française, reconnu tant en Europe qu'ailleurs dans le monde. Si Napoléon ne se passionne pas pour le contenu de son assiette et de son verre et passe très peu de temps à manger, il sait bien que l'on gouverne en partie à table et confie à Talleyrand et à Cambacérès le soin de traiter dignement les hôtes de l'État. Le grand cuisinier Antonin Carême aura ainsi maintes occasions de déployer son talent…

Paris devient le cœur gastronomique de la France. Grimod de La Reynière écrit ainsi à propos de la capitale en 1803 dans son *Itinéraire nutritif* :

« C'est incontestablement le lieu de l'univers où l'on fait la meilleure chère, et le seul en possession de fournir d'excellents cuisiniers à toutes les nations policées du monde. Quoique Paris par lui-même ne produise rien, […] il ne s'y récolte pas un chou-fleur, c'est un centre où tout vient aboutir de tous les coins du globe, parce que c'est le lieu où l'on apprécie le mieux les qualités respectives de tout ce qui sert à la nourriture de l'homme, et où l'on sait le mieux les faire tourner au profit de notre sensualité. »

L'approvisionnement alimentaire du peuple de Paris est principalement issu du proche Bassin parisien. Les plateaux limoneux qui entourent la capitale sont les meilleures terres à blé du royaume. Tant que se pratiquent l'assolement et la vaine pâture, les moutons y abondent. Les vallées sont propices à l'élevage laitier et à la production de fromage. Les fruits et le vin ordinaire proviennent des coteaux bien exposés le long des proches vallées. Quant à la viande bovine, elle est issue d'animaux arrivant à pied de Normandie, du Limousin et du Nivernais.

Les spécialités gastronomiques destinées aux Parisiens fortunés arrivent de toute la France et de l'étranger, y compris d'Outre-Mer. Les vins de qualité viennent essentiellement de Champagne, de Bourgogne et du nord de la vallée du Rhône, d'autres de plus loin (bordeaux, frontignan, tokaj, malaga, constantia du Cap).

Inventaire de la cave de Marie-Appoline Stafford Howard, à Paris en 1769*

280 bouteilles de vin de Grave • 40 bouteilles de vin de Vougeau blanc • 50 bouteilles de vin Tocquet • 12 demi-bouteilles de vin de Rotha • 100 bouteilles de vin de Bourgogne rouge • 1 demi-queue de vin de Bourgogne • 30 bouteilles de vin d'Ericé en Bourgogne blanc • 78 bouteilles de vin de Morgeau rouge • 60 bouteilles de vin de Chambertin rouge • 48 bouteilles de vin de Vougeau rouge gâté • 50 bouteilles de vin de Moracher blanc • 16 bouteilles de vin de Malaga • 13 bouteilles de vin de Chambertin • 5 demi-bouteilles de vin de Ransiau • 4 bouteilles de vin de Chères • 1 bouteille de vin de Frontignan • 36 demi-bouteilles de vin du Cap • 20 demi-bouteilles et 2 bouteilles de vin de Cétuval • 42 demi-bouteilles de vin de Malvoisie et de Madaire • 200 bouteilles de cidre • 4 bouteilles d'eau divine • 1 demi-bouteille d'huile d'orange • 4 demi-bouteilles de ratafiat et fleur d'orange • 3 demi-bouteilles de ratafiat de Boulogne dont une en vuidange.

* Veuve de Guy Auguste de Rohan Chabot, lors de son décès.

Source : J.-P. Poussou, E.-L. Seguet, « Les caves à vin des Parisiens à l'époque du Consulat », *Des vignobles et des vins à travers le monde*, Presses universitaires de Bordeaux, 1996.

L'APPROVISIONNEMENT GASTRONOMIQUE DE PARIS (FIN XVIIIe - DÉBUT XIXe SIÈCLE)

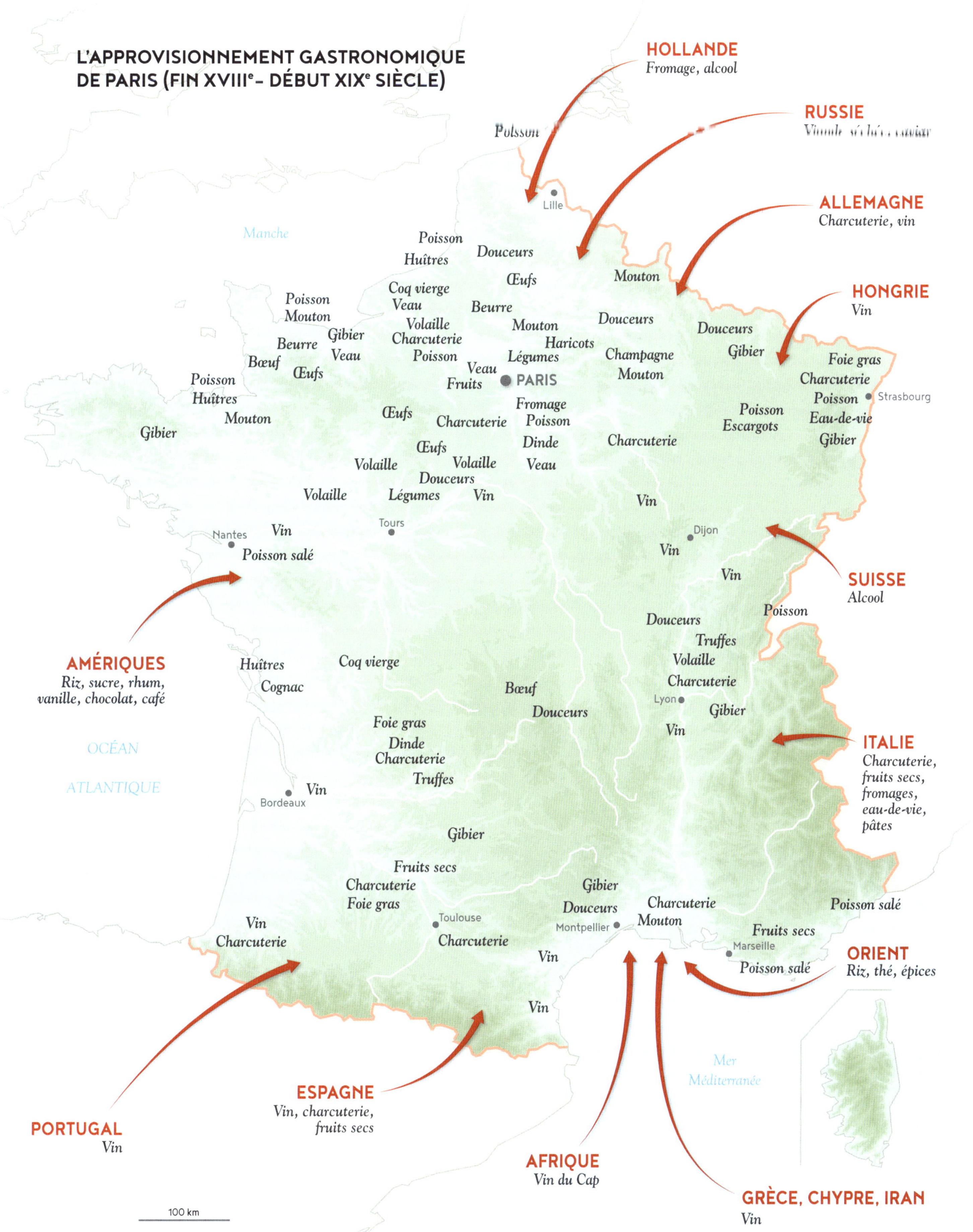

Le restaurant : une institution née à Paris

Manger hors de chez soi a toujours existé, dans toutes les villes du monde, et il n'a jamais été difficile à un voyageur ou à un homme seul en mal de compagnie de trouver à la mesure de ses moyens une hôtellerie, un relais de poste offrant le gîte et le couvert, une auberge, une taverne ou un estaminet. Mais dans tous ces établissements, la chère était plutôt simple, dépourvue des apprêts raffinés de la cuisine des rois et des princes, de l'aristocratie, du haut clergé et de la bourgeoisie disposant à demeure de cuisiniers et de personnel de service.

C'est à Londres que s'ouvrent les premiers établissements élégants, sous le nom de *tavern*, où viennent se nourrir les aristocrates anglais siègeant à la Chambre des Lords mais n'ayant pas de résidence dans la capitale. Ils peuvent aussi trouver à se sustenter dans les *Gentlemen's clubs*, réservés aux hommes, qui font leur apparition au XVIIe siècle.

Ce sont ces modèles qu'imitent certains établissements parisiens chics qui prennent le nom de « restaurant », imaginé par un certain Boulanger, dit « Champ d'Oiseaux », installé rue des Poulies, près du Louvre. Ils y servent des « restaurants », c'est-à-dire des bouillons de viande destinés à « restaurer » les forces des clients, parmi lesquels un certain Diderot. Boulanger sert aussi des pieds de mouton à la sauce blanche, ce qui lui vaudra un procès de la corporation des traiteurs qui a le monopole des viandes cuites en sauce. Rien n'y fait. La mode est lancée et la Révolution va l'accélérer pour deux raisons : l'émigration des nobles, qui réduit leurs cuisiniers au chômage, et la présence à Paris de nombreux députés ne disposant pas de domicile dans la capitale et recevant des indemnités. Leur soif de changement ne les empêche pas d'aimer bien manger et bien boire et les restaurants se multiplient autour du Palais-Royal, point de rassemblement des ténors de la Révolution : Beauvilliers, Méot, Véry, Les Trois-Frères Provençaux sont les lieux où il faut se montrer et qui perpétuent la haute cuisine à la française. Au début de l'Empire, ils sont plusieurs centaines de tous styles à prospérer, essentiellement autour du Palais-Royal et dans le quartier des Halles, mais déjà timidement aussi sur la rive gauche. Ils sont 3000 en 1815. Le critique gastronomique Grimod de La Reynière s'exclame : « *On compte cent restaurants à Paris pour un libraire.* »

Restaurants et cafés du Palais-Royal sous l'Empire

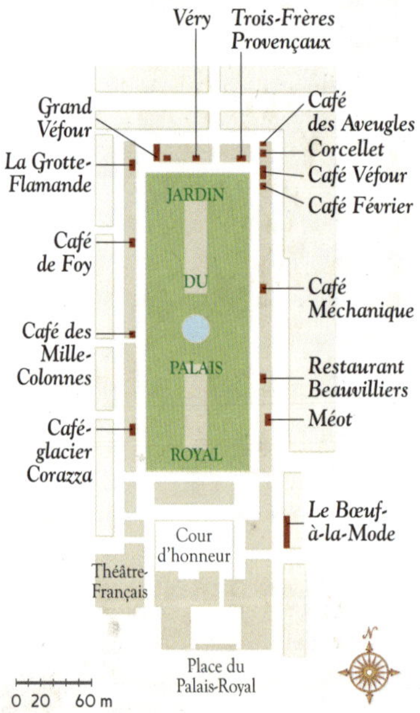

Depuis deux siècles, les restaurants se sont multipliés. L'évolution de la répartition des restaurants gastronomiques parisiens épouse celle des activités de services supérieurs (politique, haute administration, banque, sièges d'entreprises). Elle suit également le mouvement de la mode et du tourisme de luxe qui passe du Palais-Royal aux Grands Boulevards, puis aux Champs-Élysées et à tout l'Ouest parisien, avec une prédilection pour la rive droite qui est encore maintenant bien plus tournée vers les affaires que la rive gauche.

On compte environ 10000 restaurants dans Paris *intra-muros* aujourd'hui, toutes catégories confondues, de la table étoilée au café-brasserie, soit plus de 10 % du total français, très loin devant Marseille et Lyon.

GÉOGRAPHIE DES GRANDS RESTAURANTS PARISIENS, DE 1806 À NOS JOURS

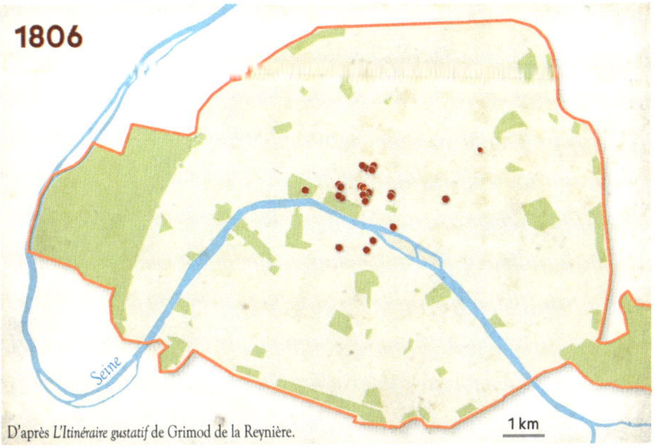

D'après *L'Itinéraire gustatif* de Grimod de la Reynière.

D'après *Les plaisirs de Paris* de Delveau.

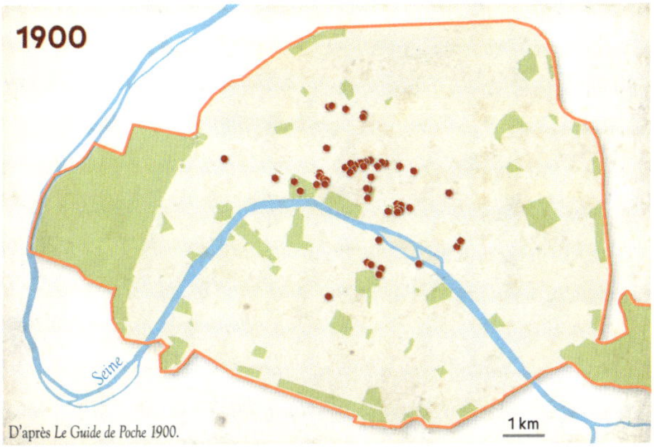

D'après *Le Guide de Poche 1900*.

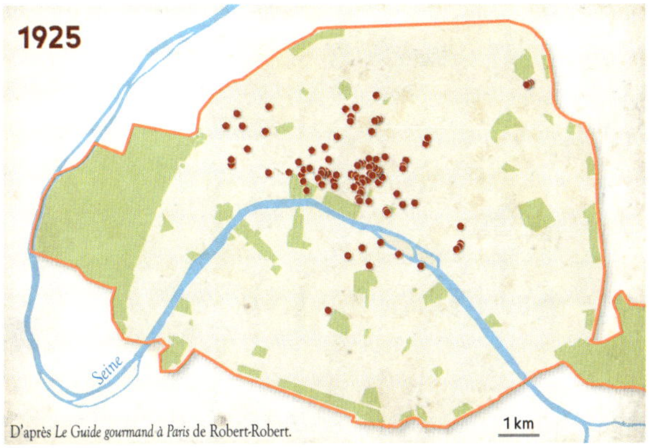

D'après *Le Guide gourmand à Paris* de Robert-Robert.

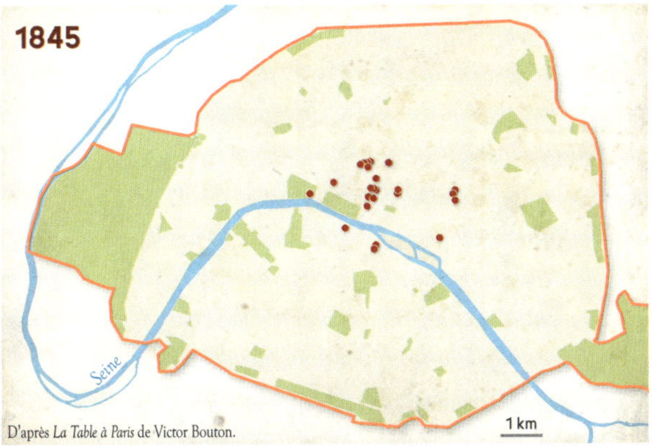

D'après *La Table à Paris* de Victor Bouton.

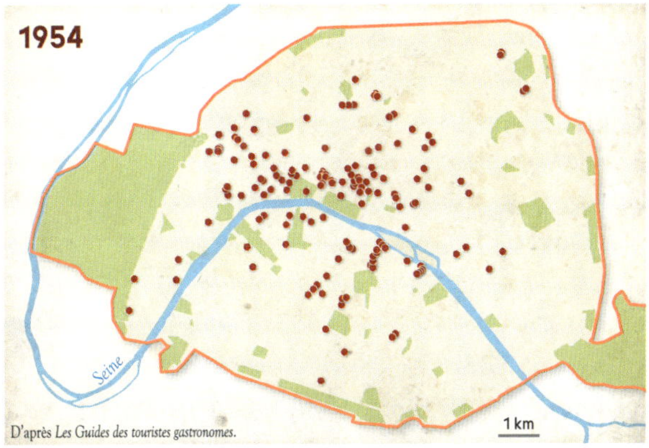

D'après *Les Guides des touristes gastronomes*.

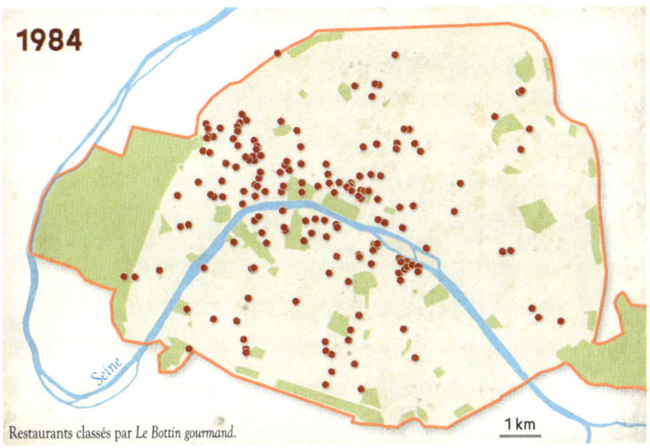

Restaurants classés par *Le Bottin gourmand*.

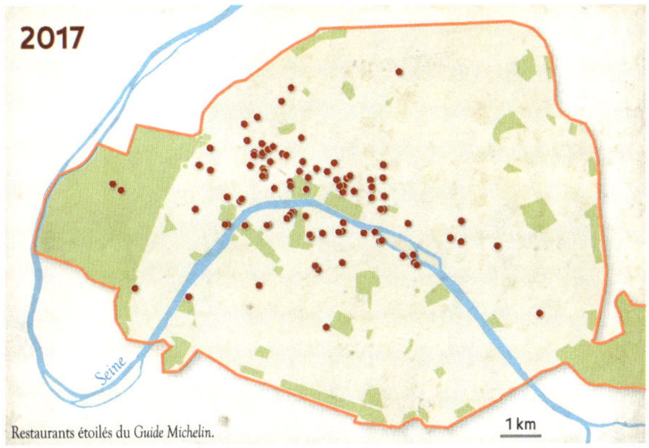

Restaurants étoilés du Guide Michelin.

Les Halles, ventre de Paris

Une grande capitale comme Paris, passionnée depuis le Moyen Âge par la bonne chère et par le vin, fondatrice d'une haute cuisine considérée comme l'un des beaux-arts, se doit de disposer d'un marché de denrées alimentaires à la mesure de sa gourmandise.

C'est au début du XIIe siècle que commencent à se regrouper les divers marchands de comestibles, aux côtés des drapiers et autres vendeurs d'habits, aux Champeaux, le cœur de la rive droite, le Paris industrieux qui contraste avec la rive gauche, qui prie et étudie, et avec l'île de la Cité, qui exerce le pouvoir politique et religieux. Le roi Philippe Auguste puis Saint Louis construisent des halles couvertes, en particulier pour accueillir le poisson qui arrive de Dieppe et Fécamp par les chemins de marée. La croissance de Paris à partir de la fin du Moyen Âge contraint à de nouveaux agrandissements réalisés sous François Ier, puis en 1763 s'ouvre la belle Halle aux Blés circulaire, remaniée mais toujours en place.

La proximité du cimetière des Innocents, le plus grand de Paris, pose de sérieux problèmes d'hygiène ; c'est pourquoi celui-ci est désaffecté dans les années 1780, les squelettes étant entreposés dans les catacombes. Cela donne aux Halles un peu de respiration, mais la véritable évolution ne se produit qu'entre 1852 et 1872. L'architecte Victor Baltard édifie alors dix pavillons amples et élégants en métal, briques et verre.

L'amélioration est de courte durée : avec la croissance ininterrompue de Paris et de sa banlieue, toutes les rues et places avoisinantes, du Pont Neuf aux Grands Boulevards, sont envahies chaque nuit et chaque début de matinée par le marché de gros. Le pittoresque est au rendez-vous – Zola le décrit dans *Le Ventre de Paris* en 1873 –, et de nombreux Parisiens viennent s'encanailler dans les innombrables bistrots ouverts toute la nuit qui servent des soupes gratinées à l'oignon, des fruits de mer, des charcuteries, de la viande rouge. Se posent alors d'inextricables problèmes d'hygiène (les rats y pullulent), d'embouteillages et de nuisances diverses (bruit, évacuation des détritus, etc.). Encore faut-il signaler que le marché de la viande se déplacera sur le site des abattoirs de la Villette et que le marché au vin est resté sur les bords de la Seine par où arrivèrent longtemps les vins de Champagne et de Bourgogne : sur le quai Saint-Bernard, à Bercy et à Charenton.

C'est le Général de Gaulle qui se résout à fermer les Halles et à rechercher en banlieue un site plus vaste permettant un aménagement plus fonctionnel. Le choix se porte sur Rungis, à 7 km du centre de Paris, bien desservi par le réseau routier et autoroutier, par des voies ferrées et à deux pas de l'aéroport d'Orly par lequel arrivent de plus en plus de denrées fraîches. Le déménagement s'effectue en 1969. Georges Pompidou décide de détruire les merveilleuses Halles de Baltard en 1972-1973 au profit d'un aménagement moderne qui s'est révélé un échec et qui vient de faire déjà l'objet d'une reconstruction d'un goût douteux. Le « Ventre de Paris » a hélas perdu son âme.

Le Marché d'Intérêt national de Paris-Rungis s'étend aujourd'hui sur 232 hectares dont 72 couverts. Son activité est impressionnante et ne faiblit pas, malgré l'évolution rapide des transports et de la production agroalimentaire : 1,7 million de tonnes de produits alimentaires vendus, dont 70 % de fruits et légumes, 9 milliards d'euros de chiffre d'affaires, 1 200 entreprises et 12 000 salariés pour fournir 600 000 magasins de détail, 360 000 commerçants ambulants des marchés de plein-vent, 60 000 restaurants nourrissant une vingtaine de millions de personnes (65 % en Île-de-France, 25 % dans le reste du pays, 10 % à l'étranger).

Les Halles en 1825

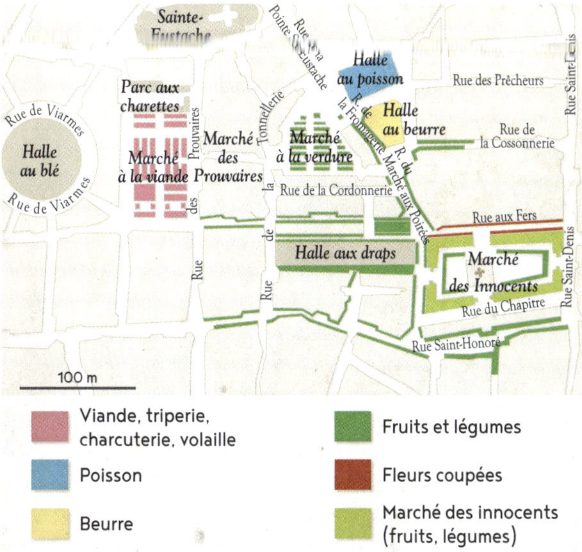

Les Halles en 1969

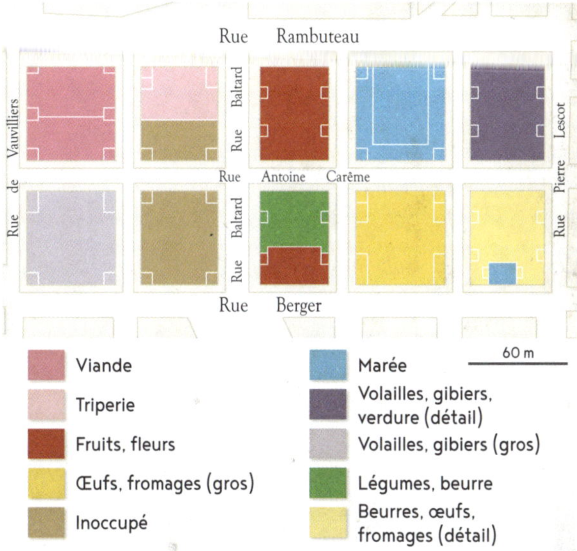

Le Marché d'Intérêt national de Rungis

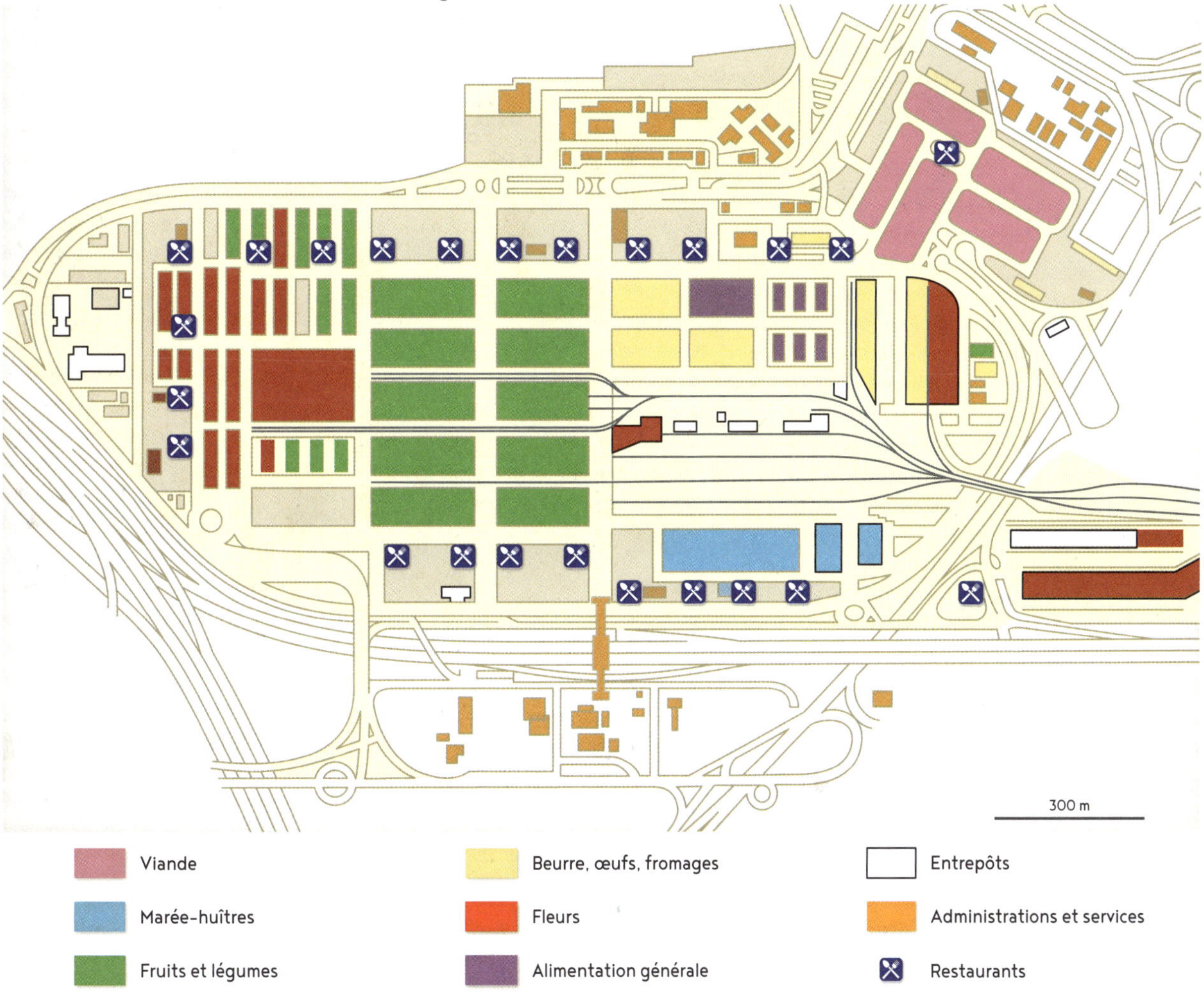

L'avènement des terroirs

De l'Antiquité au XVIIIe siècle, sauf pendant les longues invasions germaniques, certains aliments régionaux connurent une notoriété qui améliora leur qualité et permit leur commercialisation vers des marchés lointains. Avec l'expansion des routes, l'aménagement des canaux et des ports, le commerce des vivres s'amplifie en volume et se pratique sur de plus longues distances. S'il s'agit encore de produits de luxe, solides et liquides, destinés à une clientèle aisée et au palais éduqué, c'est aussi à ce moment-là que naissent les réputations gourmandes de certaines régions comme le Périgord, la Bresse ou la Normandie. Paris est le principal aimant de ces nobles denrées.

L'un des premiers exemples de succès d'un terroir provincial à Paris est le restaurant Les Trois-Frères Provençaux qui ouvre au Palais-Royal en 1786. Dans ses grands salons et petits cabinets particuliers, on sert de l'excellente grande cuisine parisienne et quelques mets exotiques évoquant les saveurs du Midi : des tomates, qui seront ensuite cultivées par les maraîchers d'Île-de-France, des plats à l'huile d'olive, de la bouillabaisse (sans doute préparée avec des poissons de la Manche), de la brandade, du canard aux olives, du roquefort, de l'anisette en digestif.

Puis vient le temps des voyages de plaisir. Une petite élite les pratique depuis fort longtemps et l'on trouve des descriptions de repas dans maints récits de voyage, par exemple sous la plume de Montaigne quand il se rend en Italie. Au XIXe et au début du XXe siècle, ceux qui partent en villégiature profiter de la tiédeur de la Côte d'Azur en hiver, jouir du bord de mer en été ou prendre les eaux dans les stations thermales des Alpes ou du Massif central se voient servir dans les hôtels où ils descendent une cuisine parisienne ; d'autant que, bien souvent, ce sont des brigades de cuisine venues des grands hôtels de la capitale qui migrent en été dans les palaces provinciaux.

L'automobile vient bouleverser la donne par l'autonomie qu'elle procure aux voyageurs. Ceux-ci se rendent toujours vers les mêmes destinations peu nombreuses – Côte d'Azur, Deauville ou grandes stations de l'Atlantique en été, Alpes en hiver – mais, en chemin, ils prennent désormais le temps de déjeuner au restaurant ou de s'arrêter une nuit pour dîner et dormir. C'est en de ces occasions qu'ils découvrent les plats des terroirs de France, comme le décrit avec force détails Pierre Benoît en 1931 dans son roman gastronomique *Le déjeuner de Sousceyrac*.

À partir de 1926, outre les garages et les hôtels, le *Guide Michelin* indique aux automobilistes les meilleures tables qui valent le détour, voire le voyage, et les premières « étoiles » font leur apparition en 1931. Le critique gastronomique Curnonsky décide de parcourir la France et de rendre compte des spécialités de chaque région dans *La France gastronomique* qu'il rédige à partir de 1921 avec son ami Marcel Rouff.

C'est d'ailleurs sous le patronage de Curnonsky qu'A. Bourguignon, ex-chef de cuisine et directeur de L'Écu de France, célèbre restaurant du quartier de la Gare de l'Est à Paris, réalise en 1929 une extraordinaire *Carte gastronomique de la France* sur laquelle il inscrit tous les meilleurs produits agroalimentaires solides et liquides, ainsi que les recettes de tous les terroirs de France. Celle-ci sera maintes fois éditée et même publiée dans *L'Illustration*. On y repère un grand nombre de pays de cocagne et quelques déserts gastronomiques qui ne le sont qu'en raison de leur faible attractivité touristique à l'époque : la Champagne, la Picardie, la Marche et le Berry, le Languedoc, les Alpes du Sud. La Corse, qui n'est pas encore ouverte au tourisme, n'est présente que sur un petit cartouche.

La *Carte gastronomique de la France* d'A. Bourguignon (1929).

Curnonsky, chantre des terroirs de France

Le grand critique et écrivain gastronomique Curnonsky inspire au cuisinier A. Bourguignon la *Carte gastronomique de la France*, qui est diffusée pour la première fois en 1929. En 1933, il publie ensuite avec son ami A. de Croze *Le Trésor gastronomique de la France* (Delagrave), ouvrage dans lequel il répertorie tous les produits et recettes des terroirs français. Voici quelques extraits de leur avant-propos : « *Ce n'est pas trop de toute une existence […] pour déguster tous nos vins, tous nos plats et de toutes nos spécialités régionales. En voici, enfin, la liste officielle et complète : ce répertoire des merveilles culinaires françaises, achevé en 1929, s'adresse aussi bien aux fidèles du Neuvième Art qu'aux touristes et à tous ceux qui savent concilier le culte de la bonne chère avec les intérêts généraux du pays. […] Les gastronomes pourront se rendre compte des innombrables joies que la terre de France offre à leur appétit. […] Nous admettons volontiers en France ce qui vient de l'extérieur et la mode s'en empare pour imposer même le pire, tel le cocktail. Mais sacrifierons-nous nos trésors pour des verroteries ?* »

Les bons restaurants du Guide Michelin

Le *Guide Michelin* voit le jour en 1900. Il est offert aux acheteurs de pneumatiques jusqu'en 1920. Tiré à 35 000 exemplaires, il est d'abord destiné aux cyclistes, car il n'y a que 2 400 conducteurs d'automobiles en France. Il rassemble par région la liste des curiosités à visiter et des adresses de garages, de médecins, d'hôtels recommandables puis, à partir de 1920, quelques restaurants valant le détour. En 1926, le nombre de ceux-ci s'accroît et les meilleurs sont distingués d'une « étoile de bonne table » avant qu'en 1931 ne soient attribuées les récompenses suprêmes qui sont toujours en vigueur, à savoir une, deux ou trois étoiles.

Ces trois catégories regroupent respectivement aujourd'hui 26, 61 et 500 restaurants sur environ 4 700 recensés. Le tirage du guide a beaucoup progressé jusqu'à atteindre le million d'exemplaires dans les années 1970-1980. Il a aujourd'hui chuté à 150 000 environ, du fait de la concurrence de nombreux autres guides et surtout d'Internet, notamment du site américain *Tripadvisor* que 315 millions de visiteurs uniques consultent chaque mois dans le monde. S'il fait l'objet de nombreuses critiques, par exemple de suivre la mode plutôt que de la devancer, le « Guide rouge » demeure encore irremplaçable.

La répartition des bonnes tables référencées par le *Guide Michelin* a beaucoup évolué. Jusque dans les années 1960, elles se concentraient dans les grandes villes, Paris dominant de loin les autres, dans les régions touristiques (littoraux, surtout Côte d'Azur, Alpes du Nord, Provence, etc.) et le long des grandes routes y conduisant depuis Paris, en particulier la RN7 et la RN6. « On est heureux Nationale 7 ! » chante Charles Trenet en 1955. C'est l'origine du succès de restaurants situés dans des villes moyennes ou des bourgs : La Côte d'Or d'Alexandre Dumaine, puis plus tard de Bernard Loiseau, à Saulieu, Troisgros à Roanne, Fernand Point à Vienne. L'Alsace est une constellation en raison de l'intérêt que portent les Alsaciens à la bonne chère, du nombre élevé d'entreprises et d'habitants à revenus élevés, des institutions internationales de Strasbourg et de la proximité des clientèles suisse et allemande qui franchissent volontiers la frontière pour bien manger. L'Auberge de l'Ill de la famille Haeberlin est ainsi un temple voué à la tradition gastronomique de la province, profondément renouvelée en permanence.

Puis est venu, dans les années 1970, le temps des restaurants situés « *in the middle of nowhere* », comme disent les Anglo-Saxons, et qui valent le voyage à eux seuls : Michel Guérard dès 1974 à Eugénie-les-Bains, grâce à son épouse Christine, héritière de La Chaîne thermale du Soleil, Michel Bras à Laguiole, Régis Marcon à Saint-Bonnet-le-Froid ou, plus récemment, Gilles Goujon à Fontjoncouse.

Le restaurant de Paul Bocuse (Collonges-aux-Mont-d'Or), chef triplement étoilé au *Guide Michelin* depuis 1965.

LES RESTAURANTS 2 ET 3 ÉTOILES DU *GUIDE MICHELIN*

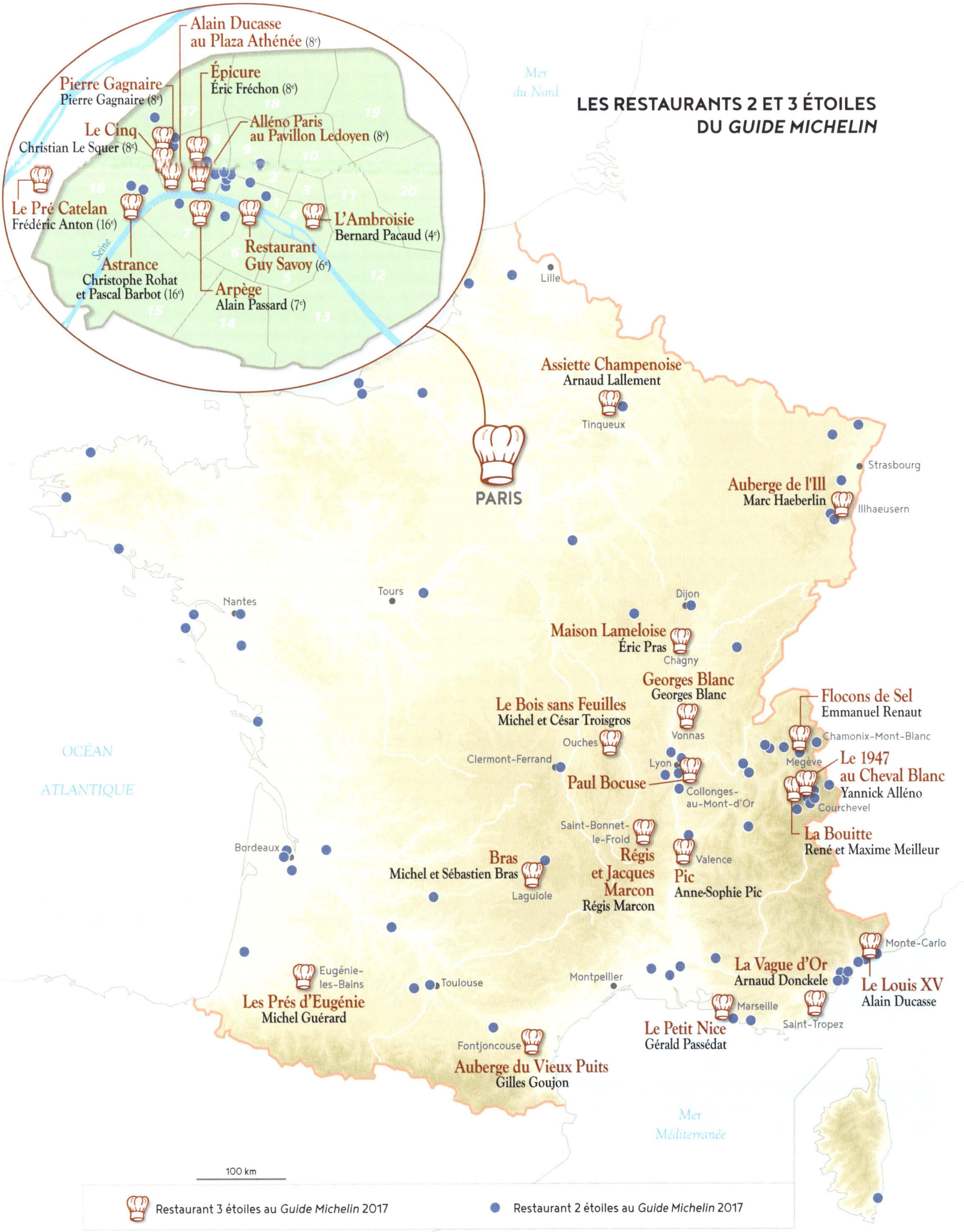

Le rayonnement mondial de la gastronomie française

Les chefs français ont été les premiers au monde à s'expatrier en nombre. Aux XIXe et XXe siècles, ils peuplent les cuisines des palais des empereurs, rois, chefs d'État, mais aussi celles des palaces et des paquebots. Et quand ce ne sont pas eux directement, ce sont des élèves étrangers qu'ils ont formés qui exécutent les recettes de la haute cuisine française.

Auguste Escoffier, l'un des plus célèbres d'entre eux, écrit dans ses Mémoires :

« Appelé dans toutes les parties du monde pour y organiser les services de restauration des plus somptueux palaces, j'ai toujours eu le souci d'imposer du matériel français, des produits français et, avant tout, du personnel français. [...] Pendant toute la durée de ma carrière, j'ai "semé" quelque deux mille cuisiniers de par le monde. »

Et ajoute, faisant preuve d'un chauvinisme encore fréquent chez les Français :

« La plupart d'entre eux ont fait souche dans ces pays, et l'on peut dire que c'est autant de grains de blé semés dans des territoires incultes. »

Il organise, en juin 1914, le « dîner d'Épicure » au cours duquel le même menu est servi dans 147 villes différentes à 10000 personnes. Encore aujourd'hui, on prépare une cuisine inspirée des recettes d'Escoffier et l'on rédige les menus en français à l'occasion d'un certain nombre de banquets d'État dans divers pays, par exemple à la cour de la reine d'Angleterre, de l'empereur du Japon ou du roi de Thaïlande, pays qui n'ont pourtant jamais été colonisés par la France !

Depuis les dernières années du XXe siècle, l'offre gastronomique s'est beaucoup élargie. Les chefs français continuent à voyager et à s'expatrier avec succès, mais ils sont de plus en plus influencés par les cuisines des pays qu'ils visitent. On reconnaît aujourd'hui dans la cuisine de bien des grands chefs français des touches asiatiques, surtout japonaises, hélas pas toujours très bien assimilées. Au contraire, un certain nombre de chefs étrangers, européens, américains, japonais ont quitté leur pays et sont capables d'interpréter de manière talentueuse les recettes de la cuisine française. Toute une génération de Français et d'étrangers se laisse hélas tenter par des modes qu'il faut espérer passagères, celles de la cuisine fusion et des techniques moléculaires qui s'apparentent à la philosophie absconse de la déconstruction.

Le phénomène le plus visible est le contraste qui existe entre le succès de la gastronomie française, qui ne se dément pas, et la dureté des critiques dont elle fait l'objet de la part de la presse spécialisée anglo-saxonne. Ce dénigrement, qui frôle le lynchage médiatique, est flagrant dans le classement des meilleurs restaurants du monde appelé *Fifty best*, réalisé sous l'égide du magazine anglais *Restaurant* selon des critères obscurs, et dont les financiers sont de grands groupes agroalimentaires.

C'est la raison pour laquelle le ministère des Affaires étrangères français a encouragé en 2015 l'élaboration d'un classement fondé sur la compilation rigoureuse de plus de 600000 notes publiées dans 336 guides gastronomiques de 103 pays différents. La première édition de *La Liste* répertoriant les mille meilleurs restaurants place le Japon en tête, suivi par la France. Les États-Unis et l'Angleterre ne sortent pas maltraités de cet exercice puisqu'ils arrivent en 3e et 8e positions.

Deux Français émergent de cette liste grâce au grand nombre de restaurants qu'ils ont ouverts dans le monde entier, se constituant chacun un véritable empire. Il s'agit de Joël Robuchon et d'Alain Ducasse qui continuent à faire rayonner le patrimoine gastronomique français dans la lignée de tant de leurs glorieux prédécesseurs.

Les empires gastronomiques d'Alain Ducasse et Joël Robuchon

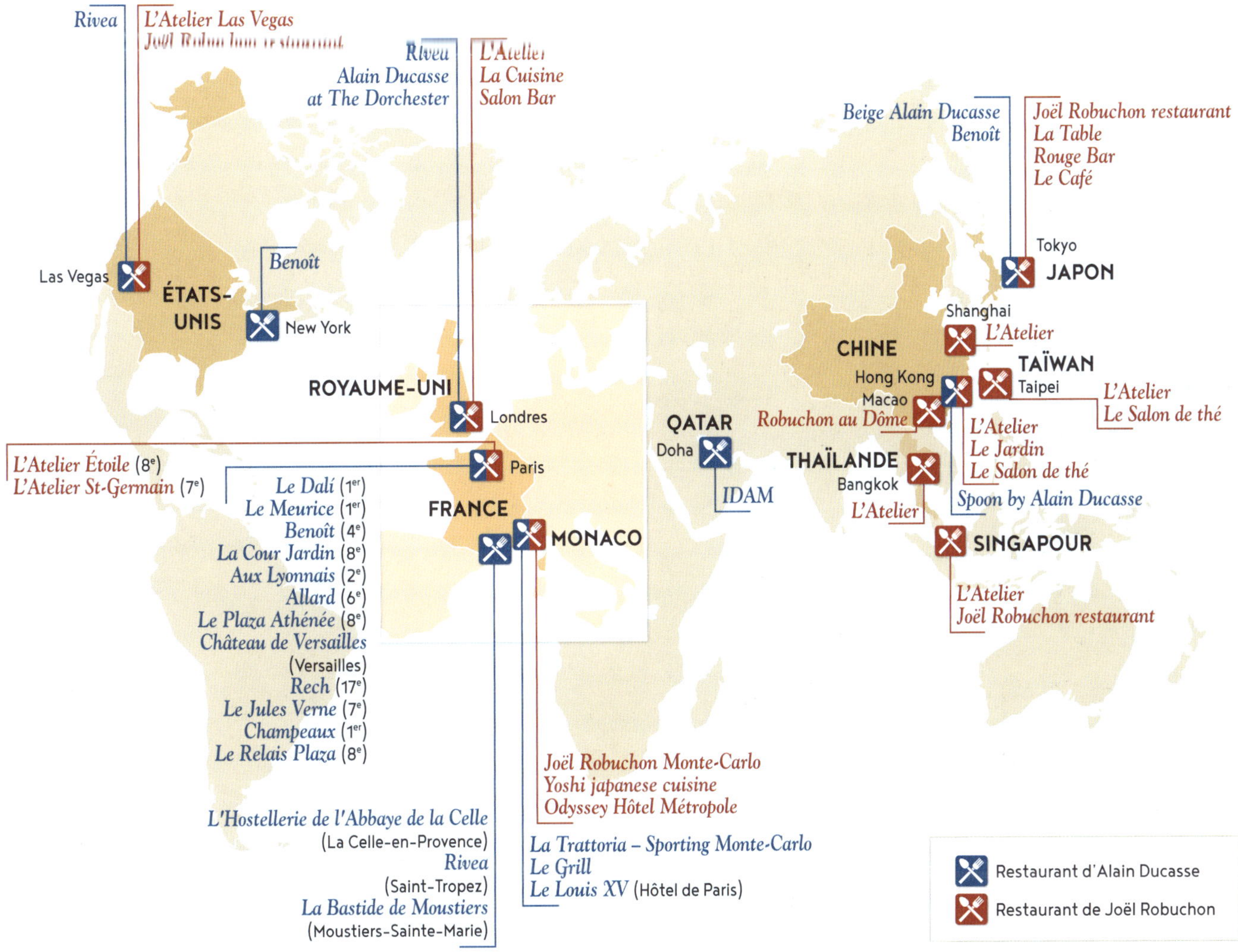

La Liste des 1 000

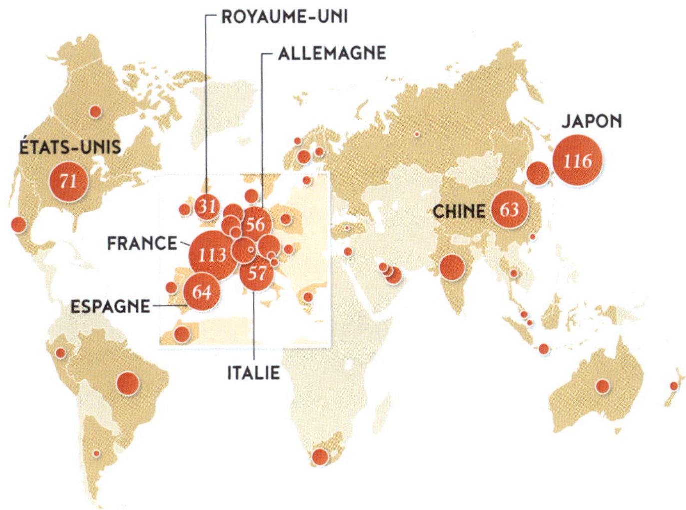

Joël Robuchon et Alain Ducasse.

Produits et recettes de la gastronomie française

Beaucoup de chefs attribuent la réputation de la gastronomie française à l'exceptionnelle qualité et à la diversité des matières premières qu'il est possible de dénicher dans nos terroirs. Ce n'est pas faux, mais si celles-ci sont mises sur le marché par les céréaliers, maraîchers, vignerons, éleveurs, les pêcheurs et chasseurs, c'est qu'il existe une demande exigeante de la part des commerçants de bouche, des cuisiniers et surtout des gourmets avisés à qui elles sont *in fine* destinées.

Retour du marché : viandes, poissons, légumes et fromages.

Poissons, mollusques, crustacés

Un repas gastronomique à la française ne se conçoit pas sans produits des eaux salées ou douces et certains restaurants littoraux y consacrent même la totalité de leur carte. Curnonsky l'écrivait : *« Il n'y a pas de bon repas sans plat de poisson »* et, ajoutait-il, la cuisine française sait *« tirer du poisson un merveilleux parti et l'accommoder de mille manières plus alléchantes les unes que les autres »*.

Les Français comptent parmi les grands amateurs de produits de la pêche et de l'aquaculture, et leur consommation progresse d'année en année : elle est passée de 23 kg par personne et par an au début des années 1990 à 34 kg aujourd'hui, soit près de deux fois la moyenne de l'ensemble de l'Europe et celle de la planète entière. Cela tient en grande partie aux progrès de l'aquaculture, surtout marine, tant en France qu'en Europe du Nord d'où sont importés une part importante des saumons dont les Français raffolent sous toutes leurs formes.

Ceux-ci représentent près de 15 % de la valeur de tous les produits de la mer consommés en France. Ils sont suivis par le thon (frais et surtout en conserve), les crevettes cuites, le cabillaud frais, les huîtres (surtout creuses, d'une espèce originaire du Japon), les moules, les conserves de sardines à l'huile et de maquereaux au vin blanc. Puis viennent en frais les coquilles Saint-Jacques, le lieu noir, la lotte, la truite de mer, le merlan, la sole, les langoustines, le bar, la dorade, le colin, le tourteau. Les surgelés, toutes espèces confondues, représentent le cinquième de la consommation française.

Si la pêche maritime se concentre sur le Nord, la Normandie et la Bretagne, la Méditerranée, peu poissonneuse, et l'Atlantique Sud prodiguent des poissons, des coquillages et des crustacés de haute qualité gastronomique. Paris est approvisionnée en poisson frais depuis le Moyen Âge et les grandes métropoles de l'intérieur depuis l'arrivée du chemin de fer et l'invention de la glace artificielle. Les régions éloignées de la mer ont quant à elles longtemps dû se contenter de poisson d'eau douce ou de morue (cabillaud salé) afin de respecter les nombreux jours d'abstinence imposés par l'Église catholique. Les recettes de préparation du poisson et des produits aquatiques se calquent sur la carte des graisses et des ingrédients couramment utilisés en cuisine. Elles privilégient le beurre, la crème, l'échalote et le vin blanc ou le cidre au nord de la France, l'huile d'olive, l'ail, la tomate et le piment au sud.

Évoquons deux symboles de la gastronomie française pouvant se rattacher à cette grande famille : les escargots (préparés à la bourguignonne, à la charentaise, en cargolade à la catalane, etc.) et les grenouilles qui nous valent de la part des Anglais l'affectueux sobriquet de *froggies* dont nous avons tout lieu d'être fiers, tant les cuisses de ces batraciens sont délectables lorsqu'elles sont cuisinées au beurre…

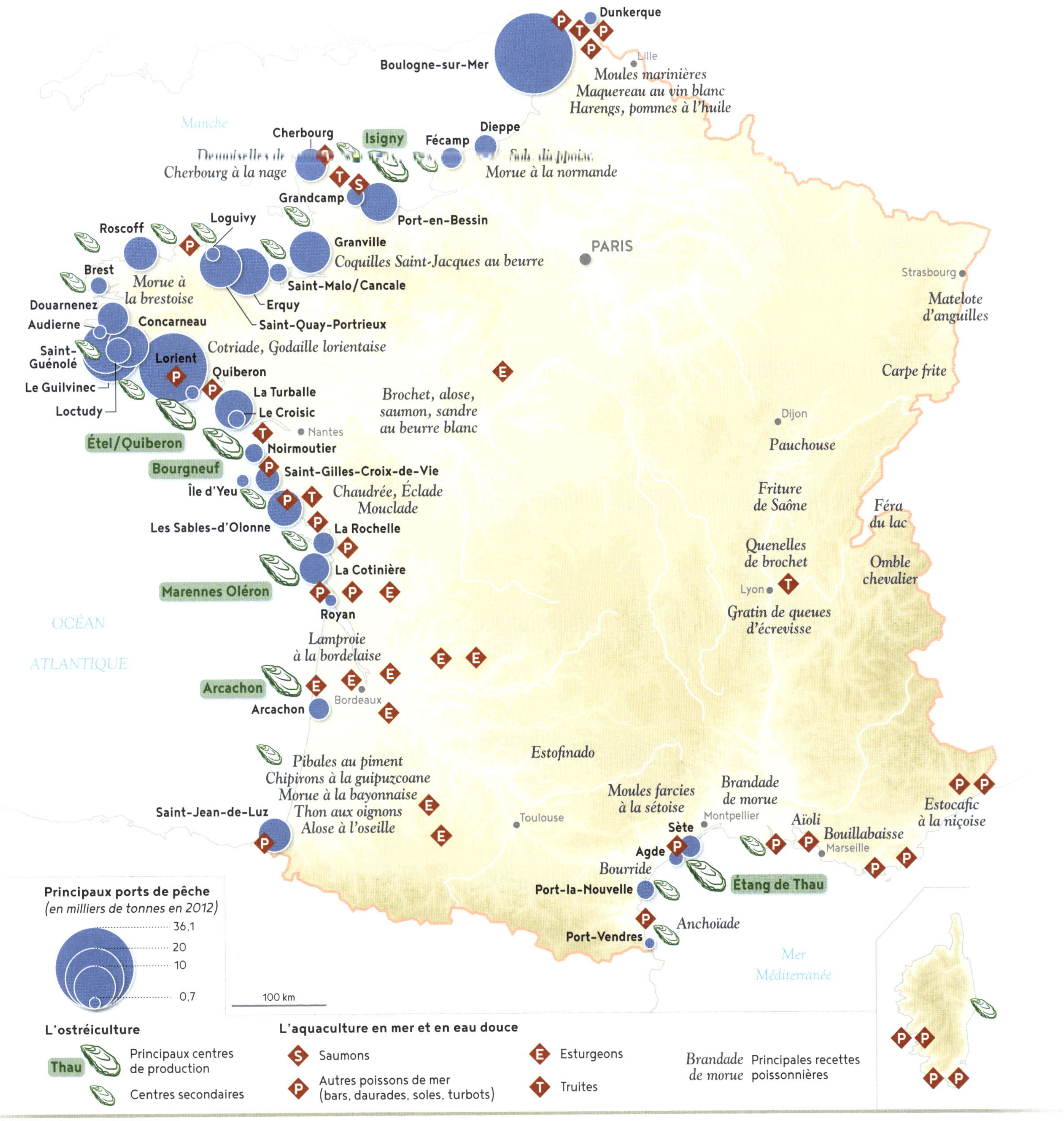

Produits de la mer commercialisés en France en 2015

Les charcuteries

« Dans le cochon, tout est bon ! » dit le dicton populaire, et l'on attribue au gastronome Charles Monselet la proclamation du cochon comme *« un animal encyclopédique »*, celui que les paysans français appelèrent longtemps « le Monsieur » tant il est facile à élever et toutes ses parties délicieuses. De plus, il n'a jamais été frappé d'opprobre dans le christianisme (*« C'est ce qui sort de la bouche de l'homme qui est impur »*, Mt, 15,11) et seuls les Français de confession juive ou musulmane s'en abstiennent. Il s'en consomme dans notre pays en moyenne 34 kg par personne et par an dont les trois quarts sous forme de charcuterie. Une partie croissante des charcuteries de qualité est exportée. Les productions se concentrent surtout dans l'Ouest et dans la région lyonnaise, mais toutes les régions françaises possèdent leurs spécialités charcutières, les meilleures provenant de porcs fermiers, bien nourris et disposant d'espaces de parcours libre.

La variété des terroirs et des traditions locales explique celle des charcuteries qui forment une géographie complexe : préparations crues et séchées des montagnes fraîches et humides, fumées des montagnes de l'Est, saumurées ou cuites des régions basses du Nord-Ouest, confites sous graisse de l'ouest (y compris rillons et rillettes). La répartition des préparations embossées (saucisses, saucissons, andouilles, andouillettes, boudins noirs et blancs, sabodets, etc.) obéit à des critères environnementaux et culturels. De même en est-il des pâtés, hachis de viande, gras et foie de porc souvent associés à d'autres viandes (veau, volaille, gibier) et à des ingrédients divers. L'ensemble était jadis toujours cuit sous pâte, d'où le nom de « pâté » – l'expression « pâté en croûte » est donc un pléonasme – alors que les hachis cuits sans pâte sont appelés terrines.

À partir du XVIIe siècle, de nobles charcuteries naissent dans les villes ou leur périphérie à la demande de la bourgeoisie ou de l'aristocratie qui est de moins en moins rurale. Elles se vendent à Paris dès la fin de l'Ancien Régime, par exemple chez les traiteurs Chevet ou Corcellet. Les recettes campagnardes font alors l'objet de raffinements extrêmes : saucisson de Lyon ou d'Arles, saucisse de Morteau, andouille de Vire ou de Guéméné, jambon cru de Bayonne ou cuit de Paris, pâté d'alouettes de Pithiviers…

Le même processus existe ailleurs en Europe, ce dont témoignent par exemple la saucisse de Francfort, le jambon de Parme ou d'York, la mortadelle de Bologne. Ces préparations se distinguent par la finesse et la complexité de leur saveur, tandis que les charcuteries rustiques possèdent souvent davantage de puissance, ce qui n'exclut nullement une attachante personnalité : tels sont le vrai tripou (saucisson) de l'Ariège, le boudin aux châtaignes du Limousin, le figatellu de Corse ou encore l'andouille du Val d'Ajol.

La charcuterie Gilles Vérot à Paris.

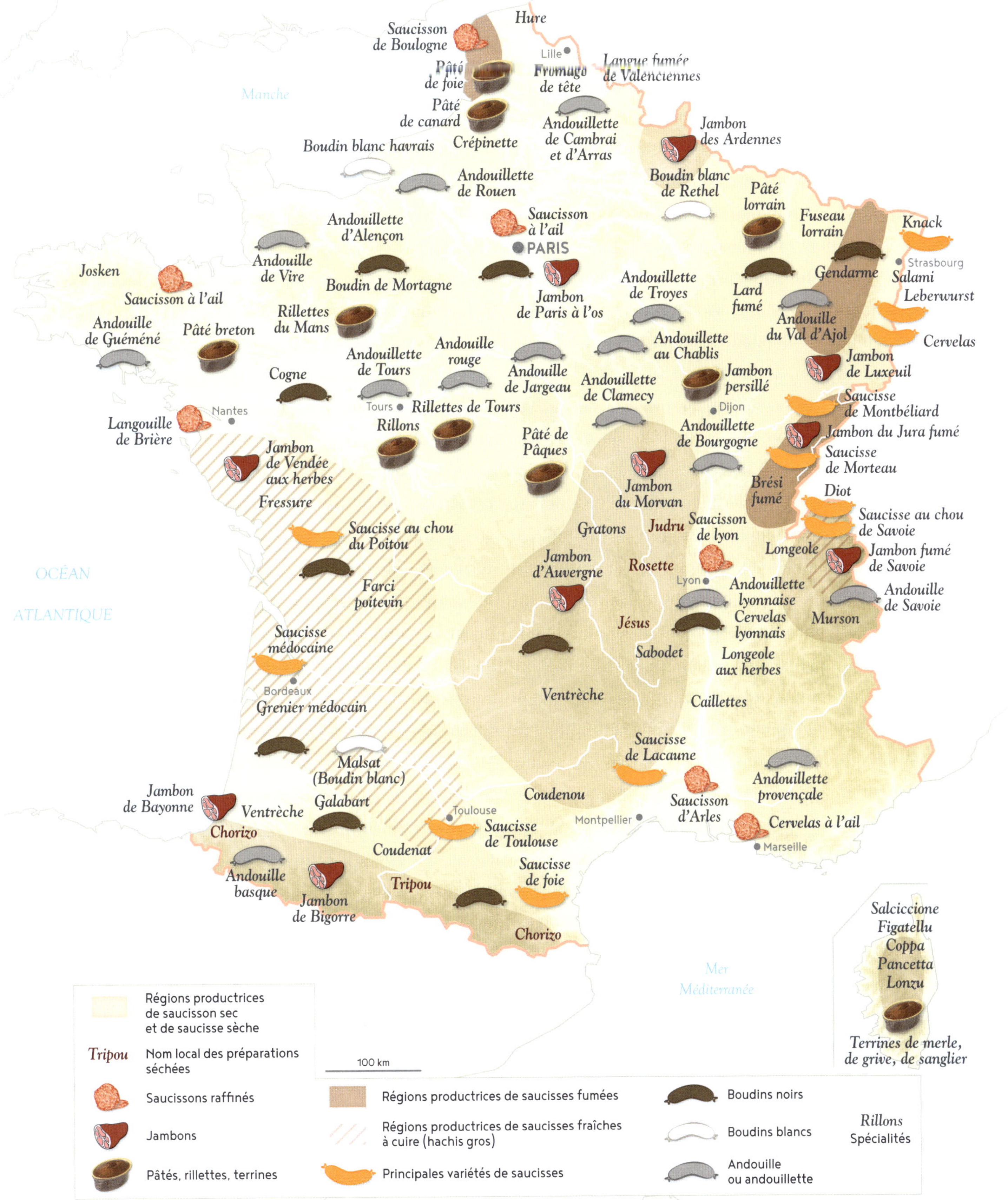
Hure
Saucisson de Boulogne
Lille
Pâté de foie
Fromage de tête
Langue fumée de Valenciennes
Manche
Pâté de canard
Crépinette
Andouillette de Cambrai et d'Arras
Jambon des Ardennes
Boudin blanc havrais
Andouillette de Rouen
Boudin blanc de Rethel
Pâté lorrain
Fuseau lorrain
Knack
Andouillette d'Alençon
Saucisson à l'ail
PARIS
Strasbourg
Andouille de Vire
Gendarme
Salami
Josken
Saucisson à l'ail
Boudin de Mortagne
Jambon de Paris à l'os
Andouillette de Troyes
Lard fumé
Leberwurst
Rillettes du Mans
Andouille du Val d'Ajol
Andouille de Guéméné
Pâté breton
Andouillette au Chablis
Cervelas
Andouille rouge
Andouillette de Tours
Andouille de Jargeau
Jambon persillé
Jambon de Luxeuil
Cogne
Andouillette de Clamecy
Saucisse de Montbéliard
Nantes
Tours
Rillettes de Tours
Dijon
Langouille de Brière
Rillons
Andouillette de Bourgogne
Jambon du Jura fumé
Pâté de Pâques
Jambon de Vendée aux herbes
Saucisse de Morteau
Jambon du Morvan
Brési fumé
Diot
Fressure
Saucisse au chou de Savoie
Gratons
Judru
Saucisson de lyon
Saucisse au chou du Poitou
Longeole
Jambon fumé de Savoie
Jambon d'Auvergne
Rosette
OCÉAN
Lyon
Andouillette lyonnaise
Andouille de Savoie
Farci poitevin
Cervelas lyonnais
Murson
ATLANTIQUE
Jésus
Saucisse médocaine
Sabodet
Longeole aux herbes
Bordeaux
Ventrèche
Grenier médocain
Caillettes
Saucisse de Lacaune
Malsat (Boudin blanc)
Andouillette provençale
Jambon de Bayonne
Coudenou
Saucisson d'Arles
Ventrèche
Galabart
Toulouse
Montpellier
Cervelas à l'ail
Chorizo
Saucisse de Toulouse
Marseille
Coudenat
Andouille basque
Saucisse de foie
Tripou
Jambon de Bigorre
Chorizo
Salciccione
Figatellu
Coppa
Pancetta
Lonzu
Mer Méditerranée
Terrines de merle, de grive, de sanglier
100 km
Régions productrices de saucisson sec et de saucisse sèche
Tripou Nom local des préparations séchées
Saucissons raffinés
Jambons
Pâtés, rillettes, terrines
Régions productrices de saucisses fumées
Régions productrices de saucisses fraîches à cuire (hachis gros)
Principales variétés de saucisses
Boudins noirs
Boudins blancs
Andouille ou andouillette
Rillons Spécialités

Tripes et abats

Les glandes et organes internes des animaux de boucherie, ainsi que leurs issues (oreilles, langue, joues, queue, pieds, couenne, etc.), constituent ce que l'on appelle la triperie ou les abats, ou encore le « cinquième quartier », en raison de la découpe des carcasses des gros animaux en quatre parties afin d'en faciliter le transport. Comme dans beaucoup de pays, ils sont en France hautement considérés par certains gourmets.

La puissance parfois légèrement sauvage de leur goût les a, hélas, petit à petit exclus de la grande cuisine et rendu méfiants ceux qui n'y sont pas habitués, en particulier une grande partie des citadins et des jeunes d'aujourd'hui. Du fait d'une demande décroissante, leur prix est encore moins onéreux que jadis et les amateurs peuvent éprouver de grands plaisirs gustatifs sans se ruiner. Ils sont encore assez nombreux pour que se maintiennent des préparations traditionnelles dans toutes les régions de France, mais celles-ci ne subsisteront que si les chefs renommés et les charcutiers continuent à en imaginer de nouvelles.

Langue de bœuf cuisinée aux légumes.

Les ris (thymus) de veau et, dans certaines régions du Midi, les ris d'agneau sont aujourd'hui les plus rares et les plus estimés des abats, accompagnés avec bonheur par des sauces et garnitures raffinées, des truffes ou des morilles, par exemple, ce qui leur permet de se maintenir à la carte des restaurants étoilés. Ils entrent aussi dans la composition de l'une des plus prestigieuses recettes de la cuisine classique de la fin de l'Ancien Régime et du XIXe siècle : le vol-au-vent, riche préparation crémée présentée dans une timbale de pâte feuilletée. Son inventeur serait Nicolas Stohrer, pâtissier franco-polonais du duc de Lorraine Stanislas. Sa version individuelle a pris le nom de « bouchée à la reine », en hommage à Marie Leszczynska qui s'attacha les services du pâtissier de son père, lequel s'installa à son compte dès 1730 rue Montorgueil à Paris, dans une boutique qui existe encore aujourd'hui.

Comme il en est de tous les produits de base de la cuisine française, les abats sont accommodés à la mode de chaque région, en lien avec les traditions culinaires et les matières premières qui s'y rencontrent. C'est ainsi que les tripes à la mode de Caen sont coupées menu, cuisinées au pied-de-veau, au cidre et au calvados, tandis que dans leur version marseillaise, elles sont enroulées, mêlées de pieds d'agneau (d'où leur nom de pieds et paquets), puis cuisinées à l'huile d'olive, à l'ail, à la tomate et au piment. Au Pays Basque, on y ajoute des couennes de jambon de Bayonne, du piment d'Espelette et parfois du poivron.

La triperie a longtemps brillé de mille feux à Lyon et à Paris où elle était très appréciée des milieux artisans attachés à la bonne chère. On la dégustait au mâchon de 10 heures du matin ou au déjeuner dans les bouchons ou bistrots populaires dont les cuisines étaient tenues par des femmes.

Un menu servi aux membres de l'Académie des abats

Grenier médocain de Marc Coulan
Mariage de frivolités (agneaux et homards dans leur feuille de chou)
Granité de Sauternes
Tourte de ris de veau du Chef Girard au vin de Cornas

Foie de veau entier rôti aux baies de genièvre
Salade mesclun aux panses d'agneau
Langue écarlate à l'huile de truffes fraîches
Sorbet au Marc de Champagne

Champagne Blanc de Blancs
Cornas 1980 (Delas)
Poire William's Maurice Dougny

À l'Auberge Jean de La Fontaine à Château-Thierry, le 22 mars 1986.

Les viandes

La consommation de viande des Français a beaucoup varié au cours de l'histoire, mais c'est une nourriture qu'ils ont toujours appréciée depuis l'époque gauloise, et dont ils ont souffert de la rareté pendant les périodes de famine, de disette ou les guerres. La dernière grande pénurie date de la Seconde Guerre mondiale, conséquence de la déshérence d'un certain nombre d'exploitations agricoles, du blocus interdisant le commerce international et des prélèvements de l'occupant. En 1943, le rationnement limite les achats de viande à 120 g par personne et par semaine.

Après guerre, les progrès de l'agriculture et du pouvoir d'achat au cours des Trente Glorieuses font que la consommation augmente rapidement, au même rythme que les produits laitiers, en même temps que le poids et la taille des Français. Depuis les dernières années du XXe siècle, elle est en baisse, tout au moins en ce qui concerne les viandes de boucherie, alors que celle de charcuterie et de volailles augmente. Elle est actuellement d'environ 50 grammes par personne et par jour, dont 32 de bœuf, 11 de porc frais, 4 de veau, 3 d'agneau. La consommation de viande chevaline est devenue négligeable, et n'a d'ailleurs jamais intégré l'univers de la gastronomie française.

Agneaux prés-salés du Mont-Saint-Michel.

La variété des terroirs français des plaines, des collines et des montagnes explique la grande diversité des élevages d'animaux de boucherie et des races qui ont été mises au point au fil des siècles en fonction de leurs aptitudes et des besoins des divers marchés urbains. C'est à partir du XVIIIe siècle qu'ont été savamment sélectionnées les races bovines à viande comme la charolaise ou la limousine, destinées à l'approvisionnement de la région parisienne que les animaux atteignaient au terme d'un long déplacement à pied, puis en chemin de fer et, désormais, en camions frigorifiques après abattage dans leur région d'origine.

Si les quantités consommées baissent, la qualité, elle, augmente et les bouchers, comme les consommateurs, sont de plus en plus attachés à la provenance et à la race des animaux, de même qu'au signe de qualité qui est attribué aux meilleures viandes : label rouge (LR), indication géographique protégée (IGP), appellation d'origine contrôlée (AOC), en général reconnue par l'Union européenne comme appellation d'origine protégée (AOP). Ces dernières catégories ne concernent que quelques races élevées dans des aires strictement délimitées. Elles sont très recherchées par les cuisiniers les plus réputés : par exemple le taureau de Camargue, le bœuf de Bazas, de Salers, d'Aubrac ou Maine-Anjou, le veau du Limousin élevé sous la mère, l'agneau de lait des Pyrénées, de Pauillac, de Sisteron et, surtout, les prés-salés des baies de Somme ou du Mont-Saint-Michel.

Toutes ces viandes exceptionnelles doivent leur personnalité à la race des bêtes dont elles proviennent et à l'herbe des pâturages que celles-ci broutent ou du foin qu'elles consomment en hiver. Celui de Crau (le coussou) bénéficie même d'une AOC depuis 1997 et est vendu dans toute la France. Certains chefs étoilés vont jusqu'à l'utiliser pour aromatiser leurs plats, comme Alain Passard dont le poulet au foin de Crau a contribué à établir la réputation. Ajoutons que renaît l'élevage des porcs en liberté au Pays Basque ou en Bigorre, pratique que les Espagnols ont remise à l'honneur depuis longtemps déjà.

LES VIANDES SOUS APPELLATIONS

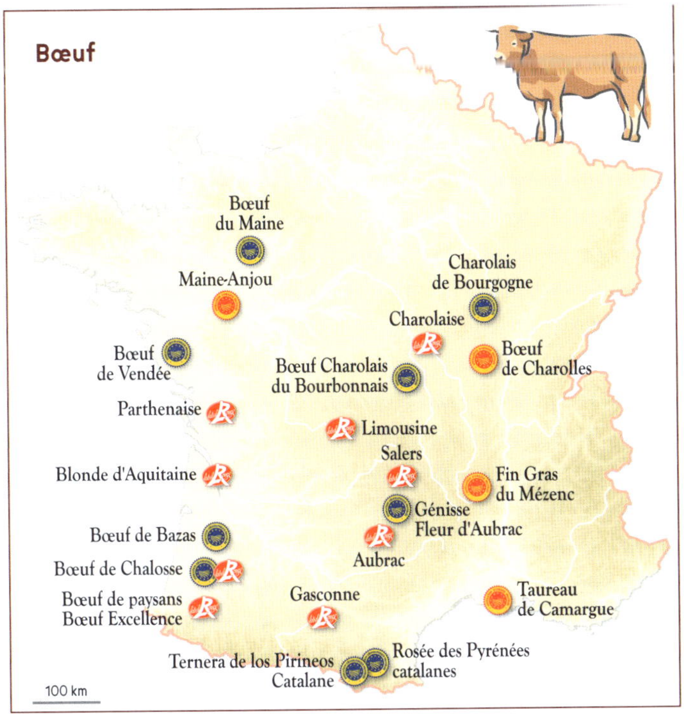

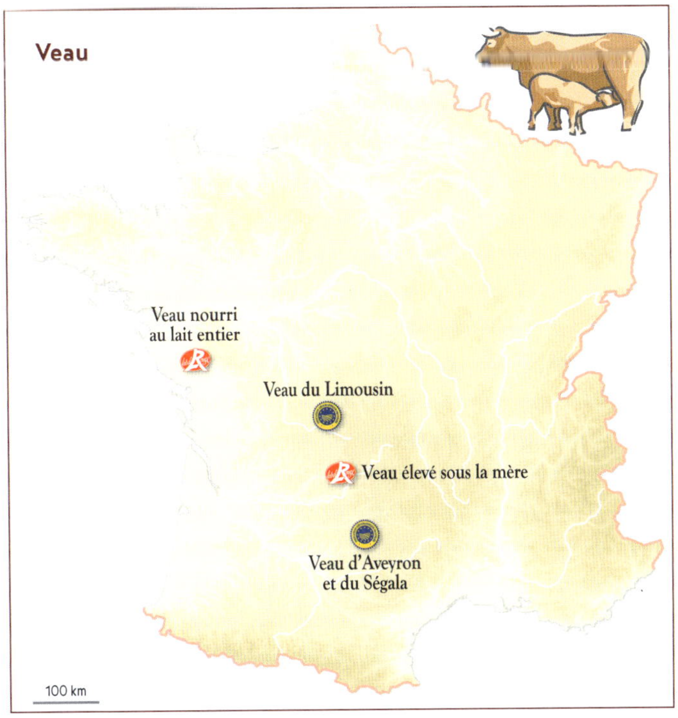

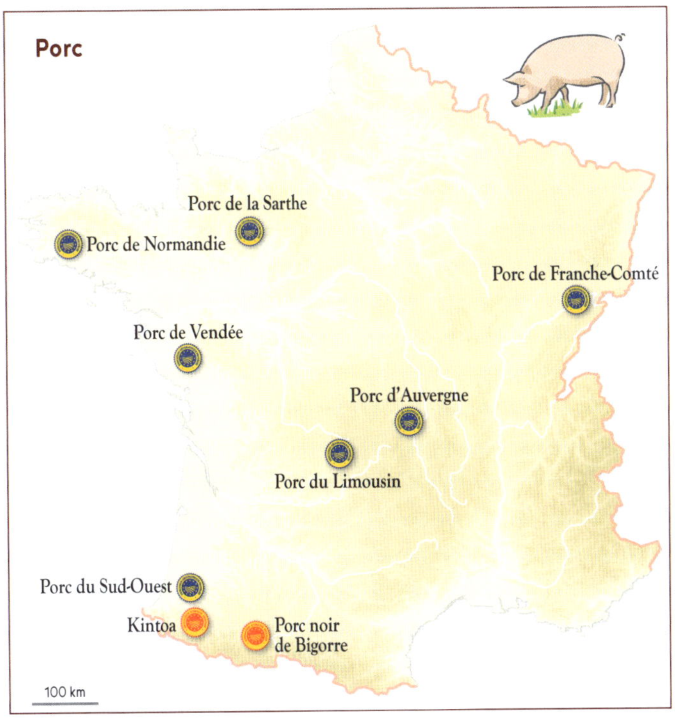

Label Rouge

IGP (Indication géographique protégée)

AOP (Appellation d'origine protégée)

Volailles et lapins

On prête au roi Henri IV cette célèbre promesse : « *Si Dieu me donne encore de la vie, je ferai qu'il n'y aura point de laboureur qui n'ait moyen d'avoir une poule dans son pot.* » Sans doute apocryphe, elle symbolise l'amélioration de la vie dans les campagnes françaises, dévastées pendant des décennies par les guerres de religions. En période troublée, il est en effet très facile aux pillards de s'emparer des volailles, des lapins, des porcs ou des petits ruminants. Ce sont eux qui repeuplent en premier les fermes lorsque la paix revient.

Le règne du Vert Galant correspond aussi à une phase active de la grande évolution agricole qui va permettre aux Français de mieux s'alimenter et à leur nombre d'augmenter. Davantage de céréales viennent nourrir davantage de poules qui produisent donc davantage d'œufs et de viande ; l'arrivée du maïs en provenance de la péninsule Ibérique invite au XVIIIe siècle une région comme la Bresse à se spécialiser dans l'engraissement de volailles sélectionnées et le Sud-Ouest, comme l'Alsace, à produire de délectables foies gras d'oie et de canard. Les terrines de Nérac, de Périgueux ou de Strasbourg font ainsi depuis trois siècles la gloire des repas de fête.

Aujourd'hui, la France est le premier producteur de volailles de l'Union européenne et le cinquième dans le monde. Près d'un milliard d'animaux sont abattus chaque année, ce qui représente, sans tenir compte du commerce extérieur, une quinzaine par Français et donc une consommation approximative d'une fois par semaine. Les trois quarts sont des poulets âgés d'environ trois mois et de qualités très variées en fonction des conditions d'élevage. Seuls les meilleurs, minoritaires, disposent de terrains de parcours libre (10 m^2 par poulet de Bresse, par exemple) et sont nourris au grain avec quelques compléments comme du lait en poudre.

La filière du lapin traverse des moments difficiles en raison de l'attachement sentimental des enfants à ce petit animal facile à caresser. Sa consommation autrefois si populaire et le plus souvent dominicale dans toutes les campagnes françaises est en train de devenir tabou, comme en Europe et en Amérique du Nord. Il ne s'en consomme plus que 60 millions chaque année en France, soit moins d'1 kg par personne, moins qu'en Espagne et beaucoup moins qu'en Italie.

Toutes ces viandes à chair blanche peuvent se rôtir, mais aussi se mijoter au vin, au cidre, à la bière et se marient bien avec la crème et les champignons de couche ou sauvages, avec toutes les fines herbes du potager, de la garrigue ou du maquis, ou encore avec certaines épices. Rappelons que le succès sur nos tables de la dinde, la poule d'Inde, arrivée d'Amérique au XVIe siècle, est lié au *Conte de Noël* de Dickens en 1843. D'Angleterre, elle est ensuite venue en France où elle permet, le jour de Noël, de nourrir une famille entière.

L'élevage des oies est assez délicat, et les Français apprécient moins ce palmipède que les peuples d'Europe centrale. 200 000 sont abattues chaque année. En revanche, le canard est devenu très populaire et 39 millions d'entre eux sont rôtis tous les ans, tandis que 37 millions sont engraissés en vue de la production de 20 000 tonnes de foie gras, soit 80 % de la production mondiale.

Poulet de Bresse élevé en plein air.

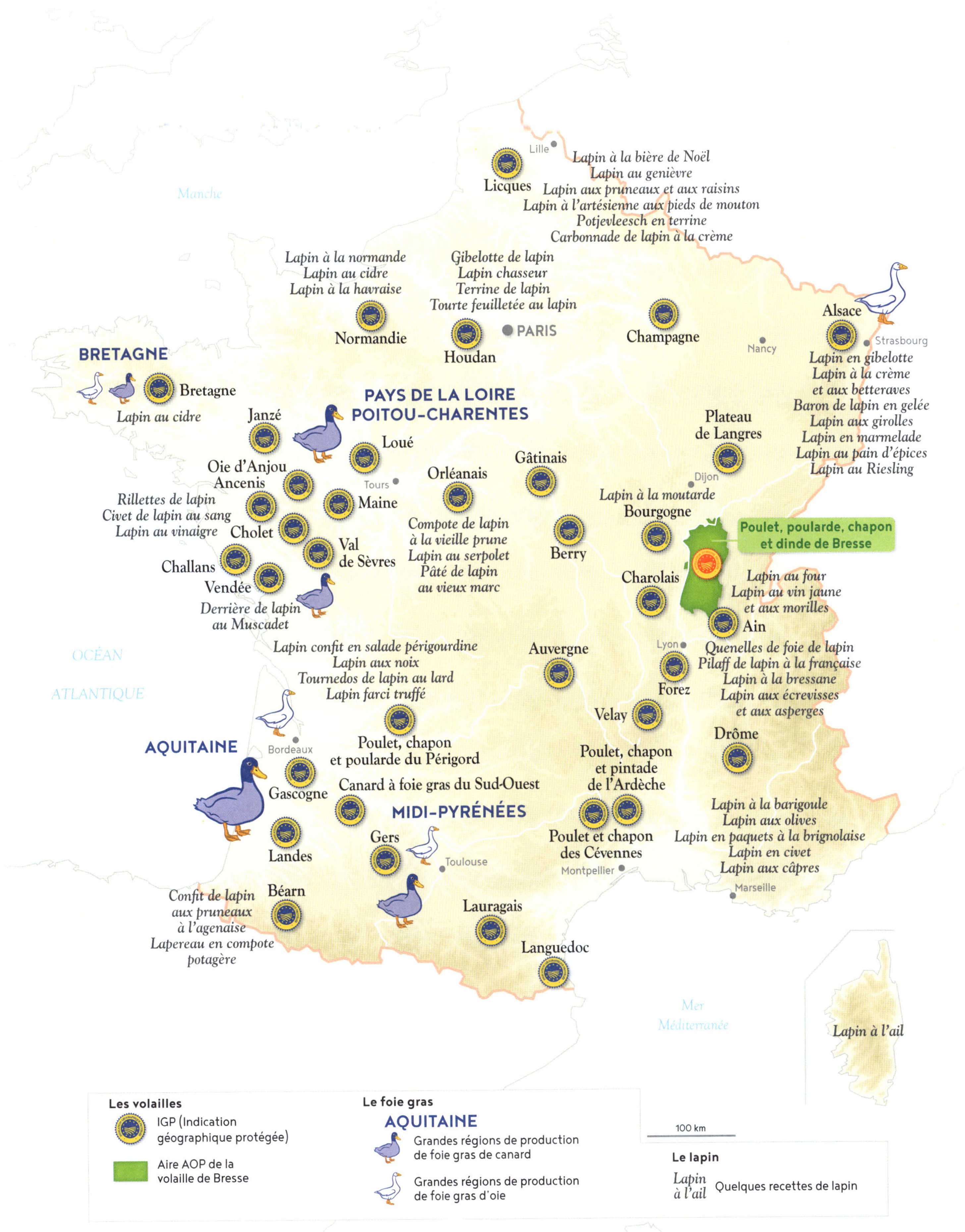
Manche
OCÉAN
ATLANTIQUE
Mer
Méditerranée
Lille
Licques
Lapin à la bière de Noël
Lapin au genièvre
Lapin aux pruneaux et aux raisins
Lapin à l'artésienne aux pieds de mouton
Potjevleesch en terrine
Carbonnade de lapin à la crème
Lapin à la normande
Lapin au cidre
Lapin à la havraise
Normandie
Gibelotte de lapin
Lapin chasseur
Terrine de lapin
Tourte feuilletée au lapin
Houdan
PARIS
Champagne
Nancy
Alsace
Strasbourg
Lapin en gibelotte
Lapin à la crème
et aux betteraves
Baron de lapin en gelée
Lapin aux girolles
Lapin en marmelade
Lapin au pain d'épices
Lapin au Riesling
BRETAGNE
Bretagne
Lapin au cidre
PAYS DE LA LOIRE
POITOU-CHARENTES
Janzé
Loué
Oie d'Anjou
Ancenis
Rillettes de lapin
Civet de lapin au sang
Lapin au vinaigre
Cholet
Tours
Maine
Val
de Sèvres
Challans
Vendée
Derrière de lapin
au Muscadet
Orléanais
Compote de lapin
à la vieille prune
Lapin au serpolet
Pâté de lapin
au vieux marc
Gâtinais
Berry
Plateau
de Langres
Dijon
Lapin à la moutarde
Bourgogne
Poulet, poularde, chapon
et dinde de Bresse
Charolais
Lapin au four
Lapin au vin jaune
et aux morilles
Ain
Lyon
Quenelles de foie de lapin
Pilaff de lapin à la française
Lapin à la bressane
Lapin aux écrevisses
et aux asperges
Forez
Auvergne
Lapin confit en salade périgourdine
Lapin aux noix
Tournedos de lapin au lard
Lapin farci truffé
Poulet, chapon
et poularde du Périgord
AQUITAINE
Bordeaux
Gascogne
Canard à foie gras du Sud-Ouest
MIDI-PYRÉNÉES
Landes
Gers
Toulouse
Velay
Poulet, chapon
et pintade
de l'Ardèche
Drôme
Poulet et chapon
des Cévennes
Montpellier
Lapin à la barigoule
Lapin aux olives
Lapin en paquets à la brignolaise
Lapin en civet
Lapin aux câpres
Marseille
Confit de lapin
aux pruneaux
à l'agenaise
Lapereau en compote
potagère
Béarn
Lauragais
Languedoc
Lapin à l'ail
Les volailles
IGP (Indication géographique protégée)
Aire AOP de la volaille de Bresse
Le foie gras
AQUITAINE
Grandes régions de production de foie gras de canard
Grandes régions de production de foie gras d'oie
100 km
Le lapin
Lapin à l'ail
Quelques recettes de lapin

Le gibier

Les forêts occupent aujourd'hui environ 30 % du territoire français, et le nombre des chasseurs diminue d'année en année. C'est dire si la faune sauvage est abondante et, ici ou là, envahissante ; c'est surtout le cas des sangliers dont le nombre s'élève à plus d'un million (2/km^2), avec une croissance exponentielle, comme partout en Europe. Tout comme les cervidés, ils causent de grands dommages aux cultures et aux jeunes peuplements forestiers. Hélas, à la différence de leurs voisins allemands, italiens ou espagnols, les Français sont de moins en moins nombreux à se délecter de gibier qui fait pourtant partie de leurs plus anciennes traditions gastronomiques.

Pendant l'Antiquité et à l'Époque moderne, les mammifères et les oiseaux sauvages représentaient à peine 5 % des viandes consommées, tant en France qu'en Europe. La proportion était plus élevée au Moyen Âge, surtout dans le milieu de l'aristocratie qui appréciait beaucoup la chair des cervidés, et dont la chasse faisait partie de ses grands plaisirs et de son apprentissage de la guerre à cheval.

Un plat mythique de Lucien Tendret inspiré des écrits de Brillat-Savarin : l'oreiller de la Belle Aurore, une harmonieuse composition de gibiers à plume et à poil et de nobles abats (ris de veau, foie gras) cuits en croûte et liés d'une fine gelée au porto. Réalisation : Alain Pégouret, chef du restaurant Laurent à Paris, pour l'Académie du Vin de France en novembre 2016. Chaque oreiller pèse 17 kilos.

Les grandes recettes de gibier encore en usage aujourd'hui furent mises au point à partir de la révolution culinaire du XVIIe siècle. Se développèrent alors les ragoûts cuits au vin, les sauces à base de fonds liés au roux, au beurre, à la crème, au sang, au foie. Le civet de lièvre restera longtemps un plat national, au point d'être appelé « lièvre à la française » dans les livres de cuisine. Sa version raffinée est le lièvre à la royale originaire du Poitou ou du Périgord. Au XIXe et dans la première moitié du XXe siècle, la bourgeoisie découvre à son tour le plaisir de la chasse et la consommation de gibier.

Certains plats de gibier sont communs à toute la France (civet de sanglier, filet rôti de chevreuil, etc.), mais on peut esquisser quelques spécificités régionales. Les zones littorales du Nord-Ouest affectionnent les plats à base de canard et autres palmipèdes migrateurs (pâtés et terrines, salmis, préparation au sang dite « à la rouennaise », devenue aussi icône du restaurant La Tour d'Argent à Paris). S'il est aujourd'hui interdit de chasser de nombreux migrateurs, la chasse à la palombe et sa dégustation en salmis restent très identitaires du Sud-Ouest.

Les pâtés d'alouettes de Pithiviers, de grives des Préalpes du Sud, de merles de Corse, de becfigues de Provence ne sont en revanche plus que des souvenirs. Quant aux ortolans des Landes, protégés, ils sont devenus des nourritures de transgression. La chasse à la bécasse demeure autorisée, mais strictement encadrée. C'est l'un des plus délectables gibiers, consommé avec ses entrailles, éventuellement réduit en purée sur des rôtis, si possible avec des truffes, mais que la loi interdit de servir dans les restaurants.

Quant au faisan mortifié de longs jours dans ses plumes (faisandé) et préparé à la manière de Brillat-Savarin, aucun estomac ne serait aujourd'hui en mesure de le supporter !

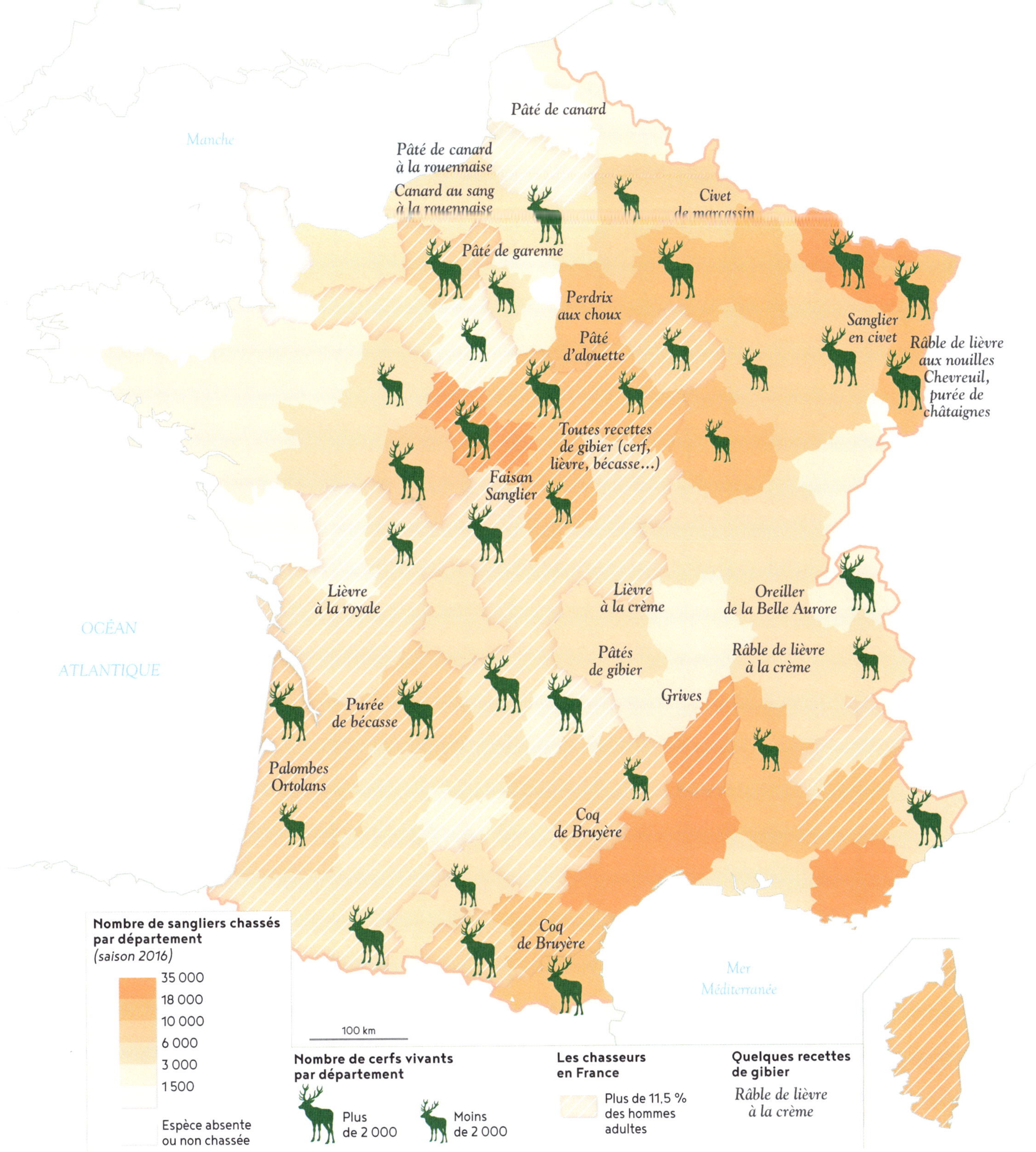

Éloge du faisan

« Le faisan est une énigme dont le mot n'est révélé qu'aux adeptes ; eux seuls peuvent le savourer dans toute sa bonté. […] Ce dernier oiseau, quand il est mangé dans les trois jours qui suivent sa mort, n'a rien qui le distingue ; il n'est ni aussi délicat qu'une poularde, ni aussi parfumé qu'une caille. Prise à point, c'est une chair tendre, sublime et de hauts goûts ; car elle tient à la fois de la volaille et de la venaison.
Ce point si désirable est celui où le faisan commence à se décomposer ; alors son arôme se développe et se joint à une huile qui, pour s'exalter, avait besoin d'un peu de fermentation, comme l'huile du café qu'on n'obtient que par torréfaction. »

Jean-Anthelme Brillat-Savarin, *Physiologie du goût*, 1825.

Les légumes

En dehors des Provençaux et des Niçois depuis le XIXe siècle, les Français accordaient jusqu'à une date récente moins de place dans leurs repas aux légumes frais que les Italiens ou les riverains de la Méditerranée en général, et ce malgré la passion que vouait Louis XIV à ceux provenant de son potager. La majorité des Français, y compris méridionaux, comme des Européens des régions continentales consommaient tous les jours du pot-au-feu ou des potées de chou et de racines (carottes, navets, raves) pendant une grande partie de l'année. Ces plats étaient généralement cuits avec un peu de viande, du lard salé ou fumé.

Avec l'urbanisation et les nouveaux principes de la diététique, les habitudes alimentaires des Français ont changé et les légumes frais sont aujourd'hui prisés de tous. Ils le sont tant que nous devons en importer du sud de l'Europe et de divers pays méditerranéens ou tropicaux pendant l'hiver. Les tomates, les asperges ou les salades forcées sous serres chauffées qui en proviennent ne procurent aucune émotion gastronomique, mais elles rappellent le soleil et les vacances d'été, tout comme, dans le registre des boissons, le vin rosé. Les habitudes « locavores », qui prônent la consommation de produits locaux et de saison, se développent petit à petit, moins rapidement qu'en Italie toutefois, où le mouvement *slowfood* a fortement influencé les consommateurs.

Certaines régions se sont depuis longtemps spécialisées dans les productions légumières, à la fois en raison de leur climat et de leur accessibilité par le train (Comtat Venaissin, Roussillon) ou par camion (Finistère Nord, entre autres spécialisé dans les oignons, les choux-fleurs et les artichauts, Val de Loire, Île-de-France). Quelques terroirs dispersés sur tout le territoire français sont parvenus à mettre en valeur une production légumière de haute saveur. Celle-ci fait partie de leur identité, de leur paysage (oignon doux des Cévennes cultivé sur des terrasses, piment d'Espelette qui colore le Pays Basque en été) et se commercialise en général très bien. Plusieurs légumes de haute qualité bénéficient d'une indication géographique protégée (IGP), comme les asperges landaises, la mogette de Vendée ou la carotte des sables (Manche), voire d'une appellation d'origine protégée (AOP), comme l'ail violet de Cadours (Haute-Garonne) ou l'oignon de Roscoff (Finistère).

Les féculents peuvent être rattachés aux légumes, compte tenu de la place qu'ils occupent dans les repas français. Ils sont déclinés en de très nombreuses recettes succulentes et identitaires (baeckeoffe alsacien, cassoulet du Sud-Ouest, petit-salé aux lentilles). La pomme de terre, que les Français ont eue du mal à adopter, est devenue l'un de leurs aliments préférés, cuite à la vapeur, frite, en purée ou cuisinée savamment. Certaines recettes sont entrées dans le registre de la haute cuisine (les pommes soufflées parisiennes, le gratin dauphinois de Fernand Point, le pâté bourbonnais, la purée de Joël Robuchon, etc.). Les petites pommes de terre nouvelles poussant dans les sables des littoraux de la Manche et de l'Atlantique sont très prisées : les plus réputées sont la ratte du Touquet, la bonnotte de Noirmoutier et la primeur de l'île de Ré.

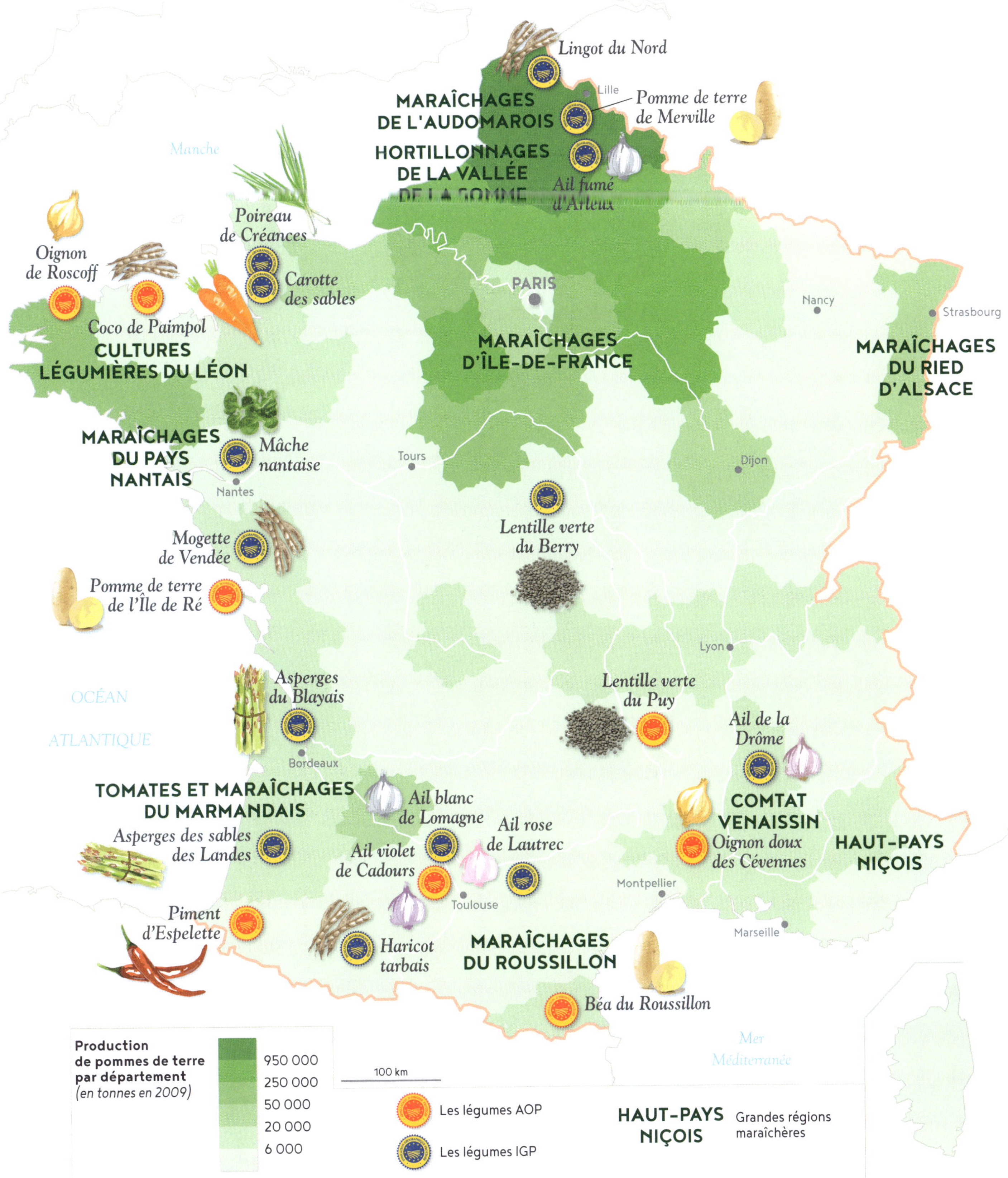

Le chou

L'un des aliments les plus anciens et les plus répandus du continent eurasiatique est le chou. Ce végétal a la particularité de pousser même sur les terres ingrates et sous les climats continentaux à hiver long et froid. Il est au cœur de l'hiver l'une des rares sources de vitamines (A, B, C), mais aussi de soufre, de calcium et d'iode, car il se conserve très bien dans des garde-mangers frais ou, mieux encore, lorsqu'il est soumis à une fermentation lactique, commune à toute l'Eurasie depuis la ligne bleue des Vosges jusqu'au Pacifique (choucroute alsacienne, *sauerkraut* germanique, *kapusta kwaszona* slave, *suankai* chinois, *kimchi* coréen, *tsukemono* japonais). La soupe au chou a nourri d'innombrables générations de paysans.

Les champignons

La cueillette des champignons sauvages a longtemps constitué un complément alimentaire d'automne non négligeable pour les paysans français les plus pauvres. Elle est devenue dans certaines régions un loisir saisonnier ; dans le Sud-Ouest, riche en cèpes (*Boletus edulis*), elle se mue en véritable quête identitaire fébrile donnant lieu à des querelles, voire à des exactions comme le percement des pneus des automobiles immatriculées hors du département. Les propriétaires de chênaies truffières usent parfois de méthodes plus radicales et quelques meurtres de voleurs ont été commis ces dernières années.

Mais surtout, les champignons sauvages ont acquis un statut gastronomique que seules les truffes possédaient dans la grande cuisine classique : une page pour les morilles, une demi-page pour les cèpes, quatre lignes pour les mousserons, oronges et giroles traités ensemble dans le *Guide culinaire*, publié en 1902 par Escoffier, dans lequel abondent par ailleurs les recettes aux truffes (800 grammes pour sa recette de dindonneau !). Régis Marcon, le chef triplement étoilé de Saint-Bonnet-le-Froid (Haute-Loire) a bâti sa réputation sur eux et en sert de nombreuses variétés en saison, mais également des truffes en janvier-février, leur période de succulence optimale.

Les principales régions de production des champignons correspondent aux grands massifs forestiers, mais aussi à certains types de climats. Les printemps de Franche-Comté sont ainsi propices à la pousse des morilles aux lisières des bois et des prairies. On les sert en sauce à la crème et au vin jaune sur une tranche de pain de campagne grillée ou avec une volaille. Les automnes chauds et humides du Sud-Ouest sont favorables à la pousse des cèpes qui, certaines années, foisonnent. On les poêle en général à la bordelaise, dans de la graisse de canard ou de l'huile, avec de l'ail et du persil, mais il existe bien d'autres recettes plus savantes.

La truffe, champignon roi.

Les champignons de Paris, apparus sur la table royale au XVIIe siècle et cultivés dans le noir des carrières parisiennes, viennent aujourd'hui de Picardie et surtout, pour les deux tiers, du Val de Loire, du Saumurois en particulier. Lorsqu'ils sont frais et de qualité, ils peuvent entrer avec bonheur dans bien des recettes gastronomiques et les chefs les plus réputés les utilisent couramment. La France en produit 115 000 tonnes, mais une partie importante de ceux qui sont consommés – non la plus goûteuse, il faut l'avouer – est importée des Pays-Bas et de Pologne.

La production des truffes noires d'hiver (*Tuber melanosporum*), les plus intensément parfumées, est devenue insignifiante : elle est passée de 20 à 40 tonnes par an contre 1 300 en 1880 ; son prix s'est envolé jusqu'à dépasser les 1 000 euros le kilo, ce qui tente les fraudeurs, en particulier ceux qui vendent des truffes chinoises artificiellement parfumées. Deux régions monopolisent la presque totalité de la production : le Quercy-Périgord et la Haute-Provence. C'est là que se tiennent les principaux marchés.

> *« Qui dit truffe prononce un grand mot qui réveille des souvenirs érotiques et gourmands chez le sexe portant jupes, et des souvenirs gourmands et érotiques chez le sexe portant barbe. […] La truffe n'est point un aphrodisiaque positif ; mais elle peut, en certaines occasions, rendre les femmes plus tendres et les hommes plus aimables. »*
>
> Brillat-Savarin, *Physiologie du goût*, 1825.

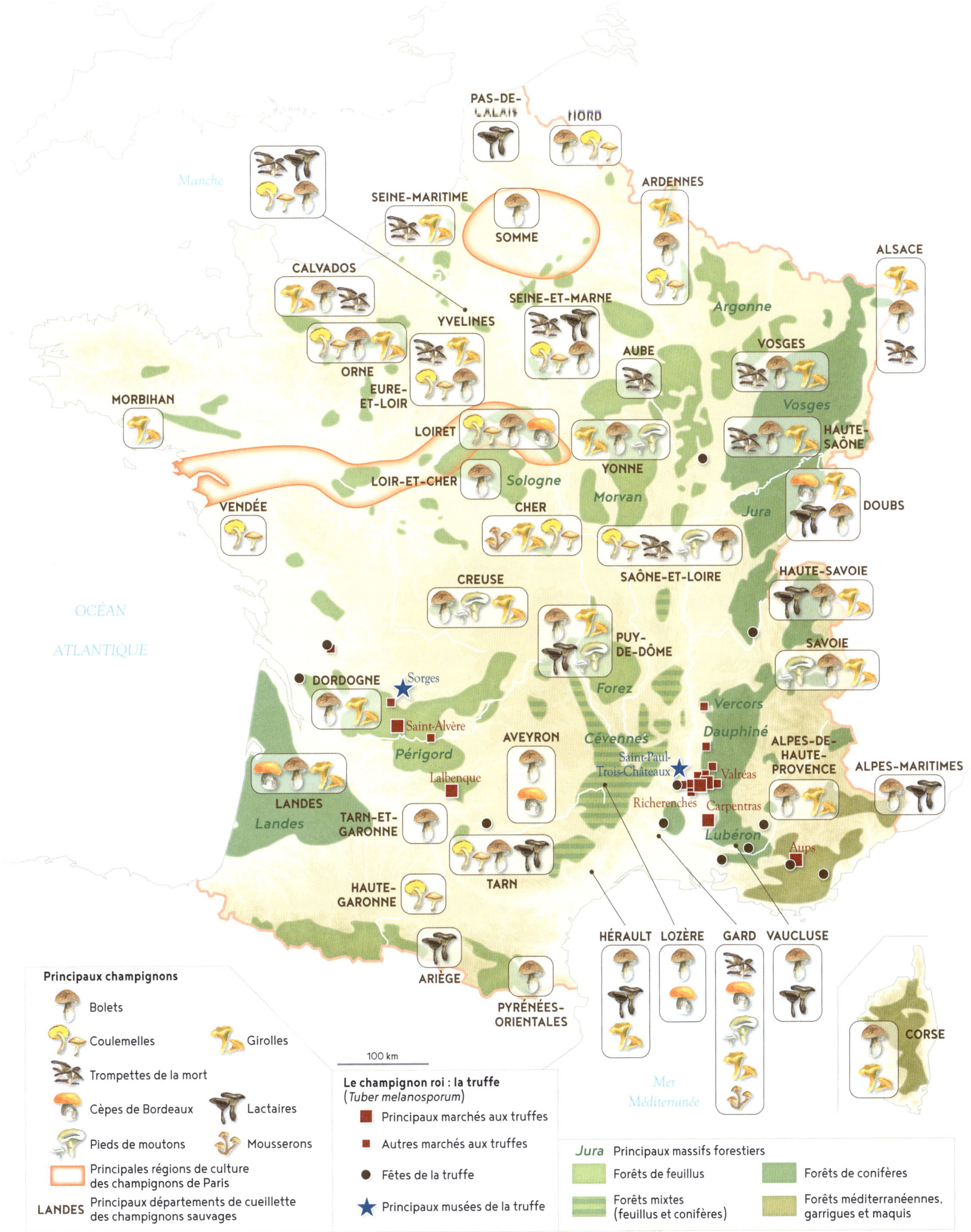

PAS-DE-CALAIS
NORD
Manche
SEINE-MARITIME
SOMME
ARDENNES
ALSACE
CALVADOS
SEINE-ET-MARNE
Argonne
YVELINES
AUBE
VOSGES
ORNE
EURE-ET-LOIR
Vosges
MORBIHAN
LOIRET
HAUTE-SAÔNE
YONNE
LOIR-ET-CHER
Sologne
VENDÉE
Morvan
DOUBS
CHER
Jura
SAÔNE-ET-LOIRE
HAUTE-SAVOIE
CREUSE
OCÉAN ATLANTIQUE
PUY-DE-DÔME
SAVOIE
DORDOGNE
Sorges
Forez
Vercors
Saint-Alvère
Dauphiné
AVEYRON
Cévennes
Périgord
Saint-Paul-Trois-Châteaux
Valréas
ALPES-DE-HAUTE-PROVENCE
ALPES-MARITIMES
Lalbenque
Richerenches
Carpentras
LANDES
Landes
TARN-ET-GARONNE
Lubéron
Aups
TARN
HAUTE-GARONNE
HÉRAULT
LOZÈRE
GARD
VAUCLUSE
ARIÈGE
PYRÉNÉES-ORIENTALES
CORSE
Mer Méditerranée
100 km
Principaux champignons
Bolets
Coulemelles
Girolles
Trompettes de la mort
Cèpes de Bordeaux
Lactaires
Pieds de moutons
Mousserons
Principales régions de culture des champignons de Paris
LANDES Principaux départements de cueillette des champignons sauvages
Le champignon roi : la truffe (Tuber melanosporum)
Principaux marchés aux truffes
Autres marchés aux truffes
Fêtes de la truffe
Principaux musées de la truffe
Jura Principaux massifs forestiers
Forêts de feuillus
Forêts de conifères
Forêts mixtes (feuillus et conifères)
Forêts méditerranéennes, garrigues et maquis

Beurres, fromages et autres produits laitiers

La diversité des milieux et des cultures de la France explique la géographie des graisses de cuisine utilisées dans les traditions régionales : beurre, huile d'olive, saindoux (et, plus récemment, graisse de canard dans le Sud-Ouest). Délectable produit des pâturages du nord et de l'ouest de la France (Normandie, Bretagne, Poitou), le beurre s'est imposé dans la haute cuisine mise au point à Paris entre la fin du XVIIe siècle et les années 1970. Il est devenu le symbole de la bonne chère à la française. Le chef Fernand Point, qui, pourtant, officiait à Vienne, aux confins du Midi, mais qui était bressan, avait coutume de dire : « *Du beurre ! Donnez-moi du beurre ! Toujours du beurre !* » Il utilisait également la crème à foison, autre merveilleux ingrédient des belles sauces nappantes et de beaucoup de desserts. Des AOP ont été attribuées au beurre et à la crème d'Isigny et à ceux de Bresse, ainsi qu'au beurre de Charentes-Poitou aux incomparables qualités gustatives.

Les graisses de cuisine traditionnelles en France

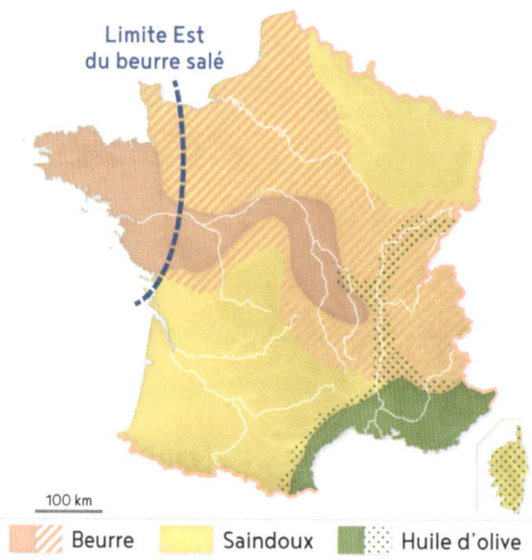

L'autre éclatant symbole de la gastronomie française est son immense palette de fromages. On prête au Général de Gaulle ou à Churchill deux versions d'une boutade sans doute apocryphe : « *Un pays qui produit 365 fromages ne peut perdre la guerre* » ou bien « *est ingouvernable* ». En réalité, il existe bien plus de vrais fromages en France, tant il y a de variantes dans les types, de fromages rustiques excellents mais qui ne portent aucun nom, ou encore de pâtes industrielles, ni glorieuses, ni viables économiquement pour les producteurs de lait qui livrent leur production aux grands groupes, mais qui représentent… 90 % des 2 millions de tonnes de fromages élaborés en France chaque année. Derrière le Grec, gros mangeur de feta, le Français est le deuxième consommateur de fromages au monde avec 27 kg par an.

Évoquons la géographie des productions de haute qualité, les 45 qui bénéficient d'une AOP. Les fromages à pâte molle sont produits depuis longtemps dans la périphérie des agglomérations urbaines, parfois depuis le Moyen Âge, comme le maroilles, le brie, le munster, ou après l'arrivée du chemin de fer, comme les grands normands dont le camembert est devenu le plus célèbre et même un facteur d'unité nationale pendant la Grande Guerre, en compagnie du saucisson et du vin rouge ordinaire que l'on appelait « pinard ». Tous sont issus de lait de vache.

Les fromages de chèvre, tels ceux du Val de Loire, sont nés dans les pays de petite propriété, en particulier viticole, la chèvre étant la vache du pauvre qui se nourrit le long des chemins ou dans les friches. La rustique brebis supporte la chaleur et la sécheresse et l'on trouve donc les fromages élaborés avec son lait dans le Midi (roquefort, broccio, pyrénées, pélardon). Dans les montagnes humides, les éleveurs ont imaginé des techniques pastorales complexes permettant de regrouper les troupeaux de vaches sur les pâturages d'altitude pendant l'été et d'élaborer de gros fromages à pâte pressée cuite ou crue qui se conservent longtemps et se vendent au loin en hiver (comté, beaufort, cantal).

Manche
Lille
Maroilles
Beurre et crème d'Isigny
Neufchâtel
Pont-l'Évêque
Brie de Meaux
Camembert
Livarot
PARIS
Nancy
Strasbourg
Brie de Melun
MASSIF ARMORICAIN
Langres
Munster
Chaource
Selles-sur-Cher
Chavignol
Vacherin Mont d'Or
Tours
Nantes
Époisses
Dijon
Comté
Sainte-Maure de Touraine
Valençay
Beurre et crème de Bresse
Charolais
Morbier
Chabichou
Abondance
Pouligny Saint-Pierre
Mâconnais
Bleu de Gex
Chevrotin
Fourme de Montbrison
Reblochon
Tome des Bauges
Beurre de Charentes-Poitou
Saint-Nectaire
OCÉAN ATLANTIQUE
Lyon
Rigotte de Condrieu
Salers
Beaufort
Fourme d'Ambert
Bleu d'Auvergne
Rocamadour
Bleu du Vercors-Sassenage
Bordeaux
Laguiole
Picodon
Cantal
BASSIN AQUITAIN
ALPES DU SUD
Bleu des Causses
Pélardon
Banon
Toulouse
Montpellier
Roquefort
Marseille
Pyrénées brebis
LANGUEDOC
Mer Méditerranée
Brocciu
Fromage AOP de brebis
Fromage AOP de chèvre
Fromage AOP de vache
Beurre et crème AOP
100 km
Régions anciennement urbanisées, productrices de fromages généralement de petite taille, frais ou bien à croûte fleurie ou lavée
Montagnes humides productrices de fromages volumineux à pâte pressée cuite ou crue ou persillée
ALPES DU SUD Déserts fromagers de l'Ouest et du Midi

Les fruits

Tous les peuples de la terre apprécient les fruits et ont amélioré les variétés qu'ils prisaient le plus. La diversité des climats français offre d'innombrables possibilités, y compris de cultiver les espèces tropicales en Outre-Mer.

Le Midi a accueilli de manière privilégiée les arbres fruitiers tout d'abord domestiqués sous d'autres cieux : l'agrumiculture de Méditerranée orientale et, dans la haute Antiquité, d'Asie du Sud, le pêcher de Grèce, de Perse et de Chine, la vigne de Rome et des montagnes encadrant le Croissant fertile, le figuier du Moyen-Orient, le poirier de Rome et d'Asie centrale, l'abricotier originaire du Xinjiang chinois et arrivé depuis l'Antiquité par la Route de la Soie, la fraise venue de Virginie et du Chili. D'autres espèces sont autochtones à notre pays, mais ont été améliorées par sélection, greffe ou introduction de méthodes de culture le plus souvent venues du Proche et du Moyen-Orient : le pommier, le cerisier, le châtaignier, le noyer, le noisetier, etc.

La pomme est de loin le fruit le plus populaire auprès des Français qui en consomment en moyenne 16 kg par personne et par an. Elle est immédiatement suivie d'un fruit venu des départements d'Outre-Mer antillais, la banane (12 kg), puis de l'orange (10 kg) importée d'Espagne, du Maroc, d'Israël ou des États-Unis, et de la clémentine (8 kg), issue d'un croisement entre l'oranger et le mandarinier, obtenu au début du XXe siècle en Algérie par un religieux français, le frère Clément.

Cette dernière est en grande partie originaire de Corse où sa culture a été implantée après 1962 par les pieds-noirs (sobriquet donné par les autochtones nord-africains en raison des chaussures portées par les colons) rapatriés d'Algérie. Puis viennent la pêche et la nectarine (6 kg), la poire (5 kg), le raisin de table (4 kg), le pamplemousse (3 kg), importé comme l'orange, le kiwi (3 kg), la fraise (3 kg). Les principales régions de culture fruitière en France métropolitaine sont PACA, la Nouvelle-Aquitaine, Rhône-Alpes-Auvergne, les Pays-de-Loire et la Corse, où elle couvre 180 000 hectares.

Un petit nombre de régions fruitières jouissent d'une réputation historique et sont parvenues à obtenir une reconnaissance officielle par l'AOC française, puis l'AOP européenne. La noix de Grenoble est la plus anciennement reconnue : son label date de 1938. Le chasselas de Moissac l'a obtenu en 1977, la pomme du Limousin en 1994, le muscat du Ventoux en 1997, la noix du Périgord en 2002, la châtaigne d'Ardèche, la farine de châtaigne corse et la figue de Solliès en 2006, l'abricot rouge du Roussillon en 2015.

En outre, certains fruits répondant à des critères précis fixés dans un cahier des charges peuvent bénéficier du signe de qualité qu'est le label rouge (LR), mais sans indication de provenance géographique : l'abricot, l'ananas, la fraise, le kiwi Hayward, le litchi, le melon, la pêche et la nectarine, la pomme et la reine-claude.

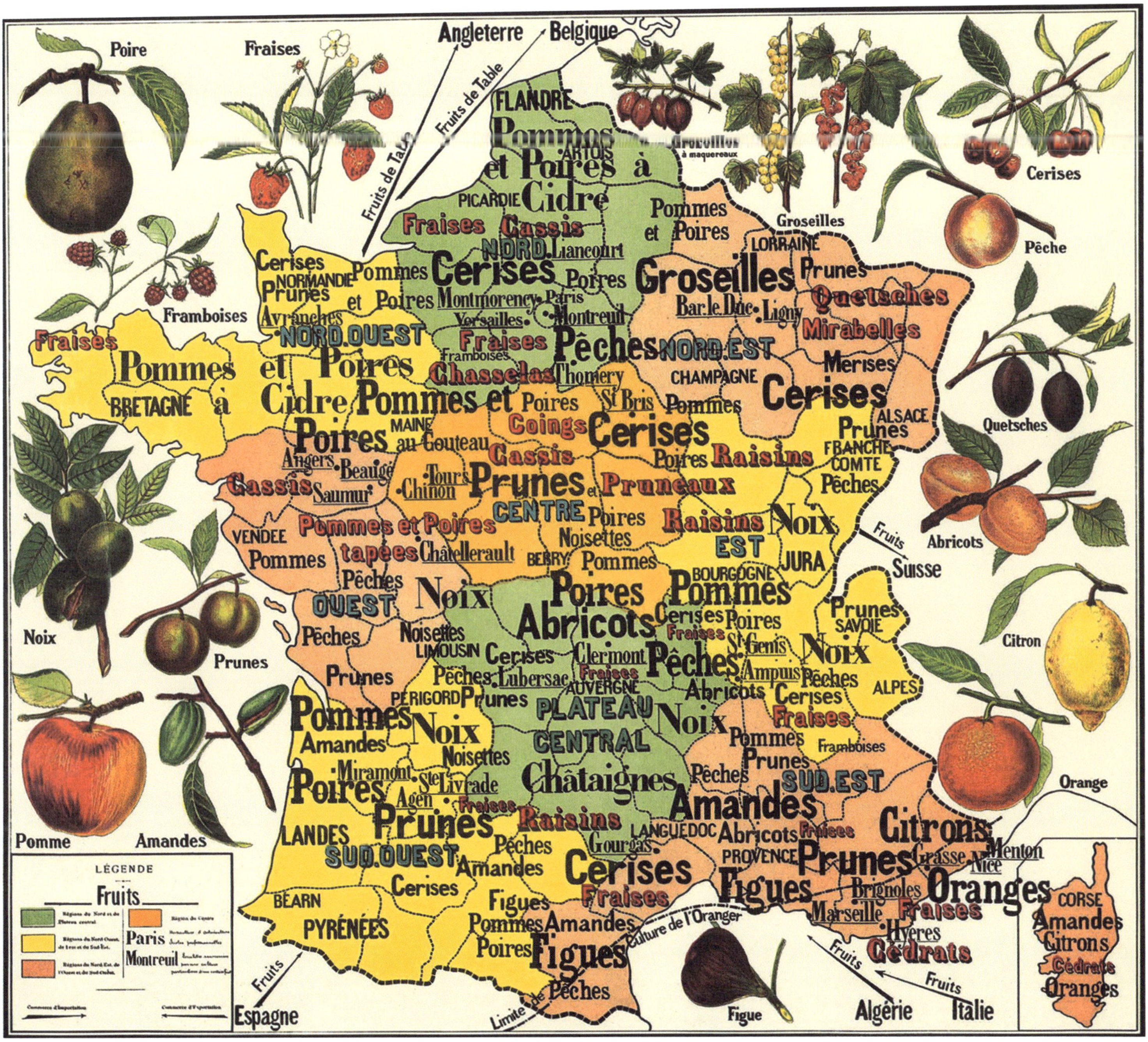

La *Carte des arbres fruitiers* d'Albert Bernard (vers 1925).

La pomme d'or du Limousin

« Ceux qui critiquent la Golden en y voyant le symbole de la pomme industrielle sans âme et sans saveur n'ont jamais goûté la pomme d'or du Limousin ! Les hauts plateaux chers à Jacques Chirac sont même la seule région productrice de pommes en France qui ait obtenu une appellation d'origine protégée, une AOP. [...] Les Limousins ont bien raison d'appeler cette Golden leur pomme d'or. Elle fait vivre une région rurale où les opportunités économiques sont limitées, en dehors de ce que la terre peut offrir. [...] La grosse pomme jaune créée aux États-Unis au début du XIXe siècle sous le nom de *Golden Delicious* a connu un tel succès à travers le monde qu'on la prend souvent en exemple pour dénoncer les aberrations d'une agriculture dévoyée. [...] Et comme les Pommes d'or du jardin des Hespérides, gages d'immortalité, elle a donné un nouveau souffle de vie à une région que l'on croyait déclassée. »

Sylvie Brunel, *Croquer la pomme*, Paris, J.-C. Lattès, 2016, p. 123-124.

Le pain

Le pain est l'aliment de base de tous les peuples héritiers des civilisations du Croissant fertile et de la Méditerranée. Grâce à la fermentation, processus qui est resté mystérieux jusqu'à Pasteur, il est la manière la plus digeste de consommer les céréales. Le gonflement de la pâte grâce au levain a favorisé l'association dans les imaginaires du pain et de la transmission de la vie. Comme en Italie, bon nombre de pains régionaux français ont ainsi des formes évocatrices des sexes masculin et féminin. Les pains briés de Normandie à la pâte compacte et à la croûte lisse étaient naguère plus explicites encore. La miche, forme la plus classique du pain de campagne, évoque, quant à elle, le ventre de la femme enceinte.

Traditionnellement, la face rebondie du pain était toujours tournée vers le ciel. Comme l'écrit Jean Clair :

> *« La boule de pain posée à l'envers sur la table commune était une négligence et c'était mauvais signe. [...] Tout juste si l'on ne murmurait pas un mot d'excuse en remettant le pain d'aplomb. [...] Posée à l'envers, la boule perdait le don de se multiplier »*
>
> *La part de l'ange*, Paris, Gallimard, 2016, p. 67-68.

Une couronne et une baguette de pain, formes très courantes du pain en France, sur un emballage de boulangerie légèrement immodeste !

Le père de famille traçait au couteau un signe de croix au dos de la miche avant de la découper, signe du caractère sacré du pain, don de Déméter et Cérès pour les Grecs et les Romains, de Yahvé pour les Hébreux, instrument de la transsubstantiation après l'institution de l'Eucharistie par le Christ au cours de la Cène. La formule sacramentelle *« Prenez et mangez-en tous, ceci est mon corps »* ne parle plus qu'aux croyants, mais elle est à l'origine du prestige dont le pain continue à être entouré chez tous les peuples de tradition chrétienne. Si l'on utilise du pain azyme pour l'Eucharistie chez les catholiques, c'est en souvenir des pains non levés des Hébreux lors de leur sortie d'Égypte et cela les rapproche des juifs qui perpétuent cette coutume lors de la fête de Pessah.

Au début du XXe siècle, chaque Français mangeait 900 grammes de pain par jour en moyenne, ce que l'on a peine à imaginer aujourd'hui où la consommation est tombée à 165 g. Nos voisins sont tous un peu plus friands de pain que nous : 230 g pour les Allemands, 200 g pour les Autrichiens et les Danois, 180 g pour les Italiens. Jadis, le pain était avant tout consommé « trempé ». On a oublié que le mot « soupe » vient du germanique *suppa* qui désigne une tranche de pain que l'on arrose de bouillon, d'où l'expression aujourd'hui incomprise de « tremper sa soupe » ou la métaphore « être trempé comme une soupe ». Avant la généralisation à la Renaissance des assiettes individuelles en orfèvrerie, en étain, en faïence ou, plus tard, en porcelaine, la haute société consommait sa nourriture en la saisissant avec les doigts dans les plats de service et en la déposant sur un tranchoir de pain déposé devant chaque convive à même la nappe ou sur un tailloir de bois ou d'argent. Cette habitude était commune à toute l'Europe. Elle survit en France à travers les « canapés » des buffets proposés au cours des réceptions.

Ailleurs en Europe, elle est demeurée plus vivante : crostini italiens, tapas espagnols, smorrebrod scandinaves, hamburgers allemands, sandwiches anglais, blinis slaves. Les galettes et crêpes bretonnes relèvent du même principe.

LA CARTE DES PAINS RÉGIONAUX SELON LIONEL POILÂNE

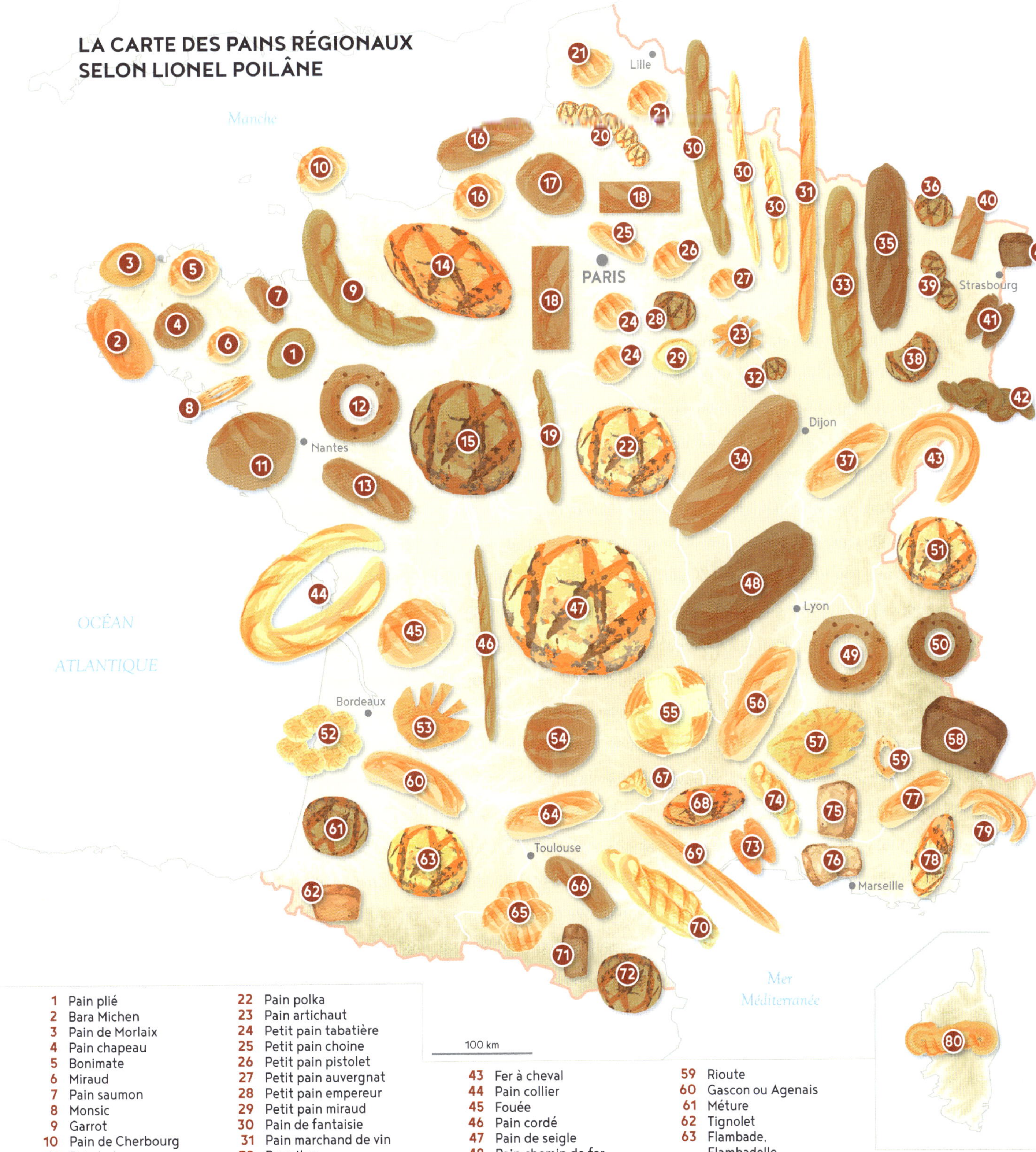

1 Pain plié
2 Bara Michen
3 Pain de Morlaix
4 Pain chapeau
5 Bonimate
6 Miraud
7 Pain saumon
8 Monsic
9 Garrot
10 Pain de Cherbourg
11 Pain bateau
12 Couronne moulée
13 Tourton
14 Gâche
15 Pain rennais
16 Pain brié
17 Pain à soupe
18 Pain de mie
19 Maigret
20 Pain régence
21 Faluche
22 Pain polka
23 Pain artichaut
24 Petit pain tabatière
25 Petit pain choine
26 Petit pain pistolet
27 Petit pain auvergnat
28 Petit pain empereur
29 Petit pain miraud
30 Pain de fantaisie
31 Pain marchand de vin
32 Benoiton
33 Pain saucisson
34 Pain fendu
35 Pain boulot
36 Pain aux noix
37 Pain cordon
38 Pain tabatière
39 Sübrot
40 Pain Graham
41 Pumpernickel
42 Pain tressé et Pain natté
43 Fer à cheval
44 Pain collier
45 Fouée
46 Pain cordé
47 Pain de seigle
48 Pain chemin de fer
49 Couronne
50 Couronne de Bugey
51 Pain vaudois
52 Couronne bordelaise
53 Souflâme
54 Méteil
55 Seda
56 Mniode
57 Fougasse
58 Pain bouilli
59 Rioute
60 Gascon ou Agenais
61 Méture
62 Tignolet
63 Flambade, Flambadelle, Flambêche
64 Tordu
65 Quatre-banes
66 Porte-manteau
67 Échaudé
68 Pain de Lodève
69 Phénix, Pain viennois
70 Charleston
71 Ravaille
72 Pain coiffé
73 Beaucaire
74 Pain scie
75 Pain d'Aix
76 Tête d'Aix
77 Charleston niçois
78 Michette
79 Main de Nice et Monte-dessus
80 Coupiette

Les pâtisseries

Bien des pays d'Europe, d'Afrique du Nord, du Moyen-Orient et de l'Asie sinisée ont cultivé depuis des siècles l'art savant de la pâtisserie et des desserts. La France a reçu des influences au cours de son histoire pâtissière, d'Italie, d'Espagne, d'Autriche, d'Orient (pain d'épices, sorbets et glaces, etc.), mais elle a aussi innové et elle fait vivre aujourd'hui un très grand nombre de recettes anciennes provinciales ou, surtout, parisiennes. La corporation des pâtissiers est prospère dans la capitale depuis le Moyen Âge, et le milieu de cour, auquel ont succédé, en matière gastronomique, pendant la Révolution, celui des restaurants, s'est révélé très propice à l'invention de nouveaux gâteaux, entremets et desserts. L'un des cuisiniers les plus passionnés par les pâtisseries fut sans conteste Antonin Carême (1784-1833) qui en confectionnait d'immenses dans les grands banquets préparés pour les puissants de France et d'Europe.

Aujourd'hui, aux côtés du chef des cuisines, dans chaque grand restaurant œuvre un chef pâtissier. Comme les cuisiniers, les pâtissiers font l'objet d'un véritable mercato comparable à celui des footballeurs. Les plus audacieux et réputés d'entre eux finissent par créer leur propre pâtisserie, et certains sont à la tête d'une véritable chaîne d'établissements en France et dans le monde.

Gaston Lenôtre (1920-2009) a été, dès les années 1960, le premier pâtissier français mondialement connu. Parmi ses successeurs qui, eux, ont tous d'abord travaillé dans la restauration, citons Philippe Conticini, Pierre Hermé ou Jean-Paul Hévin, récemment suivis par Christophe Michalak. De même que le développement de la boulangerie industrielle sans âme a permis l'émergence d'une génération de vrais artisans attachés au pain de qualité, l'invasion de la pâtisserie industrielle ou semi-artisanale médiocre a favorisé depuis quelques décennies la réussite de pâtissiers créatifs et talentueux.

L'un des phénomènes les plus spectaculaires de l'histoire et de la géographie de la pâtisserie française est le succès désormais mondial des macarons parisiens. À l'origine, il s'agissait d'un petit massepain croquant à la poudre d'amandes et au sucre rendu plus léger et croustillant par l'ajout de blanc d'œuf battu. On en trouve trace dès la Renaissance. La tradition veut qu'il soit d'origine italienne (*maccherone*), apporté par Catherine de Médicis. Beaucoup de pâtissiers et de couvents en confectionnaient un peu partout en France, chaque ville revendiquant sa recette comme la plus authentique. Charles Dalloyau, l'un des officiers de bouche au service de Louis XIV, en servit au roi qui les trouva délectables. Ses descendants régaleront les derniers rois de l'Ancien Régime.

La Révolution ayant réduit la famille au chômage, Jean-Baptiste Dalloyau ouvrit un commerce de comestibles raffinés en 1802 au 101 de la rue du faubourg Saint-Honoré, qui demeure la maison-mère. Depuis, Dalloyau fournit le tout-Paris en plats gastronomiques et en pâtisseries.

C'est à partir de 1830 qu'est mise au point la recette actuelle du macaron parisien. Beaucoup de pâtissiers parisiens en confectionnent, dont la maison Ladurée, créée en 1862. Celle-ci commercialise aujourd'hui pour 45 millions d'euros de macarons dans le monde. Le macaron est devenu un symbole du luxe à la française depuis que Sofia Coppola l'a mis en scène en 2006 dans son film *Marie-Antoinette*. Pierre Hermé a bénéficié de cette mode et confectionne aujourd'hui partout dans le monde des macarons follement inventifs. Les touristes, en particulier asiatiques, acceptent de longues attentes dans ses boutiques parisiennes pour rapporter ces petites gourmandises dont la gamme se renouvelle d'année en année, telle la mode vestimentaire.

Biscuits roses
Tarte au sucre
Kugelhof
Baba au rhum
Far breton
Manche
Tarte au sucre
Tarte aux pruneaux
Spéculoos
Gâteau battu
Macarons
Amiens
Fallue
(Brioche normande)
Teurgoule
Tarte
aux pommes
normande
Rouen
Bourdelot
Crème
Chantilly
Chantilly
Biscuits roses
Pain d'épices
Oublies
Reims
Tarte aux mirabelles
Tarte aux quetsches
Lisieux
Sablé
Douillon
Brandon
Paris-Brest 4
Maisons-Laffitte
PARIS
Tartelettes amandines
Macaron parisien
Saint-Honoré 1
Croquembouche 2
Moka
Poire Belle-Hélène
Tarte Bourdaloue
Vacherin, Financier
Millefeuille 3
Croissant parisien
Opéra
Bûche de Noël
Galette des Rois
aux amandes
Tuiles aux amandes
Vol-au-Vent
Madeleines
Commercy
Nancy
Pain
d'épices
Strasbourg
Macarons
Lannion
Galettes, Crêpes
Sablé breton, Kouign Amann
Quatre quarts, Palet breton
Far
Quimper
Crêpes
dentelle
Chartres
Macaron
Pithiviers
Pithiviers
Sablé
Sablé
Baba au rhum
Macarons
Pain d'épices
Tarte aux myrtilles
Kugelhof
Bretzel
Biscuits à la cannelle
Mendiant
Torche aux marrons
Streussel
Petit Beurre
Biscuit nantais
Fouace
Gâteau nantais
Nantes
Angers
Pâté
aux prunes
Tours
Poires
tapées
Lamotte-Beuvron
Tarte Tatin
Dijon
Pain d'épices
Nonettes
Nonettes
Brioche
Fouace
Macarons
Montmorillon
Tarte Tatin
Pompe
aux pommes
Le Dorat
Macarons
Corniotte
Poires
à la beaujolaise
Éclairs au chocolat
OCÉAN
ATLANTIQUE
Canelés
Cornuelle
Clafoutis
Clafoutis
Lyon
Éclair
Président
Tarte aux pralines roses
Bugnes
Brioche
Grenoble
Gâteau aux noix
de Grenoble
Gâteau aux noix
Saint-Émilion
Macarons
Bordeaux
Canelé
Romans
Pogne
Gâteau
ardéchois
aux marrons
Joyeuse
Macarons
Fouasse
Gâteau à la broche
Macarons
Séderon
Crêpes
Suzette
Pastis
Pompe à l'huile
Oreillettes
Couronne des Rois
Les treize desserts de Noël
Monte Carlo
Nice
Tourte
aux blettes
nissarde
Pastis
Croustade aux pommes
ou aux pruneaux
Pastissoun
Saint-Jean-de-Luz
Macarons
Gâteau
basque
Croustade aux pommes
Pézenas
Petits pâtés
de Pézenas
Perpignan
Crème catalane
Mer
Méditerranée
Fiadone
Castagnaccio
1
2
3
4
Fiadone
100 km

Confiseries et chocolats

Les Français ne sont pas très becs sucrés, bien que leur pays soit le 10e producteur mondial de sucre et le 1er producteur de sucre de betterave. Le Nord, la Picardie, le Bassin parisien et la Limagne concentrent les 25 sucreries de métropole, tandis que l'Outre-Mer compte 5 sucreries de canne. Chaque Français consomme environ 60 grammes de sucre par jour contre 126 pour un Américain, 103 pour un Allemand ou un Néerlandais, 95 pour un Anglais, un Irlandais, un Autrichien ou un Belge, 90 pour un Finlandais, un Canadien ou un Mexicain, sans doute beaucoup plus que tout cela pour un habitant des pays du Golfe ou de Polynésie. En revanche, un Chinois, un Indonésien ou un Israélien n'en consomment que 15 grammes.

Un sixième en moyenne de ces 60 grammes est consommé en France sous forme de confiseries, proportion beaucoup plus élevée chez les adolescents, qui en sont les principaux clients avec une prédilection pour les bonbons gélifiés acidulés, suivis par les chewing-gums. En dehors du chocolatier-confiseur Cémoi, premier groupe français, né en 1814 à Arles-sur-Tech (Pyrénées-Orientales), l'essentiel de ces friandises est élaboré par des multinationales étrangères qui produisent en partie sur le sol français (Mondalez International, Kraft, Nestlé, Cadbury, Mars, Ferrero, etc.).

On admettra que ces sucreries passe-partout ne relèvent guère de la gastronomie et que seule une petite partie de la production de douceurs est issue de l'artisanat et correspond à un patrimoine vivant, parfois très ancien (fruits confits de Provence, dragées de Verdun, anis de Flavigny, etc.). Avec le développement du tourisme et le souhait de rapporter des cadeaux gourmands à ses amis, les pâtissiers-confiseurs de beaucoup de villes, mais aussi de stations thermales, de montagne ou balnéaires ont imaginé des confiseries rappelant un élément du paysage ou de la production locale (crassier de Longwy, galets du Havre, ardoises d'Angers, sardines de Royan, patates de Saint-Malo, chardons de Chamonix, etc.), voire d'événements particuliers, comme le négus de Nevers commémorant le passage du roi des rois Ménélik II dans cette ville en 1900. La mode en est un peu passée, mais un certain nombre sont encore très appréciées comme les marrons glacés de Lyon, d'Ardèche ou que certains confiseurs réputés continuent à confectionner eux-mêmes et qui sont les préparations les plus complexes à réaliser et donc les plus chères.

Le chocolat de qualité, voire de luxe, est sans doute la confiserie la plus appréciée tant des Français (6,7 kg consommés par personne et par an ; en progrès, mais encore loin des 12 kg d'Allemagne) que des étrangers qui visitent la France, ce qui a incité certains artisans à ouvrir des boutiques à l'étranger où leurs créations rencontrent un grand succès. C'est le cas de l'industriel Valrhona de Tain-l'Hermitage qui exporte plus de la moitié de sa production, de l'artisan MOF Jean-Paul Hévin qui a ouvert 80 boutiques dans le monde ou du salon de thé-pâtissier-chocolatier Angelina qui en possède une vingtaine.

La réputation des chocolats français, désormais égale, voire supérieure à celle des belges ou des suisses, a poussé Ladurée, l'industriel du macaron, à se lancer dans cette branche. Le chef cuisinier Alain Ducasse a ouvert quant à lui un atelier de chocolaterie à Paris que l'on peut visiter et dont il écoule la production sur place ou dans tous ses restaurants de la planète. Parmi les grands noms de la chocolaterie inspirée, citons la Maison Bernachon à Lyon, Patrick Roger, La Maison du Chocolat (19 boutiques en France, 27 à l'étranger) et bien d'autres dispersés dans toute la France et qui œuvrent dans un seul atelier et une seule boutique.

L'arrivée du chocolat en France

Des juifs, puis des marranes expulsés d'Espagne s'installent dans le faubourg de Saint-Esprit, face à Bayonne, dès les dernières années du XVe siècle et pendant tout le XVIe siècle. Ce sont eux qui, les premiers, introduisent en 1609 au Pays Basque la fabrication du chocolat dont il faut rappeler qu'à cette époque on le consomme liquide et chaud, éventuellement sucré et, surtout, pimenté, à la manière amérindienne. Le piment d'Espelette arrive d'ailleurs au Pays Basque à la même époque en provenance du Mexique, *via* la péninsule Ibérique.

Le vin

L'implantation de la vigne en France est antérieure au début de notre ère : sans doute s'est-elle faite autour des comptoirs grecs comme Massalia et dans la *Provincia* romaine. Elle a connu une grande expansion après la conquête de César, puis une éclipse pendant la période des grandes invasions. La viticulture connaît un nouvel essor au Moyen Âge, dans la périphérie des abbayes et des évêchés, mais aussi des grandes résidences aristocratiques et des villes. La paix et la prospérité permettent un renouveau du commerce, et des vignobles s'implantent à proximité des grandes voies de circulation : routes, rivières, ports.

C'est ainsi que le vignoble de Champagne qui, à l'époque, produit des vins blancs ou rouges clairs, doit son existence à sa proximité de Paris, accessible par la Marne et la Seine, mais aussi à Reims, la ville des sacres royaux. Celui de Bourgogne doit beaucoup aux abbayes de Cîteaux et de Cluny, au fait que Dijon est devenue la capitale de la Bourgogne, le Grand-Duché d'Occident, à la possibilité de transporter par la Saône, puis le Rhône, les vins vers un marché exigeant : celui d'Avignon où résident au XIVe siècle le pape et sa cour. Celui de Bordeaux, qui se développe d'abord dans la périphérie de la ville et du port, bénéficie de l'accessibilité au marché anglais et au mariage d'Aliénor d'Aquitaine en 1152 avec Henri II Plantagenet qui devient deux ans plus tard roi d'Angleterre. En 1241, le roi d'Angleterre institue un privilège commercial pour les marchands de vin de Bordeaux qui durera jusqu'en 1776. Celui-ci étouffe la viticulture de tout le Bassin aquitain et toulousain, qui est alors privé de débouchés.

Le vignoble de Vouvray.

D'autres vignobles se développent ultérieurement, toujours en lien avec l'ouverture de nouveaux marchés. Celui de Cognac est lié à la demande en eau-de-vie de vin des pays riverains de la Manche et de la mer du Nord à partir du XVIIe siècle. Celui du Languedoc s'étend dans tous les médiocres terroirs de la plaine dès que le chemin de fer permet au vin ordinaire d'approvisionner les marchés de régions non productrices ou qui ne le sont plus comme la Bretagne, le Bassin minier du Nord et Paris. Le vignoble provençal connaît une grande expansion avec le développement du tourisme balnéaire et surtout avec l'instauration des congés payés au milieu du XXe siècle.

Si la cuisine au vin est présente dans toutes les régions viticoles de la vieille Europe, elle est particulièrement développée en France. Il est d'usage fréquent de servir à boire le même vin que celui qui entre dans la préparation des mets cuisinés au vin, mais on peut choisir en cuisine des vins plus simples que ceux que l'on apporte à table. Par exemple, un « coq au chambertin » peut être préparé avec un bon bourgogne générique ou, mieux, de la lie de grand bourgogne rouge, et le chambertin sera meilleur dans un verre. Il va de soi que la gastronomie française sait utiliser toute la palette nationale des uns et des autres et varier à l'infini les alliances mets-vins. La haute cuisine française est celle qui, la première, a cherché à marier idéalement la saveur des mets avec celles des vins, raffinement qui s'est précisé il y a environ deux siècles.

Quelques restaurants réputés sont situés au cœur des vignobles. Ils proposent les meilleurs vins de leur région et contribuent à les faire connaître. Certains chefs ont même révélé des vins peu connus en dehors de leur région. Citons Paul, Jean-Pierre et Marc Haeberlin qui ont tant fait pour les vins d'Alsace, Paul Bocuse à Collonges-au-Mont-d'Or qui a démontré qu'il pouvait exister de bons beaujolais susceptibles d'accompagner sa cuisine prestigieuse, ou encore Michel Guérard à Eugénie-les-Bains qui a créé son propre vignoble dans le Tursan.

LE VIN EN FRANCE

- 558 000 emplois directs
- 41 Mhl produits par an soit 16 % du vin mondial
- 47,8 litres consommés par personne par an (58,2 pour les plus de 14 ans), soit 1,3 verre par jour, soit 14 % de la consommation mondiale
- 7,6 milliards d'euros d'exportation
- 10 000 caves recevant 10 millions de visiteurs par an dont 40 % d'étrangers

Quelques mariages harmonieux entre vins et cuisines traditionnelles des régions viticoles

Alsace

Les viandes fumées et les charcuteries diverses vont avec tous les vins blancs secs, le géromé et le munster, les desserts variés avec le gewürztraminer ou tout vin de vendanges tardives ou de sélection de grains nobles.

Lorraine

La potée et l'andouille du Val d'Ajol avec le vin blanc ou gris de Toul.

Champagne-Ardennes

Le champagne effervescent peut accompagner tout un repas. Il faut aller du plus léger vers le plus corsé. Les vins rouges de Champagne peuvent se marier avec les viandes rouges, mais aussi le veau ou les volailles rôtis. Le chaource et le langres s'accompagnent d'un champagne vineux et peu âgé.

Centre

Les rillettes et rillons s'accompagnent de vouvray sec, les fromages de chèvre des vins blancs secs, par exemple le sancerre avec le crottin de chavignol, le selles-sur-cher avec le cour-cheverny.

Pays de Loire

Les poissons et fruits de mer de la région ont partie liée avec le sel de Guérande, le beurre et le vin blanc sec (muscadet, gros-plant). La brioche vendéenne au beurre tiédie appelle les vins moelleux et liquoreux des Coteaux du Layon.

Poitou-Charentes

Le vaste vignoble de cette région est principalement orienté vers la production de cognac. Le sauvignon du Haut-Poitou accompagne bien le chabichou.

Franche-Comté

Les vins blancs du Jura, particulièrement ceux qui sont élaborés à partir du cépage savagnin, accompagnent les viandes fumées de la montagne, la croûte aux morilles. Le comté et le vacherin mont d'or se marient bien avec un vin jaune.

Bourgogne

Le jambon persillé s'harmonise avec l'aligoté, les escargots et les grenouilles avec des vins blancs plus nobles. La volaille de Bresse rôtie ou en sauce à la crème demande un grand blanc de la Côte de Beaune. Le rôti de bœuf du Charolais appelle un grand rouge de la Côte de Beaune ou de la Côte de Nuits.

Rhône-Alpes

Le gâteau de foies blonds aux queues d'écrevisse et les quenelles de brochet appellent un blanc de Savoie ou du Bugey, mais aussi un condrieu ou un ermitage blanc. Le saucisson et le jésus de Lyon font merveille avec le beaujolais, tout comme les diverses composantes des saladiers lyonnais. Les volailles rôties se marient bien avec un vin rouge corsé, par exemple un moulin-à-vent, un hermitage ou un cornas. La caillette s'accompagne d'un rouge des Coteaux d'Ardèche. Les fromages des Alpes du Nord s'harmonisent avec les vins blancs de Savoie, en particulier à base de cépage altesse ou roussette ou bien d'un vin rouge issu de la mondeuse.

Auvergne

La potée, le petit-salé aux lentilles, le pounti, le pâté bourbonnais de pomme de terre, le veau aux marrons de la Châtaigneraie, l'aligot s'accommodent bien des vins rustiques que sont chanturgue, châteaugay et saint-pourçain au nord, fel, entraygues et marcillac au sud.

Provence-Alpes-Côte d'Azur

Tous les plats de poisson de la Méditerranée appellent les vins blancs secs de la région : cassis, bandol, côtes-de-provence. Les daubes et ragoûts relevés d'ail, de romarin, de thym, de serpolet s'accompagnent des rouges des côtes-du-Rhône du sud. Les fruits frais, confits et secs peuvent être servis avec du muscat de beaumes-de-venise. Le rosé est fait pour étancher la soif.

Corse

Blancs secs, rouges corsés et muscat du Cap Corse accompagnent les mets corses selon les mêmes principes que dans la cuisine provençale.

Languedoc-Roussillon

Les poissons et fruits de mer de la région se marient avec les vins blancs secs des Costières de Nîmes, du Faugérois ou du Roussillon, les viandes en sauce avec les rouges corsés de tous les coteaux de l'arrière-pays. Les desserts font alliance avec les vins doux naturels dont cette région est la principale productrice en France. Les vins des Costières de Nîmes accompagnent le pélardon.

Midi-Pyrénées

Peu de cuisine au vin. Les vins régionaux, rouges et plutôt corsés (cahors, fronton, buzet, par exemple), accompagnent bien les charcuteries, daubes et cassoulets délectables de la région, ainsi que les fromages des Pyrénées.

Aquitaine

Les huîtres d'Arcachon s'accompagnent des blancs de l'Entre-deux-Mers. Le foie gras appelle le sauternes et les autres liquoreux. L'agneau de Pauillac, le bœuf de Bazas ou de Chalosse et le magret de canard rôtis ou grillés sont l'accompagnement gastronomique idéal des grands vins rouges du Médoc, des Graves, de Saint-Émilion ou de Pomerol.

LA CONSOMMATION DE VIN ET L'ŒNOTOURISME

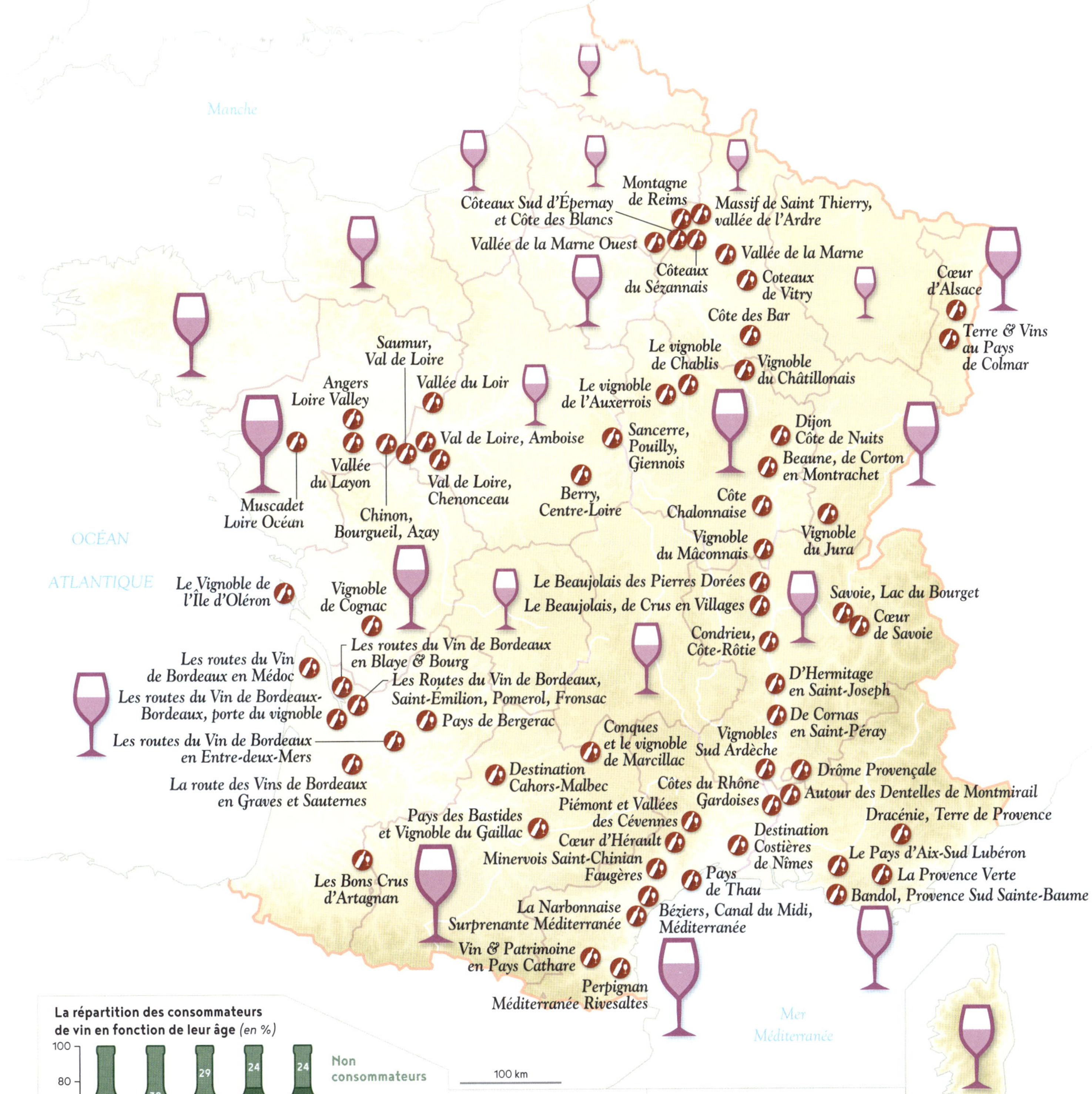

La répartition des consommateurs de vin en fonction de leur âge *(en %)*

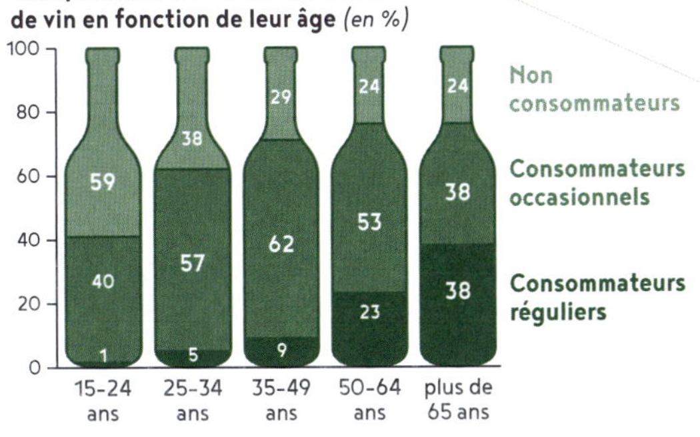

Les 66 destinations labellisées Vignobles & Découvertes

Cœur d'Hérault Nom du label

Destination

La consommation de vin par région
(% de la population buvant du vin au moins une fois par semaine)

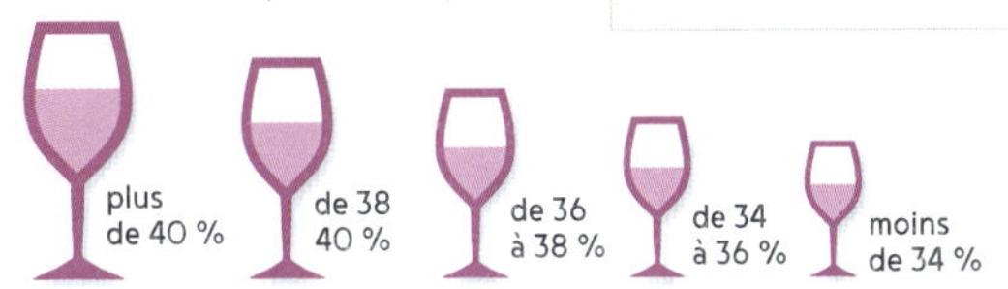

Bières, cidres et poirés

Si le vin est inséparable de l'identité de la France, d'autres boissons fermentées appartiennent aussi à son patrimoine. La bière remonte à la nuit des temps néolithiques ; elle porte un nom datant des invasions germaniques qui a supplanté celui de cervoise en usage chez nos ancêtres celtes. Chaque Français en consomme environ 30 litres par an, situant la France au 26e rang sur les 28 pays européens et au 41e rang mondial (alors qu'elle est la première consommatrice de vin dans le monde, avec 44 litres par an et par personne).

En baisse pendant longtemps, la consommation de bière est de nouveau en croissance en raison de la multiplication des brasseries sur tout le territoire. Il en existe plus de 800, mais dont 500 sont des microbrasseries à la production non significative. Plus de 2 000 marques de bières de toutes catégories sont élaborées sur le territoire. La répartition de ces brasseries est assez homogène. Elles sont nombreuses dans les régions traditionnellement non productrices de vin (Hauts-de-France), mais aussi dans les régions de culture germanique (Alsace, nord de la Lorraine) et dans des régions où cette production est moins traditionnelle, les Alpes ou la Bretagne, par exemple, où les bars sont très nombreux. La consommation diminue dans les restaurants, mais elle progresse dans la grande distribution, surtout sur le créneau haut de gamme. Néanmoins, un tiers de la consommation se partage entre les bières courantes Heineken et Kronenbourg, élaborées en France par des entreprises respectivement néerlandaise et danoise ; un autre tiers est importé de Belgique, d'Allemagne ou des Pays-Bas.

Une affiche patriotique du début du XXe siècle (collection du Musée de la Bière de Stenay, département de la Meuse).

La bière artisanale est une vraie boisson gastronomique qui accompagne bien les viandes et les poissons fumés, la choucroute garnie, le hochepot flamand, le maroilles ou le munster. Elle peut également entrer dans de délectables recettes de cuisine, surtout dans le Nord qui partage avec la Belgique les carbonades de viandes blanches ou de bœuf et le welsh, ainsi que les gaufres.

Le cidre et le poiré apparaissent au Moyen Âge et se développent beaucoup avec la diffusion du pressoir ignoré en France jusqu'alors et avec les plantations de pommiers et de poiriers dans les prairies pendant le Petit Âge glaciaire des temps modernes, qui entraîne la disparition de nombreux vignobles. Ce type de paysage est devenu typique de la Bretagne et de la Normandie, mais on le rencontre aussi en Picardie, en Thiérache, en Pays d'Othe, en Savoie et en Pays Basque qui sont aussi les principales régions où l'on boit du cidre et du poiré. Il laisse petit à petit place à des vergers plus denses couvrant 8 500 hectares.

Une partie de la production bénéficie d'une IGP (cidre de Bretagne ou cidre de Normandie), mais on atteint la meilleure qualité et la plus grande originalité de saveur dans les zones AOP que sont le cidre Pays d'Auge, le cidre Cornouaille, le cidre Cotentin et le poiré Domfront.

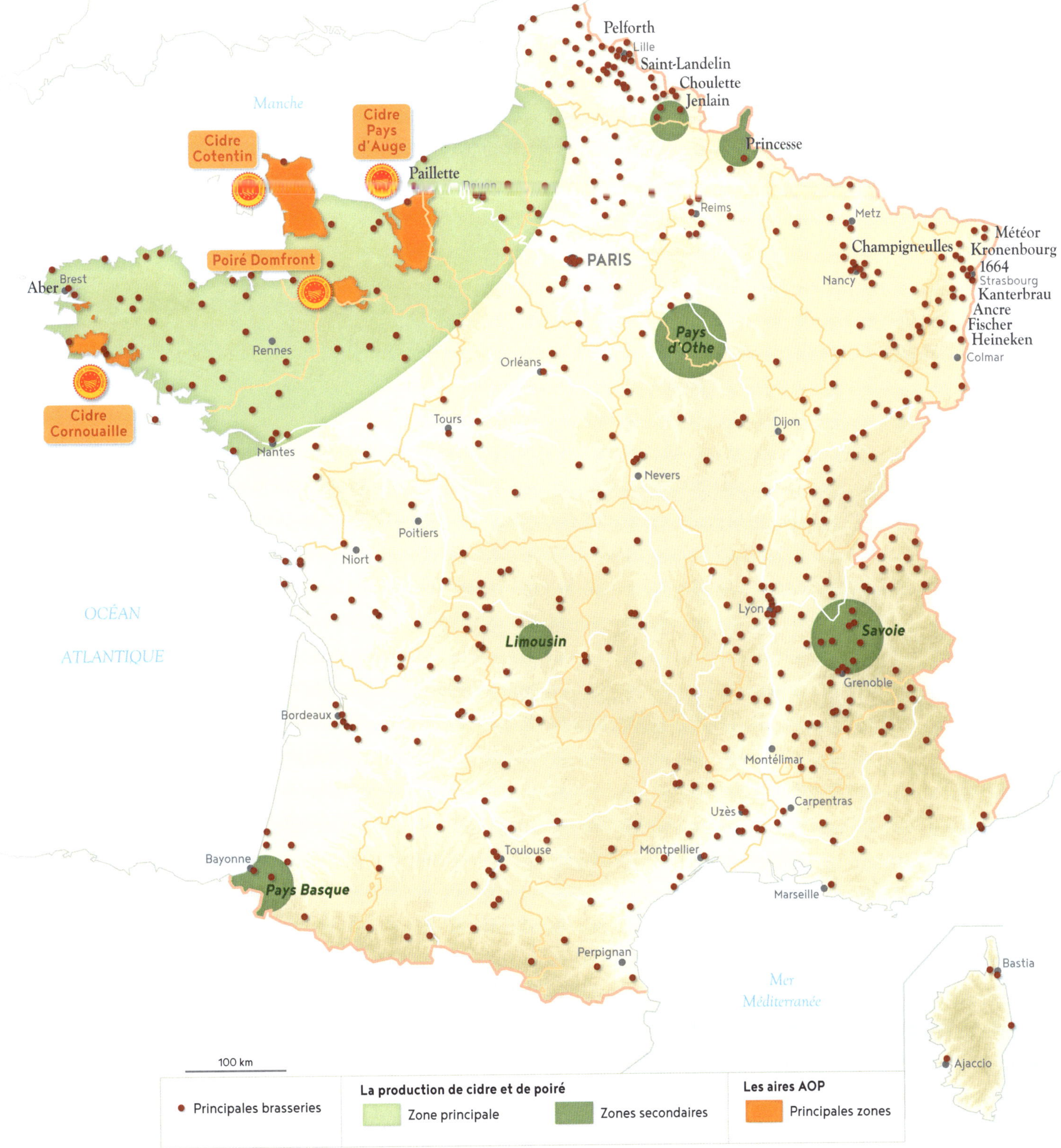

La bière, boisson de santé

« La bière, produit naturel, traditionnel, qui fut pendant des siècles dénommée le pain liquide, issue des céréales qui ont accompagné la progression de l'humanité, peut occuper toute sa place dans une alimentation équilibrée et variée. D'autant qu'une consommation modérée et régulière est associée avec un meilleur état de santé. Intégrée dans une variété alimentaire équilibrée et bien comprise, elle se valorise sur le plan nutritionnel ; essentiellement par son contenu important en vitamines du groupe B, en certains minéraux, voire en oligo-éléments ainsi qu'en précieux tanins et flavonoïdes. Les variétés de bières, avec leurs personnalités propres, associées aux mets des terroirs, illustrent que la gastronomie constitue le plus beau de nos beaux-arts. »

Docteur Jean-Marie Bourre, *De l'épi au demi*, Paris, Flammarion, 2000, p. 239.

Eaux-de-vie, liqueurs, apéritifs

La distillation est inventée au début de notre ère au Moyen-Orient, puis se perfectionne un peu plus tard de manière paradoxale dans l'aire musulmane (alcool et alambic sont des mots arabes), se diffuse ensuite en Occident, en Italie au XIIe siècle, en Languedoc au début du XIVe, en particulier sous l'impulsion du médecin-alchimiste Arnaud de Villeneuve. C'est au XVIIe siècle que la technique gagne toute l'Europe et que deviennent populaires en Europe du Nord le whisky, le gin, le schnaps, la vodka, en Europe du Sud l'aguardiente, la grappa, l'ouzo, en France le marc, le cognac, l'armagnac, le calvados, les eaux-de-vie issues des fruits les plus variés, les liqueurs digestives aux plantes et, outre-mer, le rhum.

Diététique et digestive à l'origine, l'eau-de-vie fait au XIXe siècle l'objet d'une addiction, essentiellement masculine, chez les gens de mer, les militaires, les artistes bohèmes, puis les ouvriers et les agriculteurs. Les guerres ont beaucoup contribué à sa diffusion. Pendant des décennies, jusqu'à son interdiction en 1915, l'absinthe a fait des ravages en raison de certains de ses constituants, le méthanol et la thuyone. Elle est de nouveau autorisée, mais sa composition est très contrôlée.

La consommation de spiritueux est aujourd'hui modeste en France, en comparaison avec d'autres pays. Elle s'est stabilisée depuis 1960 à une moyenne d'un peu plus de deux litres d'alcool pur par habitant de plus de quinze ans et par an, mais en réalité seulement 5 % des Français sont des consommateurs fréquents et sont les plus exposés. De même, seuls 3 % des Français sont des consommateurs réguliers d'apéritifs (alcools ou liqueurs que l'on étend d'eau, vins mutés, etc.) et 20 % assez fréquents. Pour la grande majorité des Français, boire un apéritif ou un digestif est un acte exceptionnel, festif et gastronomique. C'est ce qui a stimulé l'inventivité des fabricants et ce qui explique le très grand nombre de ces boissons dont beaucoup sont liées à un terroir et possèdent de grandes qualités organoleptiques. Certaines bénéficient d'une AOP qui est venue couronner des siècles de perfectionnement. Elles sont appréciées dans le monde entier comme le cognac, par exemple, qui représente 70 % des exportations de spiritueux, contre 0,5 % pour le merveilleux armagnac et autant pour le calvados qui n'ont pas bénéficié de la force commerciale de puissantes dynasties d'affaires. De grands groupes comme LVMH dominent aujourd'hui l'appellation cognac, mais des entreprises familiales continuent à élaborer de fines eaux-de-vie.

La géographie des spiritueux, apéritifs et digestifs est complexe à interpréter. Il existe des eaux-de-vie issues du vin ou du marc dans tous les vignobles. Les meilleures proviennent d'Alsace, de Bourgogne, du Jura et, bien sûr, du Sud-Ouest patrie du cognac et de l'armagnac. Le cognac est produit près du littoral charentais, mais c'est le vignoble qui a été implanté ici en vue de la distillation du vin, en raison des facilités d'exportation vers le marché très demandeur de l'Europe du Nord à partir du XVIIe siècle.

L'aire du calvados correspond à des terroirs privilégiés de la Normandie cidrière. Les montagnes se sont spécialisées dans les liqueurs de plantes : gentiane, génépi, absinthe ou un complexe cocktail comme la chartreuse élaborée à Voiron selon une recette monastique secrète. Le Nord-Est a développé toute la gamme des eaux-de-vie de fruits parmi lesquelles le kirsch, la mirabelle ou la framboise peuvent atteindre des sommets. Les vermouths sont une spécialité de la Savoie due à sa proximité du Piémont. La Provence compte de très nombreux fabricants de pastis, un apéritif qui entre dans la grande famille des boissons anisées qui sont élaborées et appréciées tout autour du Bassin méditerranéen. Le récent engouement français pour le whisky a entraîné l'ouverture d'une trentaine de distilleries spécialisées dans toute la France, surtout en Bretagne et en Alsace.

Genièvre
Lille
Manche
Bénédictine
de Fécamp
CALVADOS
Rouen
Reims
Saint-Raphaël
PARIS
Brest
Pommeau de Bretagne
Whisky breton
Chouchen
Rennes
Pommeau
de Normandie
Pommeau du Maine
Eau de vie
de cidre du Maine
Orléans
Grand
Marnier
Marc de
Champagne
Ratafia
Mirabelle
de Lorraine
Whisky
Strasbourg
Marc de
Lorraine
Eaux de vie
de fruits
Kirsch
Poire Williams
Framboise
Quetsche
Abricot
Coing
Prunelle
Sureau
Églantine
Sorbier
Marc de
Gewurztraminer
Kirsch de
Fougerolles
Guignolet
Cassis de
Bourgogne
Dijon
Tours
Nantes
Guignolet
Cointreau
Poitiers
Fine et Marc
de Bourgogne
Absinthe
de Pontarlier
Ratafia
Marc du Jura
Macvin du Jura
Marc du Bugey
OCÉAN
ATLANTIQUE
COGNAC
Rascalou
de Limoges
Limoges
Marc
d'Auvergne
Clermont-
Ferrand
Rikiki
Génépi des Alpes
Lyon
Vermouth de Chambéry
Anisette
Chartreuse
de Voiron
Prune
Gentiane
d'Auvergne
(Avèze, Salers,
Suze)
Verveine
du Velay
Marc
de Savoie
Pineau
des Charentes
Liqueur
de noix
Rhum
et Liqueurs
LA RÉUNION
Bordeaux
Lillet
Fine des
Côtes-du-Rhône
Fine de
Bordeaux
Montélimar
ARMAGNAC
Rhum
et Liqueurs
GUADELOUPE
Bayonne
Izarra
Toulouse
Peppermint
de Revel
Cartagène
Montpellier
Elixir du
Mont-Ventoux
Liqueurs
de Provence
Fine de Faugères
Marc du Languedoc
Noilly-Prat
Pastis de Marseille
(Casanis, Berger, Duval,
51, Ricard...)
Marseille
Anisette
Floc de
Gascogne
Ambassadeur
Dubonnet
Byrhh
Perpignan
Cap Corse
Rhum
et Liqueurs
MARTINIQUE
Liqueurs de Corse
(myrte, châtaignes, cédrat)
Ajaccio
Mer
Méditerranée
Izarra Spécialités régionales
100 km
L'AOP Calvados
Calvados Pays d'Auge
Calvados Domfrontais
Zone principale
L'AOP Cognac
Grande Champagne
Petite Champagne
Borderies
Fins Bois
Bons Bois
Bois Ordinaires
L'AOP Armagnac
Haut Armagnac
Armagnac Ténarèze
Bas Armagnac

Les assaisonnements

La cuisine française ou plutôt les cuisines de France ne sont jamais fades et reposent sur la maîtrise des assaisonnements dont l'usage fut immodéré au Moyen Âge pour devenir raisonnable dans le nouveau corpus de recettes élaboré à Versailles à la fin du XVIIe siècle. Ni trop, ni trop peu, telle est la règle d'or qui régit l'art de doser avec mesure les ingrédients soulignant les saveurs des mets : le sel, le poivre et les autres épices, les huiles et autres matières grasses*, les vinaigres, les herbes fines, les sucres et les miels.

Les Français, comme beaucoup d'habitants de la planète, mangent trop salé, ce qui a de fâcheuses conséquences sur leur santé. D'une douzaine de grammes par personne et par jour, il faudrait se limiter à une dose de 5 à 8 grammes et, pour y parvenir, éviter les aliments industriels souvent très salés, réduire la consommation de charcuterie et de fromage. Un autre moyen est d'utiliser en moindre quantité un sel peu raffiné, sous forme de fleur ou de poudre, plus riche en éléments minéraux et plus goûteux. Celui de Guérande, qui bénéficie d'une indication géographique protégée, a désormais acquis une réputation planétaire ; sa production permet l'entretien d'un merveilleux paysage de salines qui remonte à la fin du Moyen Âge.

Peu d'épices sont produites en France métropolitaine hormis le délicat safran, dont la production est en plein renouveau, et le piment d'Espelette AOP, arrivé d'Espagne à la Renaissance et, au-delà, du Mexique. Les départements et territoires d'Outre-Mer produisent de nombreuses épices, parmi lesquelles le piment tient une place de choix. Mentionnons aussi la vanille, elle aussi originaire du Mexique, aussi intense et délectable à La Réunion (appelée Bourbon) qu'en Polynésie (dite de Tahiti). En revanche, beaucoup de recettes françaises sont parfumées aux fines herbes, parmi lesquelles les plus répandues sont le persil (plat et frisé), le cerfeuil, la ciboulette, l'estragon, le basilic, la menthe consommés frais, le thym, le laurier, le romarin, la sarriette, le plus souvent utilisés séchés.

Olives et huiles d'olives sont désormais appréciées sur tout le territoire français, en raison de leur puissance d'évocation liée au Midi méditerranéen, mais aussi de leur saveur exceptionnelle, surtout pour celles qui bénéficient d'une AOP, et de leurs vertus diététiques. L'huile d'olive sert de plus en plus de base à la vinaigrette, associée à des vinaigres dont certains sont spécifiques d'un terroir et à l'une des nombreuses moutardes produites dans toutes les régions du nord de la France.

Le sucre dont les Français consomment également une trop grande quantité provient le plus souvent de la betterave et ne possède alors aucun caractère original. Il en va tout autrement du sucre de canne de l'Outre-Mer, surtout lorsqu'il est peu raffiné, et, bien entendu des miels produits dans toute la France, surtout dans l'Est et le Midi. Ceux des Vosges et de Corse bénéficient d'une AOP.

Les marais salants de Guérande.

* Voir la carte des graisses de cuisine page 44.

Manche
Lille
Rouen
Reims
PARIS
Brest
Rennes
Orléans
Tours
Nantes
Strasbourg
Dijon
Poitiers
Limoges
Clermont-Ferrand
Lyon
Bordeaux
Bayonne
Toulouse
Montpellier
Marseille
Perpignan
Ajaccio
OCÉAN ATLANTIQUE
Mer Méditerranée
Moutarde de Normandie
Vinaigre de cidre
Moutarde de l'Oise
Vinaigre et moutarde de Reims
Moutarde de Meaux
Melfor (vinaigre de miel)
Miel d'Alsace
Moutarde bretonne aux algues
Safran du Gâtinais
Moutarde à la rose de Provins
Miel de sapin des Vosges
Moutarde d'Alsace
Vinaigre d'Orléans
Cornichons d'Appoigny
Moutarde de Dijon
Sel et fleur de sel de Guérande
Sel de Noirmoutier
Moutarde de Bourgogne
Moutarde de Charroux
Sel de Ré
Moutarde des Charentes
Safran de la Creuse
Sel d'Oléron
Huile de noix du Périgord
Moutarde violette de Brive
Olives noires et huile d'olive de Nyons
Olives noires et cassées
Huile d'olive de la vallée des Baux-de-Provence
Miel de Provence
Moutarde et vinaigre de Bordeaux
Safran du Quercy
Huile d'olive de Haute-Provence
Miel des Cévennes
Vinaigre de cidre basque
Olives et huile d'olive de Nîmes
Olives et huile d'olive de Nice
Sel de Salies-de-Béarn
Huile d'olive d'Aix-en-Provence
Piment d'Espelette
Sel de Salin-de-Giraud
Sel de l'Aude
Vinaigre de Banyuls
Miel de Corse
Huile d'olive de Corse
Vanille bourbon
Sucre de canne
LA RÉUNION
Piments
Sucre de canne
GUADELOUPE
Piments
Sucre de canne
MARTINIQUE
Vanille de Tahiti et de Raiatea
TAHITI
AOP (Appellation d'origine protégée)
IGP (Indication géographique protégée)
100 km
Huile d'olive
Vinaigre
Moutarde
Miel
Sel
Piment
Olives
Safran du Quercy
Autres

Les Entrées
Soupe du Jour
Terrine de Porc au Piment d'Espelette
Planche de Jambon
Planche de magret séché (au piment d'Espelette)
Assiette de Charcuterie
Cassolette de Cepes (oeuf cassé)
Petit Carpaccio de Boeuf (Pesto, Parmesan)
5,00
5,50
6,50
6,50
9,50
9,80
Les Plats
Faux Filet de Boeuf (220 g)
Faux Filet de Boeuf (300 g)
15
19
CADILLAC

Le goût des provinces

« Ce n'est pas trop de toute une existence pour […] déguster tous nos vins, tous nos plats et toutes nos spécialités régionales » écrivaient en 1933 Curnonsky et Austin de Croze dans leur introduction au prodigieux inventaire qu'ils ont intitulé *Le trésor gastronomique de la France*. En près d'un siècle, beaucoup de spécialités ont disparu et beaucoup sont apparues, mais la diversité gourmande de la France demeure toujours aussi grande et passionnante à découvrir.

Au Bar-Cave de la Monnaie à Bordeaux.

Hauts-de-France et Ardennes

Le Nord a intégré la France au XVIIIe siècle et a conservé jusqu'à maintenant un certain nombre d'habitudes alimentaires médiévales, comme c'est aussi le cas dans les pays du nord de l'Europe. On y aime les nourritures aigres-douces, salées-sucrées, épicées, fumées. On y apprécie l'amertume de l'endive, du pissenlit, de la bière ou de la chicorée, l'acidité du cresson, de la groseille, de la rhubarbe, du genièvre ou du cidre, et la puissance des fragrances et des saveurs du hareng fumé ou mariné, de l'ail fumé d'Arleux et des fromages peu exportés hors de la région que sont le maroilles, le gris de Lille ou la boulette d'Avesnes. Même les douceurs y ont du caractère, comme les bêtises de Cambrai dans lesquelles la menthe forte se mesure au sucre. Le sucre est d'ailleurs plus apprécié qu'ailleurs en France et sert même de garniture principale à un dessert très populaire, la tarte au sucre.

L'endive, un légume emblématique de la région.

C'est une région dépourvue de vignobles et où l'on boit du cidre et surtout de la bière, disponible en d'innombrables variétés et marques. Ces boissons populaires venues de la nuit des temps s'harmonisent aisément avec toutes les spécialités culinaires locales. Traditionnellement, ceux qui en avaient les moyens faisaient venir leur vin de Bourgogne dans la région lilloise (comme en Wallonie) et de Bordeaux sur le littoral (comme dans les Flandres belges). La Picardie se partage entre influences de la proche Île-de-France et du Nord et du Pas-de-Calais avec lesquels elle a été fusionnée récemment. Les Ardennes sont nettement apparentées au Nord, même si elles font, administrativement parlant, partie de la Champagne et sont donc rattachées au Grand Est.

La variété et la richesse des terroirs agricoles font qu'y abondent viandes de toutes catégories (bœuf blanc-bleu, volaille de Licques, lapin), produits laitiers et légumes de haut goût comme les carottes, les choux-fleurs, les artichauts et surtout les poireaux (base de la flamiche) et les endives, consommées en salade ou cuites. On y confectionne de nombreuses et goûteuses charcuteries (boudins noirs et blancs, andouilles et andouillettes, lucullus à base de langue de bœuf, potjevleesch, etc.). Le littoral de la Manche et de la mer du Nord est l'un des plus poissonneux de France. Boulogne expédie ses prises vers une grande partie du reste de la France. Elles sont à l'origine de spécialités locales savoureuses à base de crevettes, de moules, de harengs conservés sous des formes diverses, de poissons divers parmi lesquels le turbot et le maquereau dominent. L'anguille provient de la mer ou des nombreuses régions marécageuses. Elle se prépare à la manière flamande, dite au vert, ou fumée. Quelques plats fameux illustrent la survivance du goût médiéval et nord-européen dans ces Hauts-de-France : la soupe à la bière, la carbonade (bœuf à la bière, à la cassonade, à la moutarde et au vinaigre), le hochepot, la langue de bœuf sauce piquante, le lapin aux pruneaux, le coq à la bière et au genièvre, le boudin à la flamande aux raisins et aux épices variées (gingembre, girofle, poivre), le chou rouge en aigre-doux ou encore le craquelin (pain brioché aux raisins) si apprécié lors des fêtes populaires, comme par exemple les ducasses. Enfin, on ne saurait évoquer le Nord sans mentionner les frites. Préparées à la maison ou achetées dans des baraques, elles sont intrinsèques à la culture ch'ti, comme à la culture belge.

Les hortillonnages de la vallée de la Somme

Les terres alluviales et inondables des régions d'Amiens et d'Abbeville, dans la vallée de la Somme, portent des cultures maraîchères prospères depuis le Moyen Âge. Leur nom « hortillonnage » vient du bas-latin *hortellus*, « petit jardin ». Beaucoup des hortillonnages ne sont accessibles qu'en barque. Leur richesse floristique et faunistique est exceptionnelle. En proviennent des légumes d'une qualité remarquable qui se vendent sur les marchés locaux, en particulier le samedi place Parmentier à Amiens. Les marchés sur l'eau ont disparu, mais une fois par an, en juin, l'un d'entre eux est organisé dans le quartier Saint-Leu d'Amiens.

Le maroilles

C'est en 960 qu'un moine de l'abbaye de Maroilles aurait commencé à fabriquer un fromage de haut goût qui aurait été apprécié de l'évêque de Cambrai Enguerrand. Il s'agit d'un pavé à pâte molle d'environ 700 grammes issu du lait des vaches élevées sur les gras pâturages de la Thiérache. Jadis, il provenait de la race maroillaise, mais celle-ci a aujourd'hui disparu.

Le caillé est réparti dans des moules en bois de charme de forme carrée, égoutté, salé, puis affiné de cinq à sept semaines en lavant régulièrement sa croûte qui devient spontanément bistre ou rougeâtre. Le maroilles bénéficie d'une AOC depuis 1955, devenue AOP en 1996. Sa production est aujourd'hui de 4000 tonnes. Son caractère prononcé rebute certains consommateurs en dehors de sa région d'origine, surtout dans ses versions plus affinées : le vieux gris de Lille, appelé parfois « puant de Lille », affiné cinq à six mois, ou la boulette d'Avesnes dont la pâte est mêlée de clous de girofle, d'estragon, de persil et autres fines herbes et recouverte de paprika.

Le maroilles s'accompagne généralement de bière ou de genièvre. Il se cuisine également et, mêlé à des poireaux, peut servir de garniture à une tarte très populaire dans tous les Hauts-de-France, appelée flamiche. On en confectionne une sauce qui accompagne le porc ou le lapin rôtis.

L'estaminet « Au Vieux de la Vieille » (Lille), « dans la plus pure tradition flamande »

Bienvenue dans votre Estaminet Lillois

"Chez la Vieille" — Rue de Gand
"Au Vieux de la Vieille" — Place aux Oignons

Les Apéritifs

- **Chuche Mourette** (18°) - 5cl — *Liqueur de Genièvre et Cassis. Chuch = Amour - Mourette = ancien fort autour de Lille*
- **Gen' Pom** (20°) - 5cl — *Liqueur de Genièvre et Pomme*
- **Gen' Poire** (20°) - 5cl — *Liqueur de Genièvre et Poire*
- **Gen' Vanille** (15°) - 5cl — *Liqueur de Genièvre et Vanille*
- **Liqueur de Speculoos** (17°) - 5cl
- **Le Picon à la bière** (6,5°) - 25cl — *Spécialité à base d'écorce d'orange et bière blonde pression.*
- **Le Whisky Flamand** (40°) - 5cl — *Moult d'Orge malté - 3 ans d'âge*
- **Hydromel** (13°) - 5cl
- **Le Kir** (12°) - 12,5cl — *Sirop au choix : réglisse, figue, caramel, châtaigne, noisette, pomme verte, violette, cerise, rose, myrtille.*

Pour accompagner les Apéritifs

- **Duo de Saucisses** — *A la bière et pimentée*
- **Dés de fromages**
- **Rillettes à la bière**

Les Bières Pression

- **La Mythique de Saint Landelin** — *8,5° - 25cl - Brasserie Enfants de Gayant Douaisis*
- **Blonde de Saint Landelin** — *5,9° - 25cl - Brasserie Enfants de Gayant Douaisis*
- **Ambrée de Saint Landelin** — *5,9° - 25cl - Brasserie Enfants de Gayant Douaisis*
- **Blanche : L'Amadeus** — *4,6° - 25cl - Brasserie Enfants de Gayant Douaisis*

Demandez le cahier des boissons…

Les Planches Dégustations

En entrée à partager ou en plat principal servi avec des frites.

- **Planche 4 Pâtés** — *Bières, pruneaux, aux 2 foies, endives*
- **Planche Bière** — *Rillettes / saucissons / pâté / fromage à la bière.*
- **Planche Mixte** — *2 pâtés + 2 fromages à l'appréciation du chef cuisinier.*
- **Planche 5 fromages régionaux**

Les Entrées

Les entrées peuvent être prises en plat unique en comptant un ***supplément***

- **Soupe de chicons :** *Chicon : ben c'est d'l'endive quoi! Préparée avec de la fécule de pomme de terre et de carotte pour atténuer le goût amer du chicon*
- **Soupe au Maroilles** *Maroilles, pomme de terre*
- **Soupe de Poissons** *De Mr. Pérard au Touquet, l'inventeur de cette soupe. Accompagnée de rouille et croûtons*
- **Goyère au Carré du Vinage** *Tarte au fromage régional par excellence*
- **Croquettes aux Crevettes** *2 pièces sur lit de salade*
- **Gaufre au chèvre gratinée à la cassonade** — *Chèvre chaud sur goufres gratinées à la cassonade, et lit de salade verte*
- **Tatin de Boudin noir aux Pommes** *Tarte aux pommes retournée au boudin noir*
- **Le Cœur des Flandres** *Tarte avec hachis de porc, pomme, oignons, lardons*
- **Le Pâté, au choix** — *Bière, pruneaux, aux 2 foies, endives. A base de porc.*

Les Salades

- **Salade du Vinage** *Salade verte, concombre, carotte, tomates, maïs, betterave accompagnés de camembert du Vinage gratiné et miel*
- **Salade La Chevriette** *Salade verte, concombre, carotte, tomates, maïs, betterave accompagnés de goufres au chèvre gratinées à la cassonade*
- **Salade Basse Cour** *Salade verte, concombre, carotte, tomates, maïs, betterave accompagnés de blanc de poulet et son petit pot de crème de Maroilles tiède*
- **Salade Leffrinckoucke** *Salade verte, concombre, carotte, tomates, maïs, betterave accompagnés de 3 croquettes de crevettes et de son petit pot de crème aux herbes*

Les Plats (tous nos plats sont accompagnés de frites ou de purée de pomme de terre maison)

- **Croquettes aux Crevettes** *et leur petit pot de crème aux herbes accompagnées de frites & salade*
- **La célèbre Fricandelle** *et sa sauce piccalilli accompagnées de frites & salade* — ***Merci de ne pas torturer les serveurs pour en découvrir la mystérieuse recette, y n'in savtent rin …***
- **Andouillette** *Fraise de Porc fabriquée par Mr Teirlinck à Lille.* ***Pensez à choisir votre sauce : à la pomme, à la crème de Maroilles, à la moutarde à l'Ancienne***
- **Goyère au Carré du Vinage** *Tarte au fromage régional par excellence*
- **Le Cœur des Flandres** *Tarte avec hachis de porc, pomme, oignons, lardons*
- **Tatin de Boudin noir aux Pommes** *Tarte aux pommes retournée au boudin noir*
- **Duo de terrines, frites et salade** *Pâtés aux pruneaux, et à la Bière*
- **Carbonnades Flamandes** *Petits morceaux de bœuf cuisinés à la bière ambrée des Flandres et pain d'épices et cassonade brune (sucre de betteraves)*
- **Poulet au Maroilles** *Grosse cuisse de Poulet cuisinée et gratinée au maroilles*
- **Potjevleesch** *Plat du Pauvre. 4 viandes blanches : Porc, lapin, poulet, veau cuisinés ensemble, avec os de veau pour obtenir une bonne gelée*
- **Vol au Vent** *Blanc de poulet, champignons, sauce béchamel dans son feuilleté*
- **Gratin de la Vieille** *Crêpe fourrée d'endives et de jambon nappée d'une béchamel au maroilles et gratinée*
- **Welsh au Maroilles, frites et salade** *Pain arrosé de bière, jambon, moutarde, maroilles, gratiné au four*
- **Pour tout supplément de frites ou de salade**

Les Fromages

- **Le Solo** *Vieux Lille, ou Camembert du Vinage, ou Maroilles, ou Carré du Vinage, ou Fromage à la bière, ou Pavé d'Helpe*
- **La Planche 3 Fromages**
- **La Planche 5 Fromages**

Les Desserts

- **Crème brûlée au carambar**
- **La Mousse Speculoos**
- **La Flamanderole** — *Profiterole Flamand : gaufre avec boule de glace vanille et chocolat côte d'or + chocolat chaud*
- **Pain Perdu et glace Carambar**
- **L'assiette Gourmande** — *Petite Crème brûlée, mousse speculoos et glace Violette.*
- **Café Gourmand**

Les Crêpes

- **2 Cassonades :** *brune ou caramel et blonde à la vanille*
- **Confiture de Rhubarbe ou Confiture de Saison**
- **Confit de Lait ou Chocolat Noir**

Les Desserts Glacés

Glaces Artisanales

- **La Bonbonnière** *3 boules : Barbapapa, Caramel, Guimauve*
- **Trésors du Nord** *3 boules : Speculoos, Chicorée, Nougat*
- **Composition florale** *3 boules : Violette, Rose, Fraise avec morceaux*
- **Le Colonel du Nord** *3 boules de sorbet au Genièvre et alcool de Genièvre de Houlle (2cl)*
- **Coupe sorbet** *3 boules : Citron, Mûre, Pomme verte*

Les Cafés – Infusions – Digestifs

Servi dans une cafetière avec sa surprise.

- **Le Café** *à l'Ancienne avec sa pointe de Chicorée*
- **Le Café Crème**
- **Le Café Gourmand**
- **Bistouille** — *café et son verre de Genièvre de Houlle (2cl)*
- **Le Vlams Coffee** — *Genièvre (5cl) au Café chaud et crème fouettée*
- **La Chicorée** — *Vanille ou Caramel ou nature*
- **Infusions** — *Thé, Verveine, Tilleul*
- **Genièvre** (40°) - 2cl
- **Fleur de Houblon** (40°) - 2cl
- **Gratte Cul** (40°) - 2cl

Tous nos prix sont nets, service compris. Nos viandes proviennent de la CEE. L'abus d'alcool est dangereux pour la santé. Sachez apprécier et consommer avec modération.

Un anniversaire, une fête, un départ en retraite… venez passer un moment inoubliable à l'Estaminet Cabaret Spectacle LE CANON D'OR, le plus drôle des Estaminets

Demandez-nous un dépliant, ou toutes les infos sur : www.estaminetcabaret.com

« Au Vieux de la Vieille », 2-4 rue des Vieux Murs, 59000 Lille (http://estaminetlille.fr/auvieuxdelavieille/).

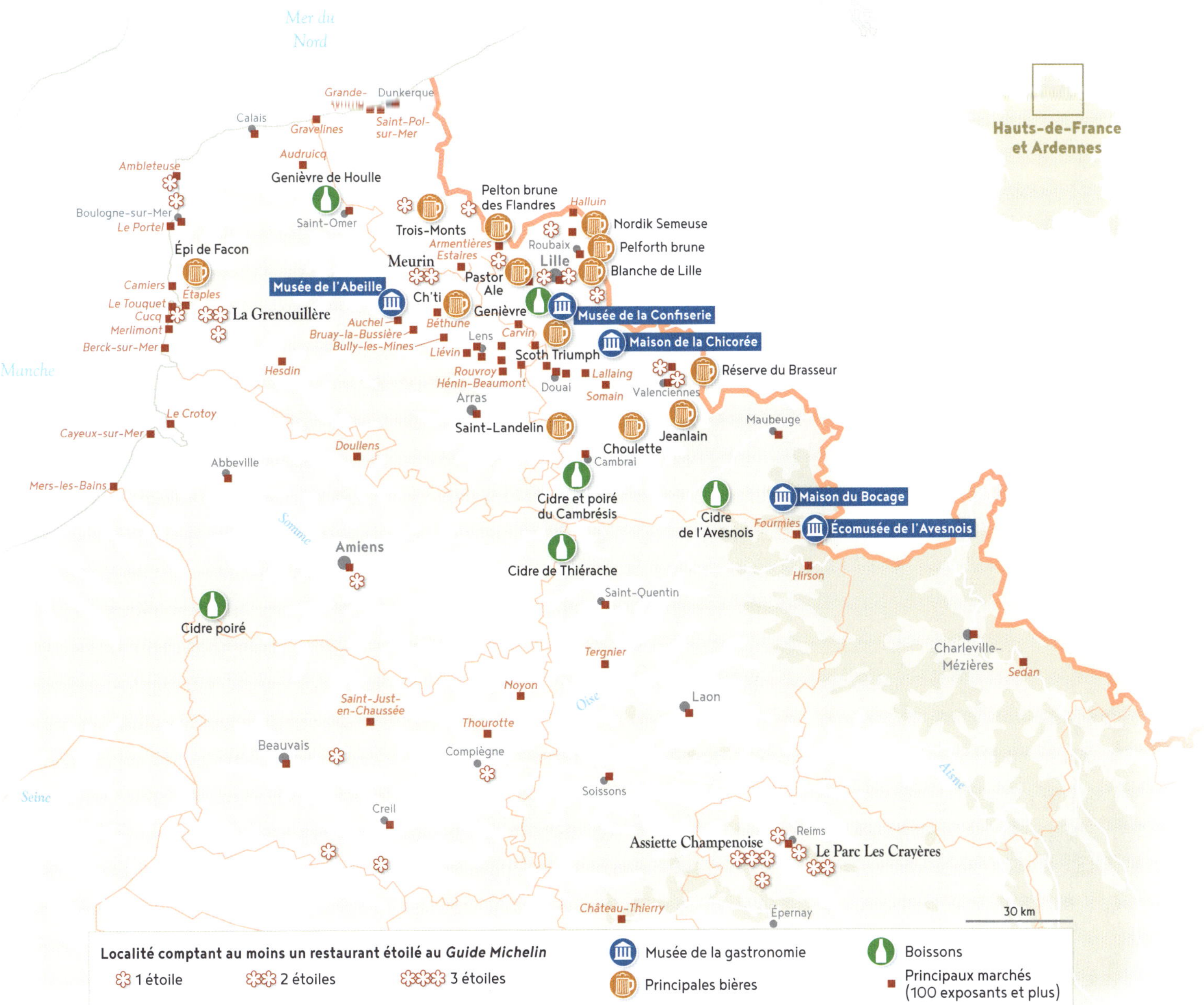

Le potjevleesch

Cette spécialité dont on trouve au XVIe siècle une première version dans *Le Viandier* de Taillevent est toujours très populaire dans le nord de la France. Elle est constituée d'un assemblage de plusieurs viandes blanches que l'on cuit longuement, que l'on désosse ou non, puis que l'on conserve dans des pots (d'où son nom) ou des terrines et que l'on sert froid en gelée.

Recette

Prendre un poids égal de viande de lapin, poulet, porc et veau, ainsi qu'un pied-de-veau ou de porc qui aidera à former la gelée.

Cuire pendant au moins 3 heures à petits bouillons dans de l'eau additionnée de vinaigre, de vin blanc ou de bière, de lardons, de carottes, d'oignons, d'ail, avec des épices variées (girofle, genièvre, poivre) et un bouquet garni. Désosser le tout avant de laisser prendre en gelée au frais.

Servir froid avec de la salade et des frites.

Île-de-France et centre du Bassin parisien

Capitale d'un grand État depuis un millénaire, Paris a attiré dans ses murs et dans ses environs une brillante cour, de nombreux visiteurs étrangers et une bourgeoisie fortunée, tous amateurs de plaisirs gourmands. Érigée au rang des beaux-arts, la bonne chère a toujours fait partie de la culture parisienne au point que le charmant vers de Villon, « *Il n'est bon bec que de Paris* », qui concerne le minois et le babil des jolies femmes de Paris, fait l'objet d'un contresens fréquent qui le fait prendre pour un éloge de la gourmandise des Parisiens.

Paris est située au centre des plateaux tertiaires du Bassin parisien, recouverts du précieux limon qui convient si bien à l'agriculture céréalière qui fait leur prospérité depuis le Néolithique. Le roi de France est le roi du blé et, sans lui, l'art français, malencontreusement baptisé bien plus tard gothique, n'y aurait pas fleuri avec tant de splendeur ! Ces vastes étendues planes (Beauce, Brie, Valois, Plaine de France, Vexin) sont coupées de vallées aux sols alluviaux riches et humides qui portent de gras pâturages sans lesquels, par exemple, le brie ne serait pas le roi des fromages, ainsi que d'opulentes cultures légumières. L'asperge d'Argenteuil, le chou Milan de Pontoise ou d'Aubervilliers, le cresson de Méréville firent longtemps la gloire de la maraîche des Halles. Le carreau des producteurs d'Île-de-France du Marché d'Intérêt national de Rungis maintient cette tradition, et rassemble encore aujourd'hui de fort belles productions qui ont le mérite d'une fraîcheur irréprochable.

Les traditionnelles baguettes parisiennes.

Les coteaux qui bordent ces larges vallées ont longtemps été couverts de vignobles, qui furent glorieux au Moyen Âge, et de vergers où sont nées la cerise de Montmorency, la poire de Groslay ou la pêche de Montreuil. Certaines des innombrables carrières ouvertes sur leurs flancs afin de construire Paris sont devenues le berceau des délectables champignons de Paris sans qui la cuisine de la capitale ne serait pas ce qu'elle est, et que les chefs couronnés d'étoiles ont depuis peu réhabilités.

Des voies de communications fluviales et routières aisées convergent vers la capitale et permettent de la ravitailler en denrées alimentaires délicates venues de toute la France. Grâce aux chemins de marée, le poisson de mer fraîchement pêché dans la Manche n'a jamais fait défaut sur les tables au temps où le maigre était souvent de rigueur.

Bien des livres de cuisine ont été écrits sur les rives de la Seine depuis *Le Viandier* de Guillaume Tirel dit Taillevent au XIVe siècle. C'est à Versailles, dans les châteaux royaux d'Île-de-France et dans les hôtels aristocratiques du Marais ou des faubourgs Saint-Germain et Saint-Honoré qu'est née la révolution culinaire de la fin du XVIIe siècle qui a bouleversé les traditions héritées de Rome et du Moyen Âge et ébloui l'Europe entière. Paris est devenu dès ce moment la pépinière de cuisiniers qu'elle n'a plus jamais cessé d'être. La plupart des meilleurs chefs français sont passés à un moment ou un autre de leur carrière par les grands restaurants parisiens, héritiers d'une tradition qui prit son essor sous la Révolution, en raison de la guillotine qui décima la haute société, ou de l'émigration. Aujourd'hui encore, Paris rassemble 10 des 27 restaurants triplement étoilés en France par le *Guide Michelin* en 2017, dont cinq d'entre eux dans le VIIIe arrondissement entre Concorde et Champs-Élysées, le quartier du pouvoir, du luxe et des palaces.

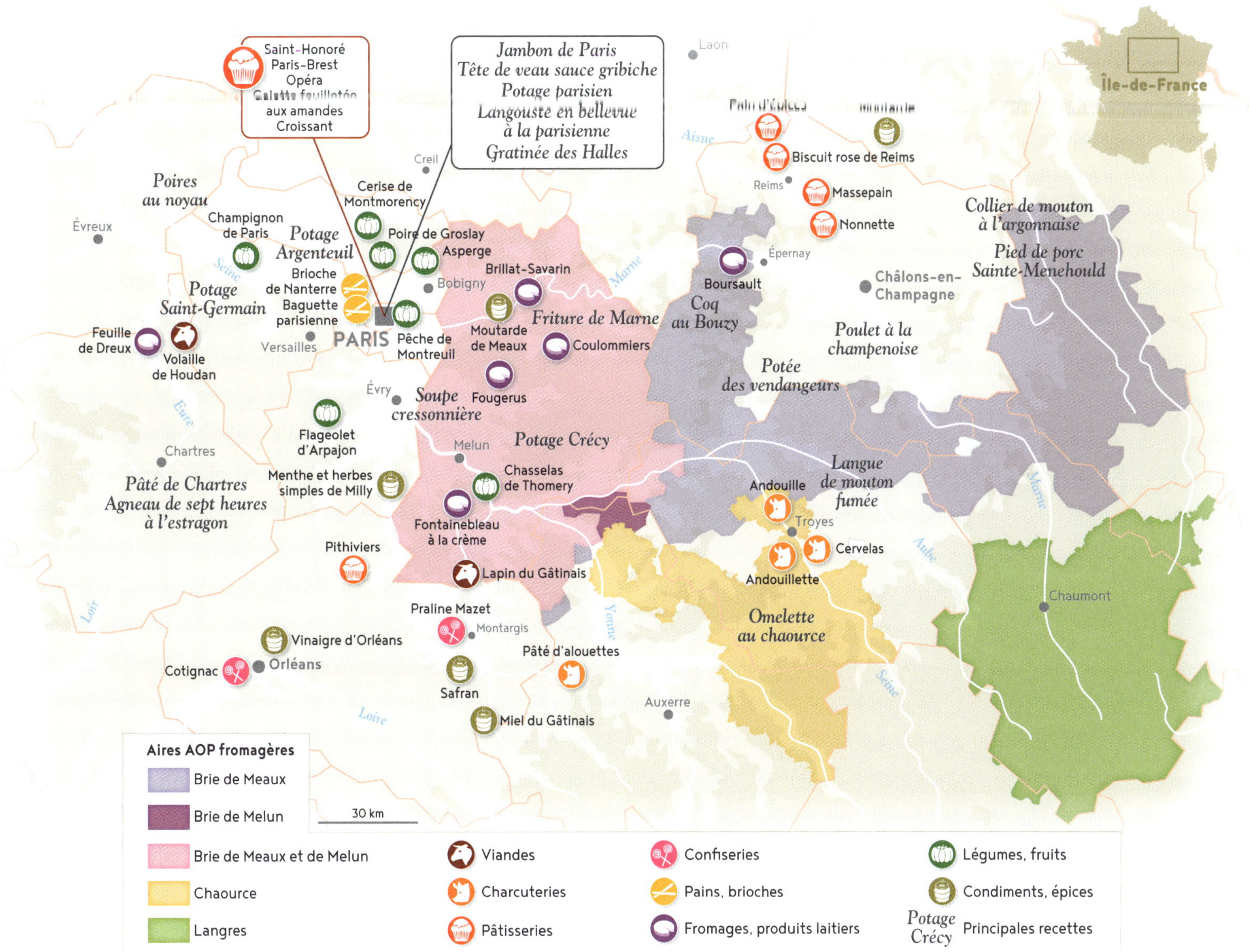

Type de lait : Lait cru de vache. Origine : La Brie. Poids moyen : Entre 2,5 et 3 kg. Diamètre : 36 à 37 cm. Type de pâte : Pâte molle à croûte fleurie fine, blanche, parsemée de stries ou de tâches rouges. Texture : Pâte luisante, souple. Goût : Arôme subtil de crème, de beurre et de noisette. Durée d'affinage : 4 à 8 semaines. Matières grasses : 45 %. AOC et AOP : 1980 et 2009. Production (par an) : 6 785 tonnes.

Type de lait : Lait cru de vache. Origine : La Brie. Poids moyen : entre 1,5 et 1,8 kg. Diamètre : 27 à 28 cm. Type de pâte : Pâte molle à croûte fleurie fine, recouverte d'un feutrage blanc parsemé de stries ou de tâches rouges ou brunes. Texture : Pâte plus ferme marquée d'ouvertures. Goût : Saveurs lactiques, goût plus prononcé. Durée d'affinage : 4 à 12 semaines. Matières grasses : 45 %. AOC et AOP : 1980 et 2009. Production (par an) : 213 tonnes.

Un restaurant mythique : « Le Train Bleu »

Inauguré par le président de la République, Émile Loubet, classé monument historique depuis 1972 après avoir été sauvé de la destruction par Malraux, « Le Train Bleu » est l'immense restaurant de la gare de Lyon (250 couverts). L'architecte Marius Toudoire l'a conçu à l'occasion de l'Exposition universelle de 1900 et a déployé ici tout le registre décoratif le plus fastueux et échevelé de cette époque. 41 peintures représentent les paysages et les monuments des villes traversées par les lignes PLM. Ils sont peuplés des portraits des célébrités de l'époque, parmi lesquelles Sarah Bernhardt et Edmond Rostand. La cuisine est classique ; l'un des plats les plus commandés est le gigot d'agneau, servi sur chariot d'argent, avec un gratin dauphinois.

Menu de « L'Ambroisie », joyau de la gastronomie française

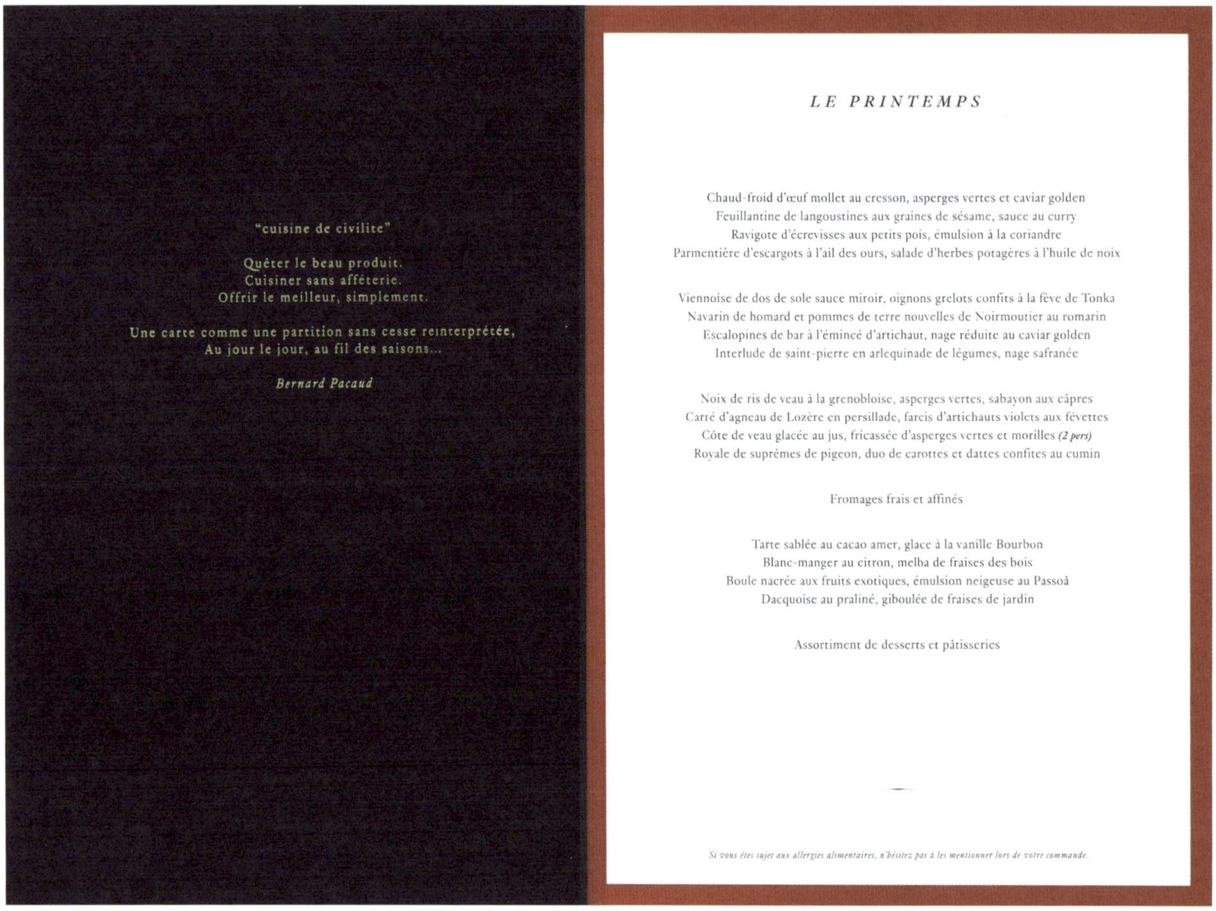

"cuisine de civilite"

Quêter le beau produit.
Cuisiner sans afféterie.
Offrir le meilleur, simplement.

Une carte comme une partition sans cesse reinterprétée,
Au jour le jour, au fil des saisons...

Bernard Pacaud

LE PRINTEMPS

Chaud-froid d'œuf mollet au cresson, asperges vertes et caviar golden
Feuillantine de langoustines aux graines de sésame, sauce au curry
Ravigote d'écrevisses aux petits pois, émulsion à la coriandre
Parmentière d'escargots à l'ail des ours, salade d'herbes potagères à l'huile de noix

Viennoise de dos de sole sauce miroir, oignons grelots confits à la fève de Tonka
Navarin de homard et pommes de terre nouvelles de Noirmoutier au romarin
Escalopines de bar à l'émincé d'artichaut, nage réduite au caviar golden
Interlude de saint-pierre en arlequinade de légumes, nage safranée

Noix de ris de veau à la grenobloise, asperges vertes, sabayon aux câpres
Carré d'agneau de Lozère en persillade, farcis d'artichauts violets aux févettes
Côte de veau glacée au jus, fricassée d'asperges vertes et morilles *(2 pers)*
Royale de suprêmes de pigeon, duo de carottes et dattes confites au cumin

Fromages frais et affinés

Tarte sablée au cacao amer, glace à la vanille Bourbon
Blanc-manger au citron, melba de fraises des bois
Boule nacrée aux fruits exotiques, émulsion neigeuse au Passoã
Dacquoise au praliné, giboulée de fraises de jardin

Assortiment de desserts et pâtisseries

Si vous êtes sujet aux allergies alimentaires, n'hésitez pas à les mentionner lors de votre commande.

« L'Ambroisie », 9 place des Vosges, 74004 Paris (www.ambroisie-paris.com).

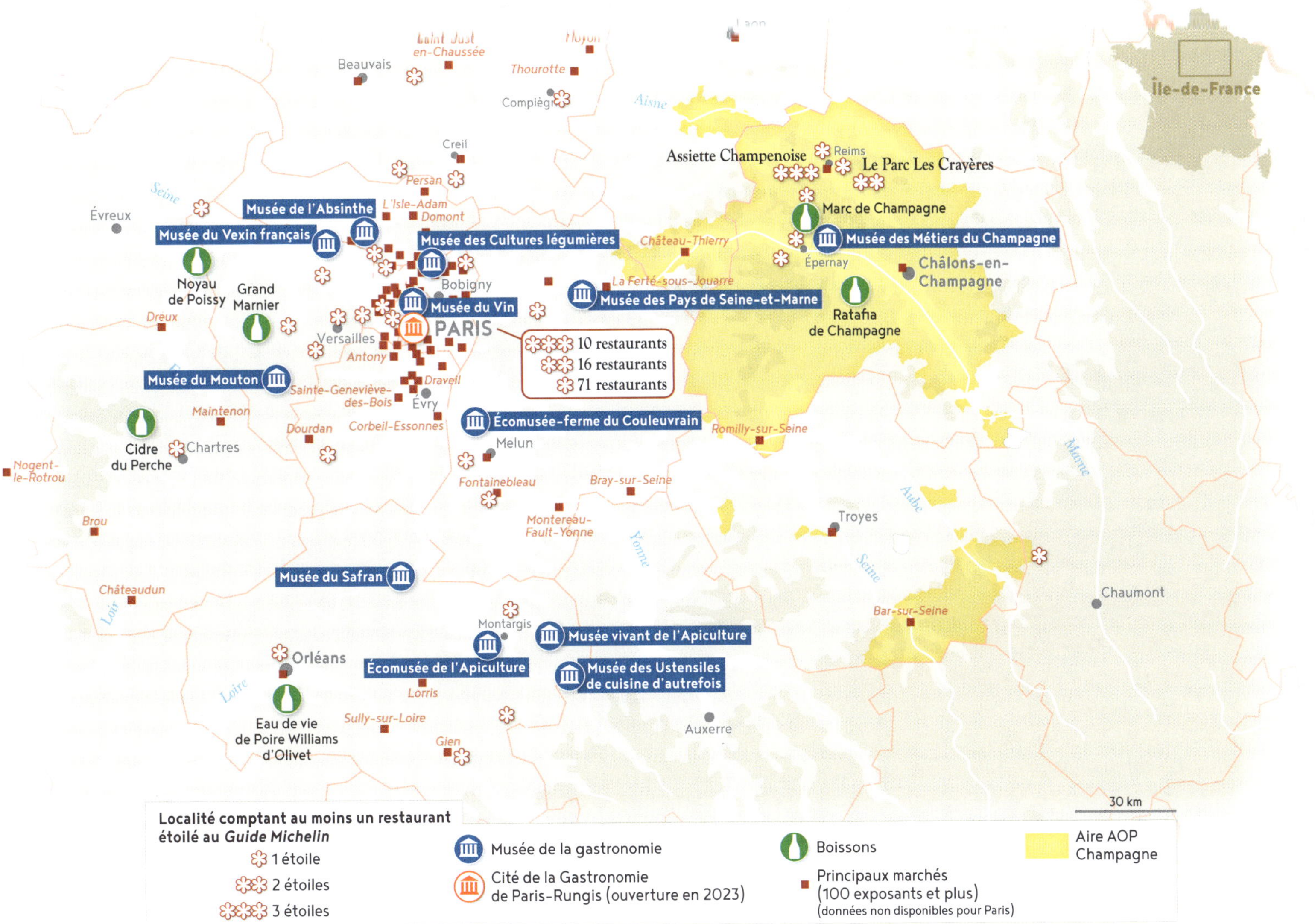

Le champignon de Paris, un produit de haut goût

Longtemps ignoré des grands chefs et des gastronomes, le champignon de Paris retrouve aujourd'hui leur faveur et renoue avec la haute cuisine, cru émincé, dans des sauces, en duxelles, en hachis incorporé à diverses préparations de poissons ou de viandes, en velouté.

Il se marie aussi bien au beurre qu'à la crème et à l'huile d'olive. Pour exhaler ses délicates fragrances, il doit être cuisiné aussi peu de temps que possible après avoir été cueilli.

Recette de la duxelles

Cette préparation est une base culinaire qui apparaît pour la première fois en 1814 dans *L'art du cuisinier* d'Antoine Beauvilliers, chef maître d'hôtel propriétaire du plus célèbre restaurant du Palais-Royal sous l'Empire. Elle a peut-être été baptisée ainsi en hommage au marquis d'Uxelles dont La Varenne, le fondateur de la nouvelle cuisine française du XVIIe siècle, était le cuisinier.

Beauvilliers la résume ainsi : « *Hachez champignons, persil, ciboules ou échalotes… mouillez le tout de quelques cuillerées d'espagnole ou de velouté.* » La duxelles accompagne les poissons blancs, la volaille et le veau. Elle appelle le beurre et la crème sans retenue.

Berthillon, le glacier-vedette de l'Île-Saint-Louis

L'Île-Saint-Louis fut longtemps paisible, recherchée après la Seconde Guerre mondiale comme résidence par les Parisiens aisés et amoureux du patrimoine. Peu de touristes la fréquentaient, car elle est ignorée du métro et située trop près de Notre-Dame qui, dans cette partie Est de Paris, est le point d'attraction majeur (14 millions de visiteurs aujourd'hui). Son destin a été bouleversé par un homme hors du commun : Raymond Berthillon.

Né en 1923 dans l'Yonne, ce boulanger reprend en 1954 le café-hôtel-glacier à l'allure très provinciale de ses beaux-parents. Quelques années plus tard, il décide de remettre en marche une turbine à glace qu'il possède. Les premiers clients de ses glaces et sorbets sont les enfants qui sortent de l'école voisine en fin d'après-midi. Berthillon acquiert rapidement un grand savoir-faire et, surtout, il n'utilise que des matières premières de premier choix : vanille en gousses, cacaos puissants, fruits de première fraîcheur et exclusivement de saison.

Les journalistes gastronomiques Gault et Millau le repèrent et le portent au pinacle vers le milieu des années 1960. La puissance de conviction de ces derniers attire rapidement les gourmets du tout-Paris vers les 29-31 de la rue Saint-Louis en l'île, qui viennent faire la queue le samedi ou le dimanche après-midi pour s'offrir un cornet des incomparables glaces et sorbets Berthillon et qui prennent l'habitude de les acheter au litre pour les servir à la maison lors des repas festifs.

Raymond et sa famille déploient des trésors d'imagination pour étonner les gourmets en inventant des glaces aux marrons glacés, au rhum et aux raisins, au caramel, aux pruneaux, aux poires Belle-Hélène et des sorbets à tous les fruits de la création parmi lesquels la fraise des bois, la cerise, la framboise à la rose, le fruit de la passion. La maison cultive en outre quelques originalités dont celle de fermer pendant l'été afin de se consacrer à la préparation de ses purées de fruits frais. Elle n'ouvre aucune succursale, mais le succès l'oblige à des dépôts chez certains voisins de l'île, puis dans des restaurants parisiens.

Au décès de Raymond en 2014, le chiffre d'affaires du plus célèbre glacier de Paris atteint 4 millions d'euros. D'innombrables dépositaires et concurrents ont envahi l'Île-Saint-Louis qui devient, le week-end ou l'été, l'Île aux Glaces. Elle est devenue l'un des quartiers de flânerie les plus fréquentés de Paris, tant par les Parisiens que les touristes venus du monde entier.

Carte du « Gallopin », le bistrot parisien par excellence !

Gallopin
PARIS 1876

Entrées

Gratinée à l'oignon
Œufs meurette au vin de fleurie
Salade de mâche, carotte, céleri mariné aux herbes et noisette torréfiées
Homard frais, macédoine de légumes
L'artichaut norvégien
Foie gras de canard cuit au bouillon et fruits secs
Escargots de bourgogne « sauvages » les six, les douze
L'Oreiller de la belle Aurore
Recette historique de pâté en croûte, créée à la gloire de Aurore Recamier, mère de Jean Anthelme Brillat-Savarin au 19ème siècle

Poissons

Quenelles de bar, sauce homardine
Noix de Saint-Jacques grenobloise, câpres et citron
Haddock poché, épinards minute et beurre blanc
Turbot vapeur, sauce hollandaise
Cuisses de grenouilles sautées en légère persillade

Végétarien

Risotto épeautre et boulgour, petits légumes frais

Viandes

Vol au vent de volaille « pattes bleues » de l'Orléanais
Tartare de bœuf, pommes allumettes
Tête de veau, sauce ravigote
Ris de veau doré au sautoir, crème de morilles
Filet de bœuf « race Normande » au poivre

Fromages - Desserts

Comté 24 mois
Omelette norvégienne flambée à l'eau de vie de framboises
Crème caramel
Tarte du jour par Benoît Castel
Baba au rhum et chantilly
Profiterole au chocolat
Traditionnelle île flottante
Belle mangue nature
Pedone glacier artisanal : vanille, caramel au beurre salé, chocolat, cassis, mangue, citron
Un café gourmandise

Afin de garantir une fraicheur constante, certains plats peuvent manquer.
Prix nets en euros, service compris.

« Le Gallopin », 40 rue Notre-Dame-des-Victoires, 75002 Paris (www.gallopin.com).

LE VIGNOBLE DE CHAMPAGNE

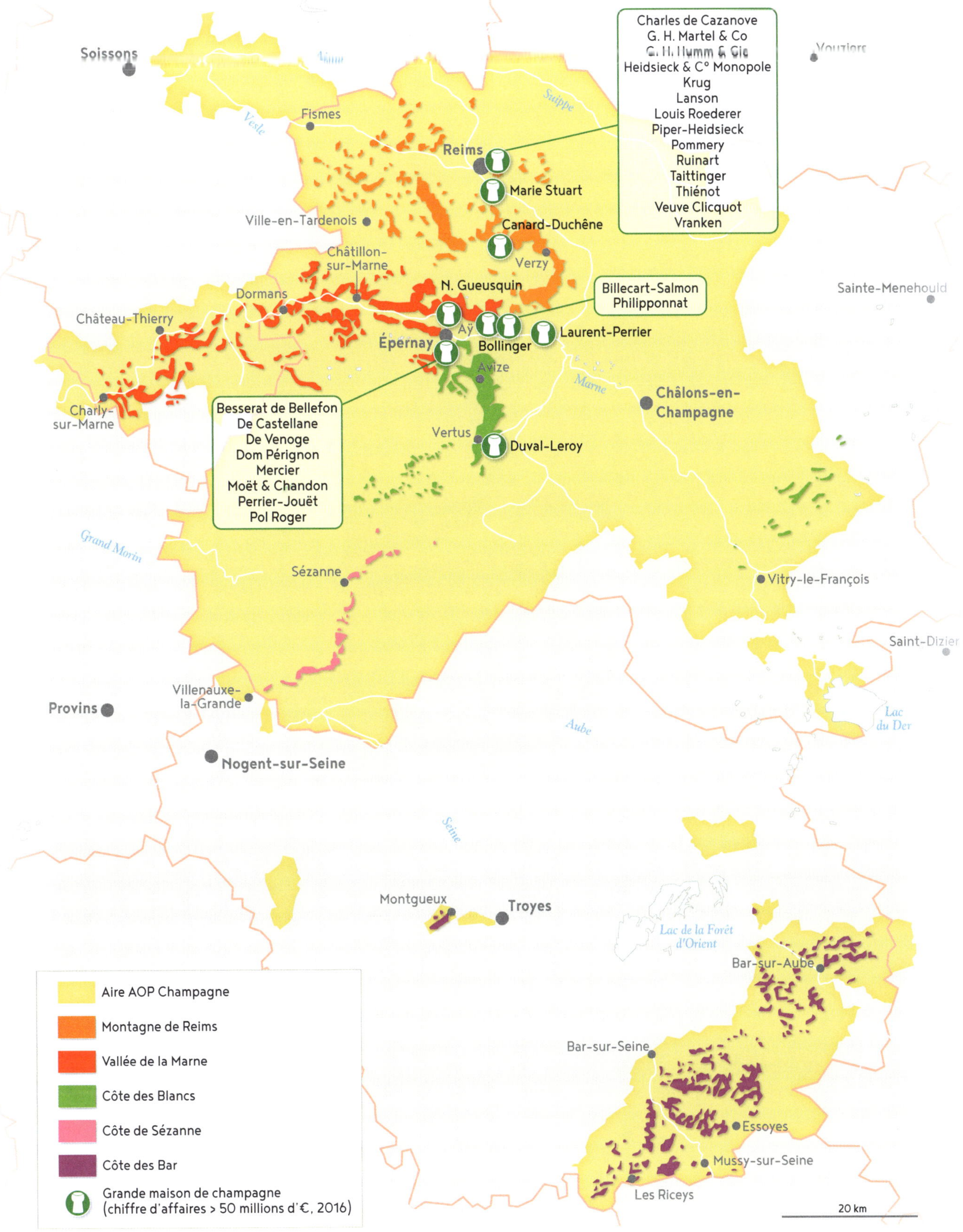

La Normandie

Placée en première ligne sur le trajet des dépressions atlantiques, la Normandie est arrosée de pluies et de crachins fréquents qui tombent sur des sédiments argileux ou sur le socle cristallin et métamorphique armoricain et favorisent la pousse d'une herbe dense. Celle-ci convient bien à la race bovine normande, sélectionnée jadis pour l'abondance et l'excellente de son lait, mais dont la viande est aussi de grande qualité, tout comme celle de ses veaux de lait.

Pour les gourmets, la campagne normande évoque avant tout un fleuve de crème, une montagne de beurre (une « Tour de beurre », financée au XVIe siècle par les dispenses de carême, orne la cathédrale de Rouen), des pyramides de fromages à pâte molle, odorants et goûteux, parmi lesquels la glorieuse trilogie du camembert, du pont-l'évêque et du livarot. Elle est aussi associée aux célèbres breuvages que sont le cidre et le calvados issus des pommiers encore largement présents dans les pâtures. Les paysans les avaient plantés jadis pour remplacer la vigne éliminée par les frimas du Petit Âge glaciaire. Ils escortent avec bonheur les fromages qui viennent d'être évoqués, le poulet Vallée d'Auge, la teurgoule et les douillons.

Tripes à la mode de Caen.

Sols et climat sont aussi propices aux cultures maraîchères. Évoquons seulement la région sableuse de Créances dans le Cotentin, d'où proviennent la plus ferme et la plus délicieuse des carottes de France ou le plus majestueux et parfumé des poireaux (tous deux IGP).

Grâce à sa longue façade sur la très poissonneuse Manche, la Normandie dispose aussi des richesses de la pêche, de l'ostréiculture et de la conchyliculture. Huîtres de Saint-Vaast-la-Hougue ou d'Isigny, moules de Barfleur, coquilles Saint-Jacques de la baie de Seine, crevettes, palourdes et coques de la baie du Mont-Saint-Michel ont acquis une réputation qui s'étend bien au-delà des frontières normandes. Aux confins de la terre ferme et de la mer, les herbus ou prés-salés du Mont-Saint-Michel portent des élevages d'ovins qui fournissent de délicats gigots. Terre et mer en font ainsi un pays de cocagne qui a bénéficié de la proximité de la capitale fortement demandeuse depuis des siècles de produits laitiers frais, de poissons et de fruits de mer. Sans ce marché, jamais le camembert ne serait devenu un symbole national, ni ne seraient nées ces sauces et ces pâtisseries pur beurre qui font la gloire de la cuisine de Paris.

D'autres belles spécialités gastronomiques sont nées en cette opulente Normandie. On y cuisine avec talent des charcuteries et abats comme les andouilles fumées de Vire, le boudin blanc de Mortagne-au-Perche ou les tripes à la mode de Caen. Les passages de canards sur le littoral ou dans la vallée de la Seine sont à l'origine du pâté de caneton ou du canard au sang à la rouennaise, ce dernier hélas devenu rarissime sur les cartes des restaurants locaux.

Mille recettes utilisent à foison le beurre, la crème, le cidre et le calvados, par exemple pour accommoder au mieux les viandes blanches, le veau, la volaille, le lapin, mais aussi les poissons blancs. Il est à souhaiter que les règles de la diététique actuelle ne les condamnent pas à l'oubli, sort qui menace bien des recettes des terroirs français qui, jadis, ne nuisaient jamais à la santé car elles ne paraissaient sur les tables que le dimanche et lors des fêtes familiales ou votives carillonnées.

Vive le cidre de Normandie !

« La pomme est un fruit plein de sève
Et qui toujours doit nous tenter
Car on nous dit qu'notre mère Ève
Fut la première à le goûter
Que pour mordre au fruit défendu
C'est dans une pomme qu'elle a mordu
C'est dans une pomme qu'elle a mordu
Est-ce dans une pomme, dans une pomme ?
Depuis le premier homme
Tout le monde en convient
Et c'est d'là que le cidre nous vient
Vive le cidre de Normandie
Rien ne fait sauter comme ça
Et cette tisane-là
Guérit toute maladie. »

Extrait du morceau le plus populaire de l'opéra-comique de Robert Planquette *Les Cloches de Corneville* (1877).

Au « Cochon d'Or », un menu du terroir normand

Mise en Bouche du Moment

Saumon d'Isigny Mariné à l'Aneth
et au Poivre de Séchouan
Croustillant de Livarot aux Pommes de mon Verger
Asperge Blanche des Landes au Camembert d'Isigny
Œuf de Plein Air à 63 °C

Pavé de Bar de la Côte Normande Rôti
sur Peau à l'Andouille de Granville,
Jus de Poulet au Beurre Noisette
Poularde de chez mon Ami Taupin
(éleveur de volaille à Tanville, Orne)
à la Crème Fermière et aux Légumes Anciens
Suprême de Pintade au Pied de Cochon,
cuit à juste Température,
Sauce Tartuffe
Longe de Veau Farcie aux Cèpes Secs,
Pomme Purée aux Champignons des Bois

Sablé Breton aux Fraises de Pays,
Crémeux Citron et Rhubarbe Confite
Parfait Glacé aux Mûres Sauvages,
Tuile au Grué de Cacao
Savarin de Marguerite aux Pommes et Calvados Toutain
(Beuzeville)

« Le Cochon d'Or », 64 rue des Anciens d'Afrique du Nord, 27210 Beuzeville (www.le-cochon-dor.fr/fr).

La marmite dieppoise

À la différence de toutes les soupes et de tous les pot-au-feu de poissons de France, qui sont confectionnés avec de petits poissons qu'il faut mouliner et passer ou avec les poissons les moins nobles de la pêche locale, la marmite dieppoise comporte uniquement des poissons nobles et blancs. Elle a été imaginée en vue de satisfaire la gourmandise des Parisiens venus nombreux profiter de la mer dès que le port de Dieppe a été relié par le chemin de fer à la capitale. La recette rend aussi hommage à l'élevage normand en utilisant le beurre et la crème à volonté.

Recette

Réunir de beaux morceaux de lotte, de turbot, de barbue, de sole. Pour le confort du gourmet, les filets sont recommandables, mais pour la saveur du bouillon ou de la sauce, les arêtes sont nécessaires. Une solution élégante consiste à préparer un fumet concentré avec les arêtes de tous les poissons.

Faire revenir au beurre sans les colorer, afin que dans le plat domine la couleur blanche, un gros oignon haché et des tronçons de blanc de poireau.

Ajouter le fumet, du vin blanc sec ou du cidre brut, des champignons de Paris et des carottes nouvelles émincées, un bouquet garni, sel et poivre.

Ajouter alors de la bonne crème double et laisser s'épaissir. Certains utilisent un roux blond pour obtenir plus vite une sauce nappante.

Lorsque l'ensemble est à point, y faire bouillir délicatement les poissons pendant cinq minutes.

Ajouter à ce moment des crevettes grises et des queues de langoustines décortiquées à volonté (les têtes doivent entrer dans la composition du fumet), des moules marinières décoquillées, des coquilles Saint-Jacques (blanc et corail).

Cuire encore 2 minutes.

Servir chaud avec des pommes de terre nouvelles et, si l'on veut, quelques légumes cuits à la vapeur et des fleurons de pâte feuilletée.

Accompagner d'un bon vin blanc sec ou d'un cidre brut.

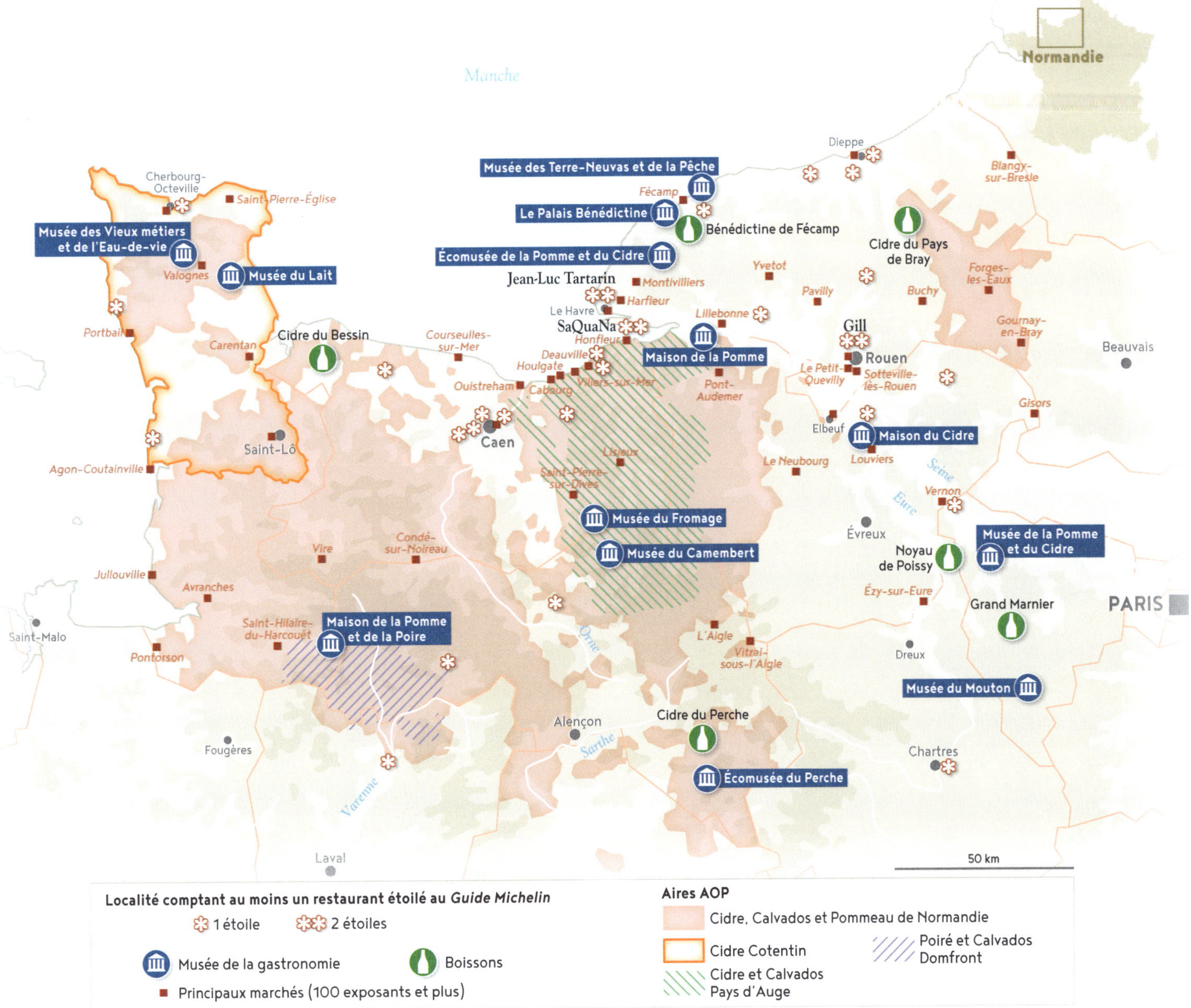

Le marché aux poissons de Trouville

Trouville est le port de pêche de l'embouchure de la Touques. Tous les poissons, les coquilles Saint-Jacques, les crevettes, les bulots et les bigorneaux de la baie de Seine y sont débarqués quotidiennement. Neuf poissonniers sont installés dans un marché aux poissons construit en style normand en 1936 et classé monument historique depuis 1992. Outre la pêche locale, ils débitent aussi des huîtres de Ouistreham et de Saint-Vaast-la-Hougue, ainsi que des poissons et fruits de mer arrivés de tout l'Atlantique. Ils ont développé un concept plutôt rare en France, mais fréquent en Italie ou en Asie : on peut y déguster en terrasse tous les fruits de mer préparés sur des plateaux, accompagnés de vin blanc ou de cidre, et servis dans une atmosphère bon enfant qui leur assure un très grand succès. Une seule règle, car ce ne sont pas des restaurants : on doit acheter son pain chez le boulanger avant de venir s'attabler !

Le camembert, symbole national

D'innombrables légendes courent sur le camembert qui est sans nul doute, avec le brie, le plus célèbre des centaines de fromages que compte le territoire français. Ces deux fromages à pâte molle et à croûte fleurie ont une évidente parenté.

Certains l'attribuent au fait que Marie Harel, une fermière du village de Camembert (Orne) situé en Pays d'Auge, la région des plus opulents pâturages de Normandie, aurait accueilli en 1791 un prêtre réfractaire originaire de Brie et qui lui aurait appris à confectionner le fromage à la manière de son terroir d'origine. C'est une histoire sans doute controuvée, tout comme celle du gendre de Marie Harel, Thomas Paynel, offrant le fromage de sa belle-mère à Napoléon III de passage à Argentan lors de l'inauguration de la ligne de chemin de fer. Celui-ci l'aurait trouvé si délectable qu'il en aurait ensuite fait commander par l'intendance des Tuileries.

Statue de Marie Harel à Vimoutiers, inaugurée en 1928 par Alexandre Millerand, sénateur de l'Orne, ancien président de la République.

Ainsi se trouvent réunis dans la légende fondatrice l'Ancien Régime, la République et l'Empire !

Ce qui est certain, c'est que les Parisiens, comme tous les citadins de France, ont toujours fait grand cas des fromages frais, proches du goût du lait, d'où l'ancienneté de la réputation et de la fabrication du brie. L'arrivée à Paris des produits frais de Normandie, grâce au chemin de fer, a permis l'essor des productions fromagères du Pays d'Auge et du Pays de Bray. Les commandes de l'armée pendant la Grande Guerre ont fait le reste et ont érigé le camembert au panthéon des symboles de l'unité nationale, en compagnie du vin rouge et du saucisson. Le meilleur camembert est celui qui bénéficie de l'appellation (AOP) camembert de Normandie, confectionné au lait cru ; mais celui-ci ne représente, hélas, que 4 % de la production de camembert en France, laquelle n'est ni protégée, ni géographiquement localisée. La boîte à camembert en peuplier est l'emballage imposé. Sa fabrication a entraîné la plantation de nombreuses peupleraies dans les vallées du Calvados et de l'Orne.

Un mythe national

« Une identification aussi forte ne peut être ni fortuite, ni dépourvue de sens. Si la France se projette à ce point dans le camembert, il y a forcément à cela des raisons profondes. […] Le camembert ne serait-il pas chez les modernes Gaulois ce qu'est l'igname chez certaines tribus amazoniennes, tout à la fois leur nourriture de prédilection et un objet mythique dans lequel la tribu projette son histoire et qui lui fournit une représentation concrète de ses origines ?

[…] La manière de parler du camembert, les plaisanteries dont sa dégustation est l'occasion, attestent du pouvoir d'évocation de ce fromage. L'odeur est évidemment ce qui provoque le plus de commentaires et de rires, mais aussi la consistance, en particulier l'écoulement. »

Pierre Boisard, *Le camembert, mythe national*, Paris, Calmann-Lévy, 1992, p. 11-12 et p. 276.

L'omelette de la Mère Poulard, réconfort du pèlerin

Certains produits ou certaines recettes des terroirs français font l'objet d'une abondante littérature reposant sur quelques faits historiques et datés, mais surtout beaucoup sur des broderies imaginaires qui les apparentent aux mythes. En Normandie, outre le camembert, c'est l'omelette du Mont-Saint-Michel qui remporte sans nul doute la palme de la célébrité.

La vérité historique est simple : Anne dite Annette Boutiaut, née à Nevers en 1851 dans une famille de maraîchers, devient femme de chambre d'Édouard Corroyer, architecte renommé et élève de Viollet-le-Duc. Celui-ci se voit confier en 1872 les travaux de restauration de l'abbaye du Mont-Saint-Michel et y séjourne en famille. C'est là où Annette rencontre le fils du boulanger de l'île, Victor Poulard. Elle l'épouse l'année suivante et le jeune couple prend en gérance l'Hostellerie de la Tête d'Or qui est aujourd'hui la poste.

À cette époque, la digue n'existe pas et les visiteurs (pèlerins, premiers touristes, peintres, artisans venant travailler sur le monument) doivent attendre la marée basse pour accéder au Mont, ce qui ne correspond pas toujours aux heures des repas. Ils arrivent affamés à l'auberge et Annette leur confectionne sur-le-champ une omelette baveuse qu'elle cuit directement sur l'âtre. Suit un vrai repas qui comporte sûrement des crevettes et coquillages de la baie, du poisson à la crème, de l'andouille et du gigot de pré-salé provenant des élevages ovins connus depuis le XIe siècle. Même si le Pays d'Auge est un peu loin, il est vraisemblable que la Mère Poulard sert à ses hôtes du camembert à point. Probable aussi que le repas s'achève sur une tarte aux pommes.

L'établissement ne désemplit pas et, en 1888, les Poulard font construire près de l'entrée du Mont un grand hôtel-restaurant qu'ils baptisent du nom de la glorieuse spécialité d'Annette : « À l'omelette renommée de la Mère Poulard ». La terre entière y défilera. Clémenceau en fut un fidèle client.

Comme il en est de tous les plats dévorés par un ventre affamé qui n'a point d'oreilles, tels que plats de vendanges, de refuge alpin, d'estaminet de port de pêche, par exemple, la réputation de l'omelette est d'abord venue du soulagement qu'elle procurait aux clients. La littérature s'en est ensuite mêlée. En 1893, Christophe publie *La Famille Fenouillard au Mont-Saint-Michel*, épisode qui va faire saliver toute la France : la *« noble famille essaie de se refaire une santé en absorbant une omelette de 36 œufs ; ce qui réjouit le cœur de Madame Poulard aîné (À la renommée des bonnes omelettes) »* – Poulard aîné, car le beau-frère d'Annette a repris le vieil établissement sous l'enseigne « À la renommée de l'omelette soufflée ».

L'omelette de la Mère Poulard est en effet si gonflée qu'elle donne l'impression d'avoir été confectionnée avec les blancs battus en neige. C'était l'hypothèse du gastronome Curnonsky qui pensait que la recette était tirée du roman *La Rabouilleuse* de Balzac. D'autres ont pensé qu'elle comportait un ajout de crème au dernier moment. Or, il n'en est rien. Annette Poulard affirmait qu'il suffit d'un gros morceau de beurre frais jeté dans une poêle en fer à long manche et ne servant qu'à cet usage pour éviter les goûts résiduels. Celle-ci est posée sur l'âtre pour y faire fondre le beurre qui ne doit pas colorer. On y jette ensuite les œufs bien battus au fouet manuel dans un cul-de-poule, puis on rabat constamment les bords vers le centre à la spatule sans déchirer le fond. Enfin, on parsème le dessus de beurre et l'on plie en deux avant de servir l'omelette bien baveuse accompagnée d'une bolée de cidre bouché.

Enseigne du restaurant « La Mère Poulard » au Mont-Saint-Michel.

La Bretagne

Longtemps très peuplée, peu favorisée par ses sols acides pauvres et son climat très humide, en retard pour mettre en œuvre des méthodes agricoles permettant d'augmenter ses rendements, la Bretagne ne jouissait pas d'une grande réputation gastronomique tant ses habitants étaient pauvres, souvent contraints à l'exil : sur mer pour les hommes, comme employées de maison pour les femmes.

Les populations de l'intérieur, l'Argoat, ce qui signifie la terre des bois et du bocage, vivaient chichement sur de petites exploitations vouées à la culture du seigle et du sarrasin (à partir du XVe siècle), très peu du froment. Elles en tiraient des pains compacts, des bouillies, des galettes de sarrasin et, de temps à autre, des crêpes. Chaque ferme élevait quelques vaches laitières afin de produire du beurre, aliment quasi sacré des Celtes que l'on conservait en le mêlant de sel. Son prestige et son abondance ont permis la multiplication des recettes de brioches et de biscuits artisanaux et industriels. Point de fromage traditionnel en Bretagne (les gourmets oublient l'importante production industrielle d'aujourd'hui…). Un cochon fournissait lard et matière première de charcuteries délectables parmi lesquelles l'andouille fumée et le pâté breton.

Artichauts sur un marché breton.

Les hommes de l'Armor prenaient la mer et sont nombreux à le faire encore. Non seulement la pêche permettait de nourrir décemment une population plus dense, mais elle a entraîné l'essor de l'industrie de la conserverie de poissons (sardines, thon, maquereaux) accommodés à l'huile d'olive (venue des pays méditerranéens), au naturel, au vin blanc. Depuis la généralisation des congélateurs sur les navires, les boulangeries des ports ont cessé de préparer du pain de marin, mais la biscuiterie s'est maintenue. C'est aussi en lien avec la marine que la famille Hénaff de Pouldreuzic en pays bigouden a mis au point en 1907 une recette de pâté pur porc en boîte. La Grande Guerre l'a popularisé auprès de tous les Poilus, puis de tous les Français. Enfin, récemment, l'histoire maritime de la Bretagne a inspiré Olivier Roellinger, le grand chef de Cancale, alsacien d'origine, qui a introduit dans sa cuisine des épices venues des cieux les plus divers. Il les diffuse aujourd'hui à travers toute la France.

Contraints à l'expatriation par la pauvreté, les hommes du Trégor et du Léon avaient depuis la fin du Moyen Âge pris l'habitude de franchir la Manche pour vendre des tresses d'oignons en Angleterre. C'est l'origine de la glorieuse spécialité de Roscoff qu'est l'oignon de teinte rosée. La ceinture dorée du nord de la Bretagne s'organise au XVIIIe siècle et, outre l'oignon, devient la première région française productrice d'artichauts et de choux-fleurs.

Le tourisme en Bretagne est longtemps resté familial. Les estivants ne sortaient manger hors de chez eux que pour fréquenter les modestes établissements que sont les crêperies. Celles-ci se sont multipliées à Paris dans la « Petite Bretagne », située autour de la gare Montparnasse, puis dans toute la France et dans le monde entier où elles sont presque aussi nombreuses que les pizzerias qui servent l'aliment traditionnel du petit peuple napolitain.

C'est grâce à Curnonsky que la cuisine du terroir breton s'est anoblie. Le grand critique l'avait découverte en 1919 chez « Mélanie », l'auberge de Mélanie Rouat à Riec-sur-Belon : « *Et ce fut la perfection simple ! Après les délicieuses huîtres du pays, Mélanie nous fit servir trois plats de sa façon, son fameux homard à la crème et ses palourdes de Belon grillées, puis son ragoût de congres, un poulet en cocotte, un succulent pâté de porc, et quel pain de poireaux et quel petit-lait et quelles crêpes ! Et quelle galette bretonne !* » Il passera toute la guerre chez elle, de 1940 à 1946, soignant ainsi son moral et son embonpoint !

Les fraises de Plougastel-Daoulas

La fraise des bois, du latin *fragum*, connue sous ce nom depuis le Moyen Âge, est commune à toute l'Europe. Le naturaliste Linné la nomme *Fragaria vesca*. La délicatesse de son parfum et de son goût n'a d'égale que sa petite taille. La *Fragaria chiloensis*, elle, est une plante dont le fruit est géant par rapport à la première ; elle a été rapportée du Chili en 1714 par un navigateur brestois du nom d'Amédée-François Frézier – cela ne s'invente pas ! La douceur humide du Finistère, baigné par le Gulf Stream et ses sols siliceux bien drainés, lui conviennent admirablement. Sa culture se répand au sud de la rade de Brest. L'arrivée du chemin de fer en 1865 et l'accès au marché parisien contribuent ensuite à son essor. La région de Plougastel-Daoulas devient alors au XXe siècle l'une des premières en France pour cette production à laquelle sont consacrés au lendemain de la Seconde Guerre mondiale jusqu'à 1 000 hectares d'où proviennent 6 000 tonnes de fruits. C'est la prospérité pour ses habitants qui vivent également de la pêche à pied des coquillages. La concurrence d'autres régions de France et, surtout, d'Espagne entraîne un déclin, mais la coopérative locale qui a diversifié ses productions emploie tout de même aujourd'hui 2 000 personnes et commercialise 1 200 tonnes de fraises par an, surtout de la variété gariguette, aujourd'hui produite sous tunnel plastique et hors sol au printemps. D'autres productions maraîchères sont venues s'ajouter à celle-ci, en tout premier lieu la tomate.

Les crêpes et galettes, aliments identitaires des Bretons

« Les crêpes et galettes comme partie intégrante des aliments de base sont aussi une caractéristique de la frange atlantique moyenne [de l'Europe]. Dans la région des marches armoricaines, Bas-Maine et Haute-Bretagne, la galette est faite de sarrasin alors que la crêpe est faite de froment. Toutes deux sont des préparations rondes, molles, épaisses de qualues millimètres. La crêpe [...] est sucrée et sert de friandise. La galette de blé noir, en revanche, non sucrée, faisait partie de l'alimentation de base, soit seule, fraîche, soit avec du beurre, soit avec des saucisses. En Basse-Bretagne enfin, galettes et crêpes, qui sont également des préparations molles, faisaient aussi partie de l'alimentation de base, et ne différaient que par l'épaisseur, la galette ayant plusieurs millimètres d'épaisseur, la crêpe, beaucoup plus fine, ayant une épaisseur de l'ordre du millimètre. La galette était généralement de sarrasin, mais la crêpe pouvait être aussi bien de sarrasin que de froment. [...] Les sols armoricains étant devenus trop fertiles pour le sarrasin, il faut importer la farine du Canada ou d'Afrique du Sud.

Crêpes et galettes se fabriquent aussi, et se vendent et se consomment dans d'innombrables « crêperies ». Le mot et la chose ont dû apparaître à Quimper dans les années 1920. Depuis, les « crêperies » ont gagné toute la Bretagne et beaucoup de grandes villes françaises, de Paris à Nancy et à Nice. Elles ont franchi l'Atlantique [...]. Il en existe même une à la gare du *shinkansen* de Kyoto. »

Pierre Flatrès, « Géographie alimentaire de l'Europe atlantique », *in* Jean Peltre et Claude Thouvenot, *Alimentation et régions*, Nancy, Presses universitaires de Nancy, 1989, p. 299-309.

Les Maisons de Bricourt
FAMILLE ROELLINGER

Menu « La saveur marine » du restaurant « Le Coquillage » (Ollivier Roellinger)

Une coquille Saint-Jacques de plongée à l'eau de mer, nori, wakamé et poivre sauvage d'Assam

La chair d'araignée de mer et son assaisonnement flibustier

Huîtres tendres et asperges en vinaigrette d'angélique

Le bouillon du mystère du Tonkin, langoustines, coquillages et premières jeunes pousses de la lande

Homard au cacao, trois piments Mexicains et vin de Xérès (en hommage au Cancalais de La Ravardière)

Turbot sur la peau au vert d'oseille sauvage et laitue de mer

La table des fromages de Bretagne et de Normandie sélectionnés par Valentine, chutneys et condiments

La roulante des gourmandises rassurantes et étonnantes

Le grog des Îles « Terre en vue »

Les Maisons de Bricourt, Restaurant « Le Coquillage », Le Buot, 35350 Saint-Méloir-des-Ondes (www.maisons-de-bricourt.com).

La cotriade

Cette soupe de poissons bretonne tire son nom du kaoter qui désigne un chaudron en breton. Elle se confectionnait jadis sur les bateaux de pêche. Pour qu'elle soit goûteuse, il convient de mêler un grand nombre de poissons écaillés et découpés en tronçons, sans oublier les têtes.

Recette

Faire revenir préalablement dans le faitout des oignons dans du saindoux.

Ajouter des pommes de terre, de l'ail, un bouquet garni et de l'eau salée.

Ajouter ensuite les poissons, d'abord à chair ferme (congre, merlu, maquereau), puis à la fin ceux qui ont la chair délicate (rouget grondin, merlan).

On consomme d'abord le bouillon versé sur les tranches de pain, puis les poissons à la vinaigrette aux herbes.

La tradition bretonne voulait que l'on boive avec ce plat du vin rouge, consommé en abondance par les pêcheurs depuis le XIXe siècle (gros rouge assemblé de vins du Languedoc et d'Algérie), mais le vin blanc ou le cidre brut l'accompagnent bien aussi, mieux même dans le goût actuel.

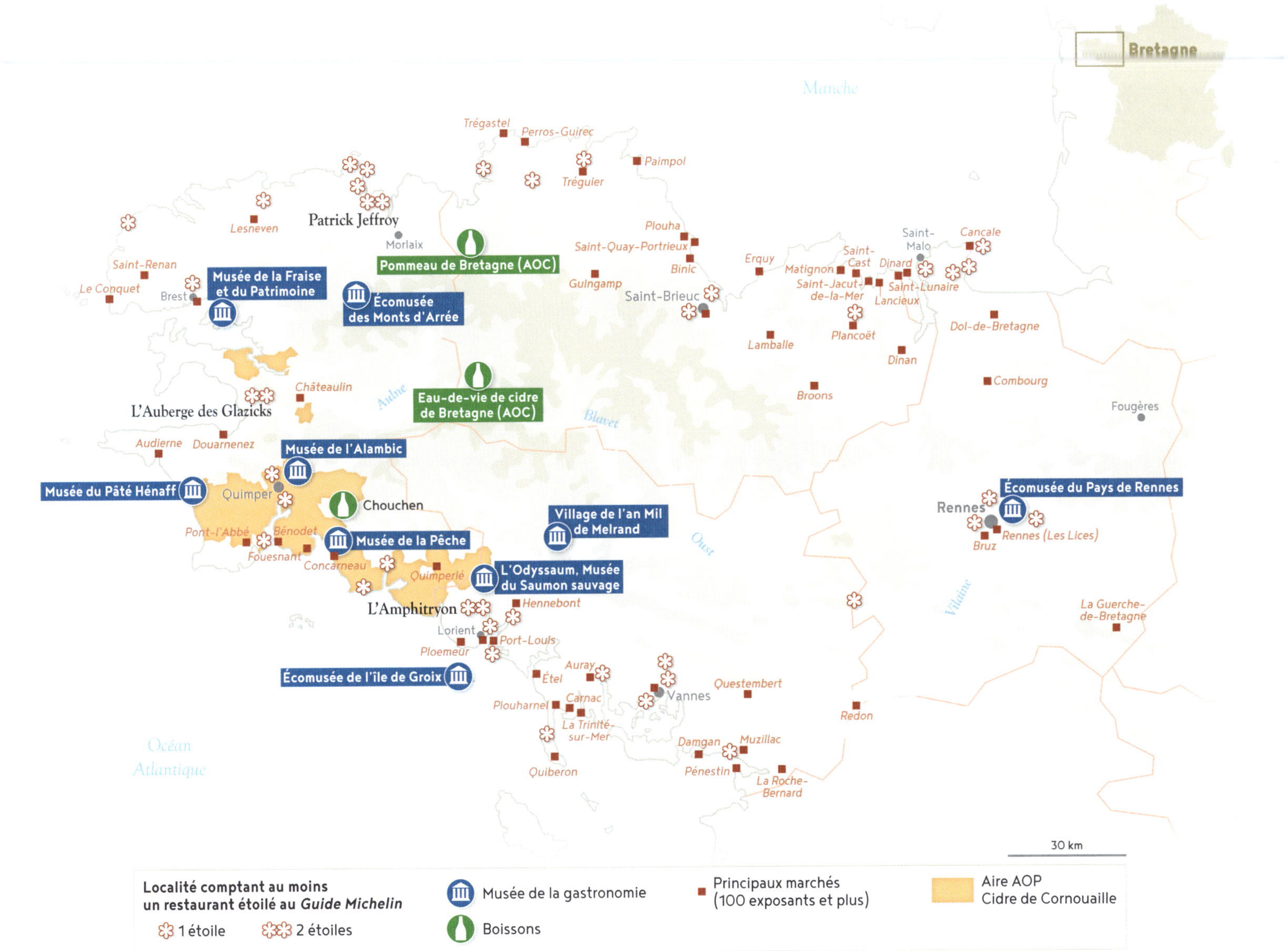

Le ragoût d'agneau dans les mottes d'Ouessant

L'absence de bois sur l'île d'Ouessant a longtemps contraint les habitants à utiliser d'autres combustibles séchés : de la bouse de vache et divers végétaux tels que fougères, ajoncs, goémon et surtout mottes d'herbes avec leurs racines. Il était habituel de cuire dehors des ragoûts dans des marmites de fonte recouvertes de mottes se consumant lentement en dégageant beaucoup de fumée, ce qui donne une saveur particulière aux plats de berniques (ou bernicles), de poisson séché ou de pommes de terre. L'élevage le plus répandu dans l'île étant celui des moutons, le plat local emblématique a longtemps été le ragoût d'agneau aux pommes de terre qui est devenu une rareté festive, l'arrachage des mottes n'étant que toléré par la réglementation de protection de l'environnement.

Recette

Faire revenir les morceaux de viande au beurre et à l'huile, puis des oignons et des carottes en rondelles.

Alterner ces ingrédients avec des pommes de terre en morceaux ou en rondelles.

Ajouter un bouquet garni. Couvrir d'eau salée et laisser mijoter 4 heures dans des mottes en combustion lente.

Ce plat venu de la nuit des temps celtiques peut se déguster avec du chouchen, l'hydromel breton.

Le Val de Loire

Dans son éloge de Tours paru en 1477, l'écrivain florentin Francesco Florio évoque le Val de Loire comme étant *Franciae viridarium*, le « jardin de la France », expression que Rabelais placera un peu plus tard dans la bouche de Panurge. En ce tournant de la Renaissance, la Touraine et l'ensemble du Val de Loire sont à la pointe de l'agriculture. Les caprices du fleuve sont de mieux en mieux maîtrisés grâce aux turcies ou levées, efficaces en presque toutes circonstances. Du fait de la présence de la cour des Valois qui vient résider ici en ses châteaux, la demande de beaux produits explose, de même que se développe l'art de bien cuisiner qui s'est maintenu jusqu'à nos jours ; une cuisine sans accent, prétend le grand œnologue et goûteur Jacques Puisais, à l'image du beau parler ligérien.

Avec les guerres d'Italie, puis les mariages conclus avec les princesses Médicis, les innovations horticoles venues d'outre-monts atteignent la France par l'Orléanais, la Touraine et l'Anjou. La douceur du climat et les riches alluvions du Val s'y prêtent admirablement. Du printemps à l'automne, les grands marchés d'Orléans, de Blois, de Tours, d'Angers, de Nantes regorgent toujours de merveilles légumières et fruitières : salades, radis, asperges, petits pois, champignons de couche, fraises, pommes, poires, etc.

Des gras pâturages de ces terroirs humides proviennent crème et beurre en abondance. Grâce à une saine gestion, le fleuve a retrouvé son peuplement de poissons délicats (saumon, brochet, sandre, alose) que le beurre blanc aux échalotes escorte en majesté.

Au nord de la région s'étendent les plateaux limoneux de la Beauce et du Gâtinais, opulents greniers à céréales pourvoyeurs des farines dont on confectionne de nombreux pains, brioches, pâtisseries et gâteaux secs riches en beurre. La forêt d'Orléans au nord et la Sologne au sud regorgent de gibier à plume et à poil. Les étangs de cette dernière région sont poissonneux ; on a commencé à y élever des esturgeons et à y produire du caviar.

Ce pays ne serait pas de cocagne s'il n'était aussi une avenue de vignobles produisant des vins d'une grande variété. Le sauvignon, le romorantin, le chenin, le melon de Bourgogne (muscadet), le gros-plant, le gamay, le cabernet-sauvignon et d'autres cépages plus rares sont chez eux sur les coteaux qui bordent le Val ou sur les épandages caillouteux plus éloignés de celui-ci. Il est possible d'accompagner tout un repas avec des vins de Loire : blancs effervescents de Vouvray ou de Saumur, blancs secs de Pouilly et du Sancerrois, des Coteaux du Giennois et de l'Orléanais, de Vouvray, de Montlouis, de

Touraine, de Savennières, de Jasnières, du Pays nantais, blancs moelleux ou liquoreux de Vouvray et Montlouis, du Saumurois, des Coteaux du Layon parmi lesquels se distinguent les crus tout en dentelle de Bonnezeaux ou de Beaulieu, rouges légers de Bourgueil et de Saint-Nicolas, rouges plus soutenus, voire corsés de Chinon.

Il était naguère traditionnel pour les vignerons de posséder quelques chèvres qui se nourrissaient sobrement sur les talus et au bord des chemins. De là est née la tradition fromagère du sud de la Loire qui se décline sous toutes les formes et dans toutes les consistances de pâtes : crottin de Chavignol, Sainte-Maure-de-Touraine, Selles-sur-Cher, Valençay, Pouligny-Saint-Pierre. Lorsque leur pâte est fraîche, ces merveilles sont mises en valeur par les vins blancs secs de la région, par les vins moelleux, voire liquoreux lorsqu'elle est plus affinée.

Le fromage de chèvre AOP Sainte-Maure-de-Touraine, un produit phare de la région.

La Sologne et le Blésois

Au sud du grand coude orléanais de la Loire, la plaine de Sologne et du Blésois est argileuse et très humide. Elle est largement couverte de forêts, en général privées et exploitées pour leur bois et surtout pour la chasse pratiquée par des résidents secondaires parisiens qui s'y rendent à l'automne, comme c'est le cas dans quelques régions forestières du nord et de l'ouest de Paris. Les nombreux étangs sont empoissonnés, certains en esturgeons qui produisent un caviar de très belle qualité.

Sur les sols sableux, les asperges trouvent un terroir de prédilection. On les aime blanches, cueillies du matin, avec de la crème fraîche relevée d'un trait de vinaigre d'Orléans. Les pommiers s'y plaisent et leurs fruits sont magnifiés dans la tarte des demoiselles Tatin de Lamotte-Beuvron. Sur les terrains graveleux en pente douce se plaisent le gamay, le sauvignon, le romorantin qui expriment ici des saveurs originales sous les appellations touraine, cheverny, cour-cheverny ou valençay.

Au « Chapeau Rouge », le menu « Découverture du Cocher »

Rillettes de Poisson de Loire fumé maison,
crème de fenouil sauvage

Ou

Terrine de « Roi Rose » et foie gras, chutney de fruits secs,
moutarde au moût de raisin

Ou

Velouté d'asperges de Touraine, au parfum de noisette

Filet de Poisson sauvage de Loire grillé,
beurre rouge émulsionné au cabernet franc

Ou

Suprême de Pintade persillé, Jus rôti infusé au thym

Petits bouchons de chèvre fermiers
de La Roche-Clermault

Accord Ganache chocolat
et Safran de La Tour-St-Gelin

Ou

Équilibre Fraise et Rhubarbe

« Au Chapeau Rouge », 49, place du Général de Gaulle, 37500 Chinon (www.auchapeaurouge.fr/).

Recette de la beuchelle de Touraine

Plat typiquement tourangeau, la beuchelle associe à parts égales deux des plus nobles abats : le rognon et le ris de veau.

Ceux-ci, très frais, doivent être soigneusement nettoyés, blanchis pour le ris, puis escalopés, sautés séparément dans du beurre avec des échalotes émincées, flambés au cognac ou au marc.

Les mêler et ajouter un petit verre de vin de tendre vouvray, des champignons variés, de Paris, cèpes, giroles, morilles fraîches ou réhydratées, préalablement étuvés au beurre.

Saler et poivrer, puis ajouter une bonne louche de crème et laisser doucement mijoter sans bouillir.

La beuchelle se sert dans une timbale avec des fleurons de pâte feuilletée ou dans un vol-au-vent.

Accompagner le plat d'un vouvray sec ou légèrement moelleux.

Localité comptant au moins un restaurant étoilé au *Guide Michelin*

1 étoile

2 étoiles

Les rillettes de Tours selon Balzac

Les contrées ligériennes sont partagées entre deux cultures charcutières antagonistes : celle des rillettes de Tours, peu grasses et qui bénéficient d'une IGP, et celle des rillettes du Mans, issues des gros porcs de Connerré, plus fondues et plus grasses, en attente d'IGP. De 1807 à 1813, alors qu'il a huit ans, Honoré de Balzac est placé en pension à Vendôme chez les Oratoriens. Il y apprécie les rillettes de Tours qui lui sont servies, comme il le raconte dans *Le Lys dans la vallée* (1836) :

« Les célèbres rillettes et rillons de Tours formaient l'élément principal du repas que nous faisions au milieu de la journée. […] Cette préparation si prisée par quelques gourmands paraît rarement à Tours sur les tables aristocratiques ; si j'en entendis parler avant d'être mis en pension, je n'avais jamais eu le bonheur de voir étendre pour moi cette brune confiture sur une tartine de pain. […] Mes camarades, qui presque tous appartenaient à la petite bourgeoisie, venaient me présenter leurs excellentes rillettes en me demandant si je savais comment elles se faisaient, où elles se vendaient, pourquoi je n'en avais pas. Ils se pourléchaient en vantant les rillons, ces résidus de porc sautés dans sa graisse et qui ressemblent à des truffes cuites. »

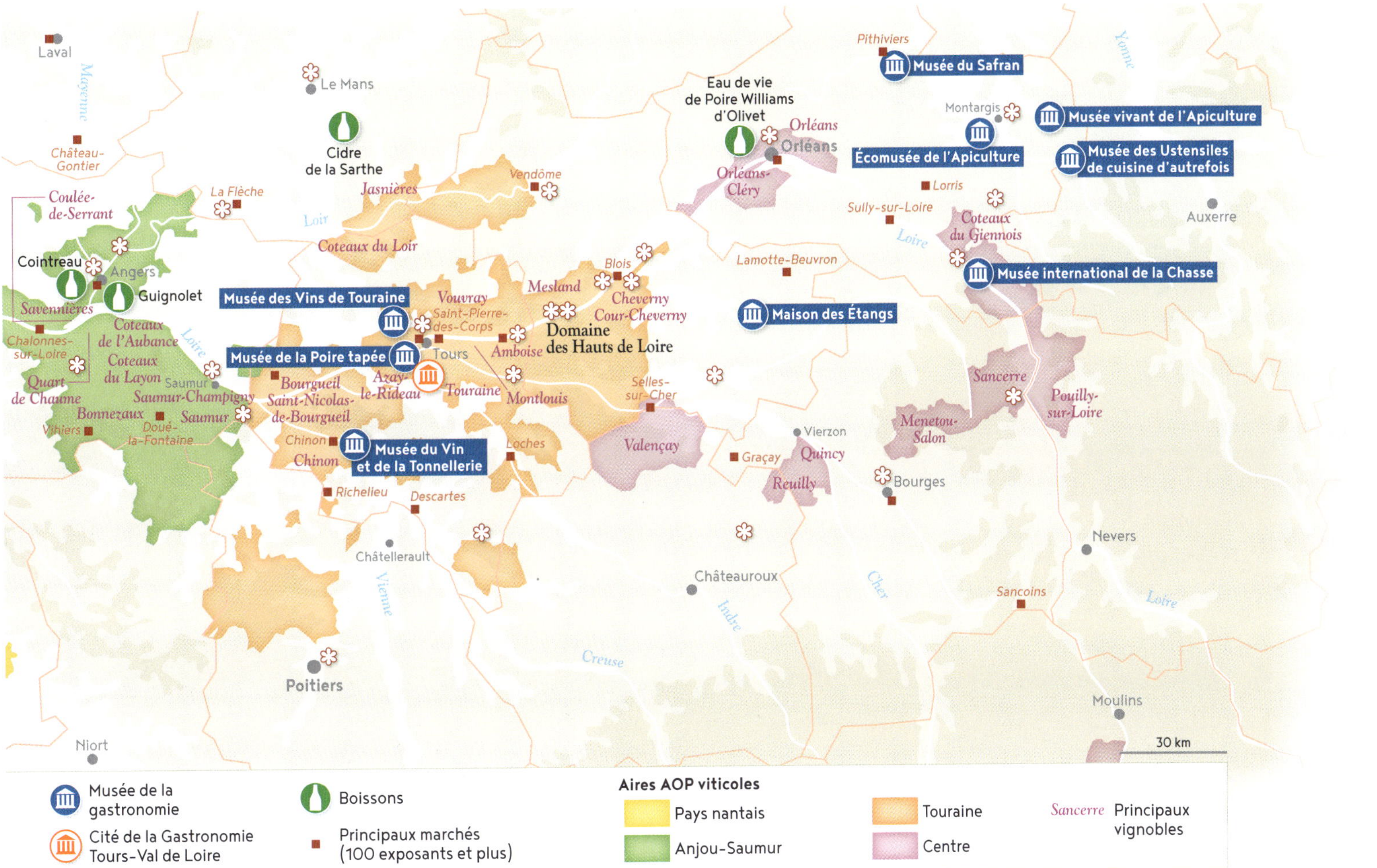

Le terroir du Sancerrois

Le Sancerrois est une région de collines calcaires et marneuses très fracturées de failles et creusées de vallées qui marque la transition entre la Sologne et la Champagne berrichonne. Les coteaux escarpés et bien exposés sont très propices à la viticulture, comme toute la Côte berrichonne où ne subsistent aujourd'hui que quelques vignobles limités en surface : Menetou-Salon, Quincy, Reuilly. C'est à la Loire qui le borde à l'est que le Sancerrois doit d'avoir développé un grand vignoble commercial. Celui-ci a depuis longtemps trouvé un débouché à Paris, accessible grâce au canal de Briare ouvert en 1642.

C'est ici l'un des meilleurs terroirs pour y cultiver le sauvignon, un cépage sans doute né en Bourgogne du croisement du pinot noir et du savagnin du Jura et du Rhin supérieur. Lorsqu'il est cultivé à rendements modérés, vendangé mûr et bien vinifié, il développe ici des fragrances et des saveurs d'agrumes, pamplemousse et citron, de pêche blanche, de noisettes fraîches, de silex heurtés (pierre à fusil). Il est très sec, mais sans aucune agressivité et, certaines années, il développe des parfums de miel qui lui confèrent de grandes qualités gastronomiques : il accompagne à merveille les grands plats de poisson au beurre, à la crème, à la mayonnaise, mais aussi les charcuteries locales et le pâté de Pâques berrichon.

Il est aussi un compagnon idéal des fromages de chèvre du sud du Val de Loire, singulièrement le plus petit d'entre eux et l'un des plus connus : le crottin de Chavignol. Sa production s'est beaucoup développée au moment du phylloxera qui a décimé le vignoble, remplacé par des pacages convenant bien à l'élevage des chèvres qui ne craignent pas les pentes fortes, d'autant que c'est la race alpine qui a été ici adoptée. Il bénéficie d'une AOC depuis 1976 et d'une AOP depuis 1996.

Son aire de production est probablement un peu trop vaste (550 000 hectares sur 214 communes pour une production de 800 tonnes, soit 13 millions de crottins) et sa qualité varie d'une provenance à l'autre et, surtout, d'un élevage et d'une maison d'affinage à l'autre. La plus ancienne entreprise de collecte et d'affinage a été fondée en 1896 dans le petit village viticole de Chavignol qui a donné son nom à toute la production régionale.

Quant au mot « crottin », il ne tire pas son origine de ce que l'on peut imaginer mais des « crots », mot berrichon qui désigne les argilières d'où l'on tire la terre des poteries et donc des faisselles dans lesquelles on le moule.

Le château de Saumur et son prestigieux vignoble.

Le sel de Guérande et de Noirmoutier

« L'exploitation des salines de l'Atlantique remonte au Néolithique [...]. Mais le véritable développement des marais salants de la région intervient aux XIV*e et* XV*e siècles. À la recherche d'un fret de retour pour leurs navires de fort tonnage, les marchands de la Hanse trouvent dans le sel de la baie de Bourgneuf le produit idéal : disponible en grande quantité, il est peu coûteux [...]. [Il] convient en outre à merveille pour conserver les harengs dont les Hanséates se sont fait une spécialité. »*

L'Inventaire du patrimoine culinaire de la France. Pays de la Loire, Paris, Albin Michel-Conseil national des Arts culinaires, 1993, p. 46-47.

Aujourd'hui, 300 paludiers exploitent environ 2 000 hectares de salines de Guérande, les principales de la région, et produisent 10 000 tonnes de sel par an. Chaque paludier exploite à la main environ une cinquantaine d'œillets (salines), soit 3 à 4 hectares. Il récolte de 60 à 90 tonnes de gros sel gris et 2 à 3 tonnes de fleur de sel immaculée et floconneuse qui provient de la surface de l'œillet. Les deux-tiers des paludiers sont regroupés au sein d'une coopérative qui commercialise le sel dans le monde entier grâce à la notoriété que lui ont donnée les plus grands cuisiniers français. Le sel de Guérande bénéficie d'un label rouge depuis 1991 et d'une IGP depuis 2012.

Le marais de Guérande est « Site remarquable du goût » depuis 1995.

Une sauce de la Basse-Loire : le beurre blanc

Les sauces au beurre sont une invention parisienne, ou plus exactement des cuisines royales de Versailles, datant de la fin du XVIIe siècle. La plus ancienne semble être celle que l'on nomme aujourd'hui « hollandaise » et qui est une sorte d'émulsion tiède de jaune d'œuf et de beurre.

Sous la Monarchie de Juillet, le cuisinier Collinet qui dirige les cuisines du Pavillon Henri IV à Saint-Germain-en-Laye y ajoute de l'estragon et du cerfeuil et la baptise « béarnaise » en hommage au bon roi Henri.

C'est en 1890 que Clémence Lefeuvre, cuisinière de La Buvette de la Marine à La Chebuette, sur la commune de Saint-Julien-de-Concelles sur les bords de Loire, en amont de Nantes, invente le beurre blanc pour accompagner les poissons du fleuve pochés.

Du fait de l'absence de jaune d'œuf, c'est une sauce très délicate à réussir. Ses composants proviennent du terroir nantais.

Recette

Faire réduire dans une casserole en cuivre jusqu'à consistance sirupeuse du muscadet et du vinaigre de vin blanc avec une tombée d'échalotes grises.

Incorporer ensuite du beurre demi-sel que l'on fouette en maintenant la casserole au bain-marie sans excéder la température de 65° au-dessus de laquelle le beurre fond.

Cette délectable sauce doit napper les poissons avec lesquels on la sert.

La Lorraine

La Lorraine a été définitivement rattachée à la France en 1766, à la mort du duc Stanislas Leszczynski. L'ancienne Lotharingie a conservé de son appartenance au Saint-Empire des habitudes alimentaires qui se retrouvent en Europe centrale germanique et sont héritées du goût médiéval : épices, saveurs aigrelettes et amères (groseilles, rhubarbe, pissenlit). Elles s'expliquent aussi par le climat de nuance continentale à hivers froids et étés chauds.

Les premiers rendent omniprésents dans la cuisine populaire traditionnelle des choux blanc et rouge (ce dernier consommé cru dans les contrées de langue romane, cuit dans les contrées germanophones), des légumes-racines, des pommes de terre, du saindoux et de la viande de porc (lard, charcuterie), avec un goût prononcé pour le fumé. L'humour lorrain a fait de ce dialogue adulte-enfant un trait identitaire :

« Qui que t'aimes mieux, ton père ou ta mère ?

– J'aime mieux le lard ! »

La quiche lorraine, un succès mondial.

Comme en Allemagne ou en Autriche, on y apprécie davantage qu'à l'ouest de la France le gibier abondant dans les vastes massifs forestiers ou les poissons des rivières et des étangs. Les gras pâturages des dépressions qui font suite aux fronts de côtes (ceux de la Woëvre, par exemple) ou des hautes chaumes vosgiennes sont propices à un prospère élevage laitier. La crème, le beurre et le fromage font partie du quotidien des habitants. Les paysans se nourrissaient jadis une fois par jour de pommes de terre au fromage blanc (géromé ou munster frais), surtout dans la partie orientale de la Lorraine, tout comme en Alsace.

Grâce aux étés ensoleillés, les fruits y mûrissent bien. Parmi eux, la mirabelle a conquis le statut de symbole de la province. Son nom est sans doute originaire de l'une des localités du Midi appelée Mirabel (« belle vue », ce qui implique des coteaux bien exposés) d'où est venue la culture du mirabellier vers le XVIIe siècle pour s'implanter sur les fronts de côtes qui déroulent plusieurs festons à travers toute la Lorraine. Les influences méditerranéennes ne sont, en effet, pas rares du fait que la région est traversée depuis la haute Antiquité par des voies de communication suivant la gouttière de l'axe méridien majeur de l'Europe occidentale : Rhône-Saône, puis Meuse-Moselle ou Rhin. Ainsi s'explique la présence exotique en ces terres nordiques des amandes dans de nombreuses pâtisseries (macarons) et confiseries (dragées), de l'anis, des épices, des agrumes (bergamote).

On a beaucoup rapproché l'histoire de la gastronomie lorraine de la gourmandise du bon roi Stanislas qui, malgré un spectaculaire embonpoint, vécut 88 ans. Parmi les apports qui lui sont attribués, à tort ou à raison, mentionnons le gâteau cylindrique levé, que l'on nomme « baba » (vieille femme) en Pologne où il est aromatisé au safran. C'est peut-être à la cour de Lunéville que son pâtissier Nicolas Stohrer l'a interprété en l'enrichissant en beurre. Il en confectionne ensuite dans sa boutique de la rue Montorgueil lorsqu'il vient s'installer à Paris. Diderot s'en régale comme il s'en ouvre dans une lettre adressée à Sophie Volland en 1767. Le trempage dans le malaga ou le sirop mêlé de rhum est une pratique qui apparaît au début du XIXe siècle à Paris et que la Lorraine n'a adoptée que très récemment.

La quiche lorraine

« Quiche » est un mot qui semble dériver de l'allemand *Kuchen* qui désigne un gâteau ou une tarte. Elle est parente de la *flameküeche* alsacienne qui se confectionne, comme la pizza, avec de la pâte à pain. La recette actuelle apparaît au début du XIXe siècle : un mélange de crème et d'œufs, baptisé migaine, est versé sur un fond de pâte à tarte brisée – au saindoux, traditionnellement – ou feuilletée qui a remplacé la pâte à pain du temps jadis, sur lequel on a réparti des dés de lard fumé dont on a ôté la couenne et les cartilages, avant cuisson au four. D'aucuns ont pris l'habitude de mêler à l'appareil du gruyère ou de l'emmenthal râpé, mais les puristes s'y refusent !

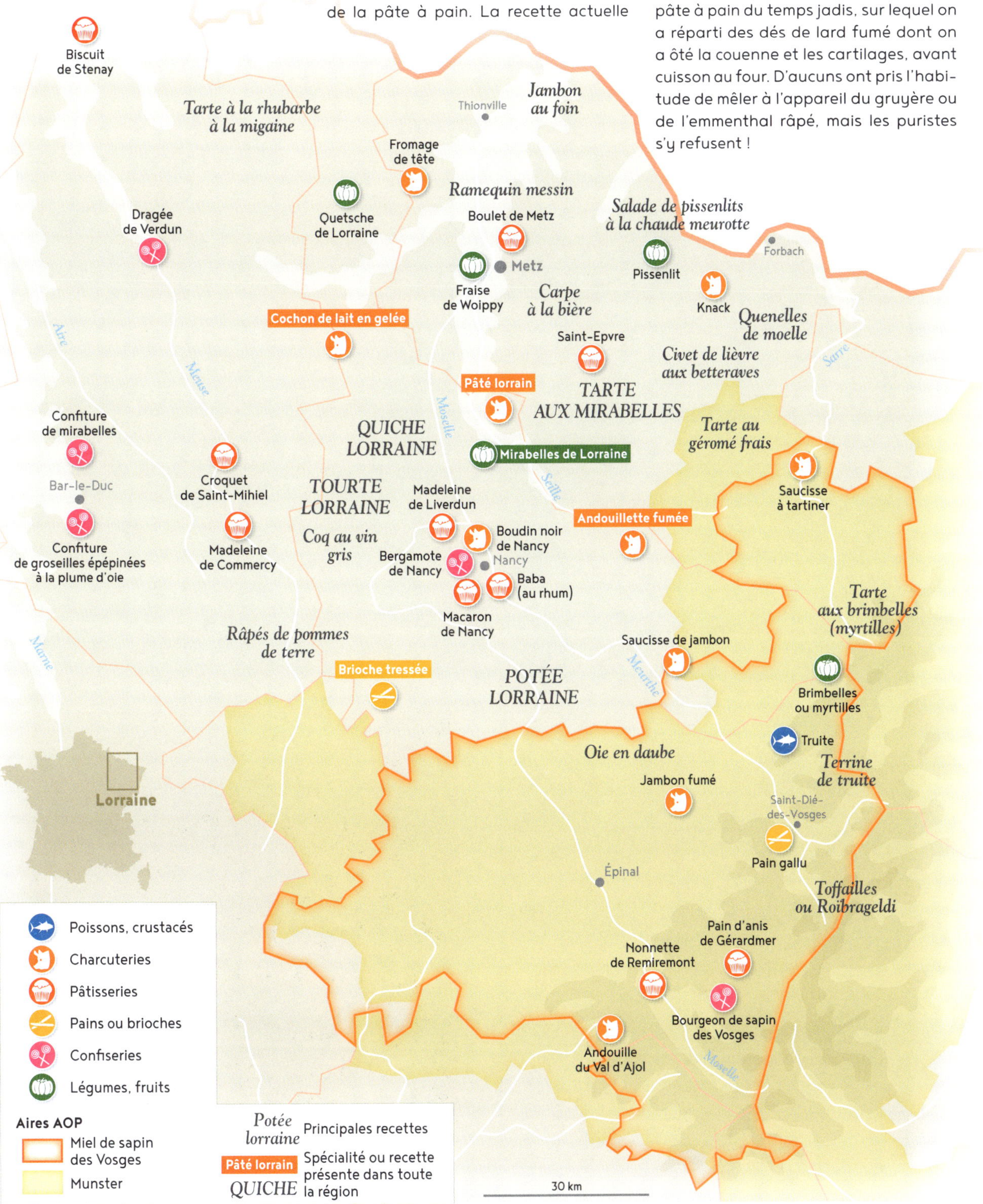

Une frontière alimentaire en Lorraine

Jusqu'au développement de la grande distribution et d'une certaine uniformisation des habitudes de consommation, les Français, comme tous les habitants de la planète, se sont nourris en fonction de ce qu'ils produisaient eux-mêmes ou pouvaient se procurer sur les marchés locaux. Les possibilités des terroirs dépendaient alors de la fertilité, de la disponibilité en eau et du climat, mais pas seulement. Les préférences gustatives ont toujours joué un rôle important et celles-ci relèvent de la culture, c'est-à-dire des représentations symboliques et parfois de la religion.

Ce phénomène a été mis en évidence pour la première fois en Lorraine par le géographe Claude Thouvenot. Au terme d'enquêtes très précises, c'est lui qui a montré que les habitudes alimentaires lorraines variaient de part et d'autre de la frontière linguistique entre les contrées romanes du sud-ouest et les contrées germanophones du nord-est. Dans les premières, par exemple, on consommait jadis le chou rouge cru en salade et dans les secondes le chou cuit, dans les premières la soupe le soir et dans les secondes à midi. Néanmoins, rien n'est jamais resté figé en la matière.

L'arrivée des plantes américaines a bouleversé les manières de se nourrir à partir du XVIe siècle. En Lorraine, c'est la pomme de terre qui a constitué la principale nouveauté tant elle a pris d'importance dans les assiettes, mais en respectant encore pour longtemps les clivages culturels : dans les contrées germaniques, on l'aimait avec du fromage blanc, pas du tout à l'ouest ni au sud.

La cuisine d'inspiration lorraine et alsacienne de la brasserie « L'Excelsior »

Traditionnelle quiche lorraine et son bouquet de salade
Escargots de Bourgogne au beurre persillé
Foie gras de canard maison, chutney de mirabelle au sylvaner
Vol-au-vent de ris de veau et volaille,
sauce poulette et champignons de Paris

Choucroute de la mer
(Brochettes de Noix de Saint-Jacques lardées,
Saumon, Haddock, Cabillaud)
Les Spécialités de l'Excelsior :
Choucroute Strasbourgeoise
(Poitrine fumée, Jarret de porc, Saucisse de Francfort,
petite Lorraine, carré de porc)
Charcuterie Artisanale Pierrat
La Plancha Excelsior
(Demi-Homard, Saumon, Sandre,
Noix de Saint-Jacques, et sa garniture)

Le Tout Nancy : Parfait glacé aux éclats de macarons
et bergamote, coulis de mirabelles
Traditionnelles profiteroles à la vanille Bourbon,
sauce au chocolat chaud Valrhona
Crêpes Suzette flambées aux Grand Marnier
Douceur du Roi Stanislas : Baba Louise au rhum ambré

« L'Excelsior », 50 rue Henri Poincaré, 54000 Nancy (www.brasserie-excelsior-nancy.fr/).

La madeleine de Commercy

Comme le baba, la tradition rattache la madeleine à la gourmandise du roi Stanislas. Une jeune servante nommée Madeleine Paulmier lui aurait préparé en 1756, en son château de Commercy, de petits gâteaux moelleux au beurre, cuits au fond d'une coquille Saint-Jacques. Ce qui est attesté, c'est la création d'une fabrique de madeleines à Commercy par un cuisinier de Stanislas, Claude Colombé, vers 1780. Sa boutique est à l'enseigne de La Cloche. Le succès dure encore et cette petite pâtisserie est aujourd'hui connue et imitée dans le monde entier.

« L'Excelsior », classé monument historique en 1976.

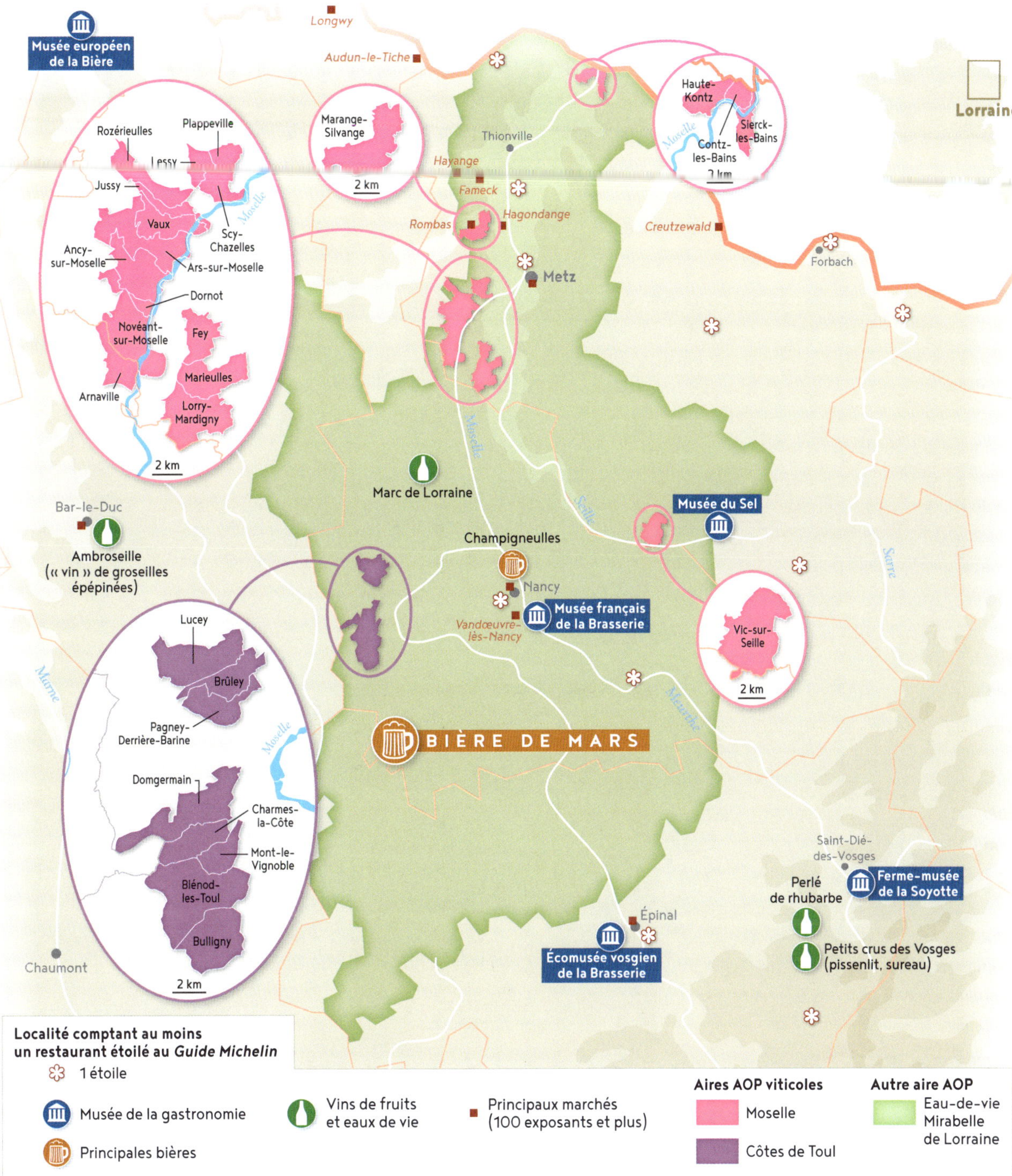

La mirabelle de Lorraine

Prunus domestica syriaca, tel est le nom savant du mirabellier, ce qui semble indiquer une origine orientale. Méditerranéenne, en tout cas, certainement. Virgile évoque dans les *Bucoliques* des *cerea pruna*, des prunes couleur de cire, et le nom français de mirabelle renvoie sans doute à un toponyme fréquemment attribué dans le Midi à des villages perchés entourés de coteaux souvent couverts d'arbres fruitiers. La variété aurait été introduite de son comté de Provence en Lorraine par le bon roi René, devenu duc de Bar en 1420. Malgré la fraîcheur du « Petit Âge glaciaire », le mirabellier prospère sur les fronts des côtes exposés au Levant et au Midi. Aujourd'hui, 400000 arbres couvrent 2000 hectares exploités par 350 producteurs, sans compter les arbres isolés dans les vergers familiaux. Dans les bonnes années, chaque arbre peut porter jusqu'à 10000 fruits, soit 100 kg, la production moyenne de la région s'élevant à 20000 tonnes. Cueillis mûrs, ceux-ci sont délectables, tout comme les tartes et les confitures qu'ils permettent de confectionner. Un dixième de la production est distillé dans une vingtaine de sites. L'eau-de-vie bénéficie d'une AOP dans une partie de la région.

L'Alsace

L'Alsace est un pays de cocagne réputé gourmand depuis fort longtemps. Montaigne y passe en 1580 et s'étonne de l'appétit de ses habitants dans son *Journal de voyage* : « *Les moindres repas sont de trois ou quatre heures pour la longueur de ces services ; et à la vérité ils mangent aussi beaucoup moins hâtivement que nous et plus sereinement. Ils ont grande abondance de vivres de cher et de poisson et couvrent fort somptueusement les tables.* »

Près de trois siècles plus tard, la gourmandise alsacienne s'est maintenue et même renforcée. Erckmann-Chatrian la célèbrent dans leur très populaire roman *L'ami Fritz*, publié en 1864, à la veille de l'annexion : « *Écoute Katel, lui dit Fritz en se retournant, tu vas aller au marché tout de suite. Tu choisiras ce que tu trouveras de plus beau en fait de poisson et de gibier. S'il y a des primeurs, tu les achèteras, n'importe à quel prix : l'essentiel est que tout soit bon.* » Et le bon Fritz Kobus qui attend ses amis à dîner se réjouit un peu plus tard : « *Voyant alors sur la table deux gelinottes, un superbe brochet arrondi dans le cuveau, de petites truites pour la friture, un superbe pâté de foie gras, pensa que tout irait bien.* »

Le bretzel,
pâtisserie salée traditionnelle.

Aujourd'hui, l'Alsace est l'une des provinces de France qui compte la plus haute densité de restaurants gastronomiques ; elle attire en foule nos voisins allemands et suisses qui viennent admirer ses paysages et se réjouir de sa sociabilité, se délecter de sa bonne chère et de ses vins devenus raffinés.

Les terroirs alsaciens sont très variés. La plaine alterne des sols riches porteurs d'opulentes récoltes et de vergers, des zones humides maraîchères et poissonneuses, des forêts giboyeuses. Les collines sous-vosgiennes sont recouvertes de l'un des plus beaux vignobles français. Les Vosges sont couvertes de châtaigneraies et vergers dans les parties basses, de forêts résineuses au-dessus où abondent les fruits sauvages, bases de confitures raffinées et d'eaux-de-vie blanches dont l'Alsace est la première région productrice de France. Sur les ballons, les hautes-chaumes sont pâturées et sont le berceau des meilleurs munsters fermiers.

Germanique, l'Alsace apprécie les poissons d'eau douce, le gibier, le chou, en particulier fermenté, base de la choucroute (nom dérivé de *sürkrüt*, *sür* voulant dire suri et *krüt*, chou), et les saveurs aigres-douces en général, les pommes de terre, base du merveilleux plat de ménage qu'est le baeckeoffe, les fruits acides, la bière et les brasseries, les pâtes aux œufs irrégulières, le raifort, le foie gras d'oie typique de l'Europe centrale où les communautés juives l'élaborent depuis longtemps, les pâtisseries qui sont souvent très riches en beurre et en crème. Du Midi de l'Europe, elle a hérité de la viticulture et des tavernes ici appelées « winstub », le goût des fruits secs (amandes, raisins, figues, etc.), des épices arrivées parfois des tropiques. De son rattachement à la France au XVIIe siècle, elle a acquis un goût immodéré pour le beurre, la crème, les volailles grasses et autres viandes blanches, la haute cuisine de cour et bourgeoise dont les restaurants gastronomiques sont les héritiers.

Comme toute l'Europe centrale à laquelle il faut aussi rattacher la Lorraine et la Franche-Comté, l'Alsace, on l'a dit, est friande d'eaux-de-vie blanches. Leur élaboration a quasiment disparu des exploitations familiales, mais il existe de nombreux artisans et industriels attachés à cette tradition et qui distillent des dizaines de fruits différents. Les plus réputées sont la framboise sauvage, le kirsch, la poire et le marc de gewurztraminer.

Quelques-unes des confitures alsaciennes (environ 200) préparées par Christine Ferber à Niedermorschwihr

Rhubarbe d'Alsace et fleurs de sureau
Fleurs d'acacia dans une gelée de pommes
Griottes d'Alsace au pinot noir
Forêt Noire (griottes d'Alsace au kirsch)
Cerises noires et framboises d'Alsace
Framboises d'Alsace à l'anis étoilé
Gelée de baies de sorbier
Myrtilles et mûres des bois d'Alsace
Abricots au gewurztraminer
Pêches blanches et jus de groseilles
Pêches de vignes d'Alsace au pinot noir et à la cannelle
Mirabelles d'Alsace aux épices à pain d'épices
Gelée d'airelles des bois d'Alsace
Quetsches d'Alsace aux noix
Poires Williams aux marrons glacés
Églantines d'Alsace à la vanille
Pommes d'Alsace au miel de châtaignier
Coings d'Alsace aux saveurs de Noël
Nèfles et cannelle

Le kugelhof, symbole de l'Alsace

Toute l'Europe centrale et orientale affectionne ces pâtisseries coniques à côtes, creusées d'un puits central lui aussi en cône, mais renversé, et qui se nomment *kugelhof* en alsacien, *kouglouf* près de Colmar (prononcé *kouklouf*), *kugelhupf* en allemand, *babovka* en tchèque. Elles sont confectionnées au beurre, au levain et au sucre, enrichies d'amandes, de raisins et autres fruits venus des contrées méditerranéennes et qui évoquent le soleil et la chaleur au cours de longs hivers enneigés. Les Alsaciens prétendent qu'ils en sont les inventeurs et y sont si attachés que tous les boulangers en vendent.

Les femmes optantes de 1870 – celles qui s'étaient exilées pour demeurer françaises – étaient souvent venues en « France de l'intérieur » avec leur moule ou plusieurs moules, puisque la tradition voulait que les familles en possèdassent sept de taille décroissante. Offerts comme cadeaux de mariage, les moules étaient aussi, du fait de leur forme, considérés comme des symboles de fécondité.

La forme du gâteau a donné lieu à bien des interprétations. D'aucuns pensent qu'elle évoque les turbans des Turcs, fort à la mode dans l'imaginaire du XVIIIe siècle. Rien n'est moins sûr, même s'il est probable que la recette remonte à cette époque. Il est certain en revanche que le moyeu du moule permet à la chaleur de cuire le kugelhof plus uniformément et d'obtenir une pâte dorée et moelleuse avec un aspect extérieur sombre, brillant et croustillant. Pour y parvenir, il faut aussi éviter de laver le moule qui, au fil des cuissons, se patine de beurre.

Le kugelhof se préparait jadis en Alsace le samedi. Il était l'accompagnement privilégié du café au lait du dimanche matin. Battu à la main et très riche en beurre, comme dans la recette ancienne proposée ci-dessous, sa consistance était plus ferme que les versions actuelles préparées au batteur et qui sont un peu vaporeuses, trop proches de la brioche.

Le kugelhof selon la recette de Marie-Madeleine, exécuté par son arrière-petit-fils, Jean-Robert Pitte.

Recette du kugelhof de Marie-Madeleine Wendling (vers 1870)

Dans une terrine, mélanger énergiquement et longuement 500 g de farine, deux œufs, 200 g de beurre fondu, 100 g de sucre, une pincée de sel et 20 g de levure du boulanger délayée dans un peu de lait tiédi. Seule la durée du battage à la main permet la réussite de ce gâteau.

Ajouter alors un demi-bol de raisins de Malaga, éventuellement gonflés à l'eau tiède s'ils sont trop secs.

Enduire de 50 g de beurre les flancs intérieurs d'un moule à kugelhof, moyeu compris.

Verser la pâte et faire lever dans un endroit tiède (un four à 30°) pendant quelques heures.

Dès que la pâte a recouvert le moyeu, cuire à four moyen pendant 30 minutes. Démouler froid.

Déguster au dessert, au goûter avec un verre de gewurztraminer ou de muscat d'Alsace, éventuellement en Vendanges Tardives ou sélection de grains nobles. Il est également délectable au petit déjeuner du lendemain lorsqu'il est un peu rassis.

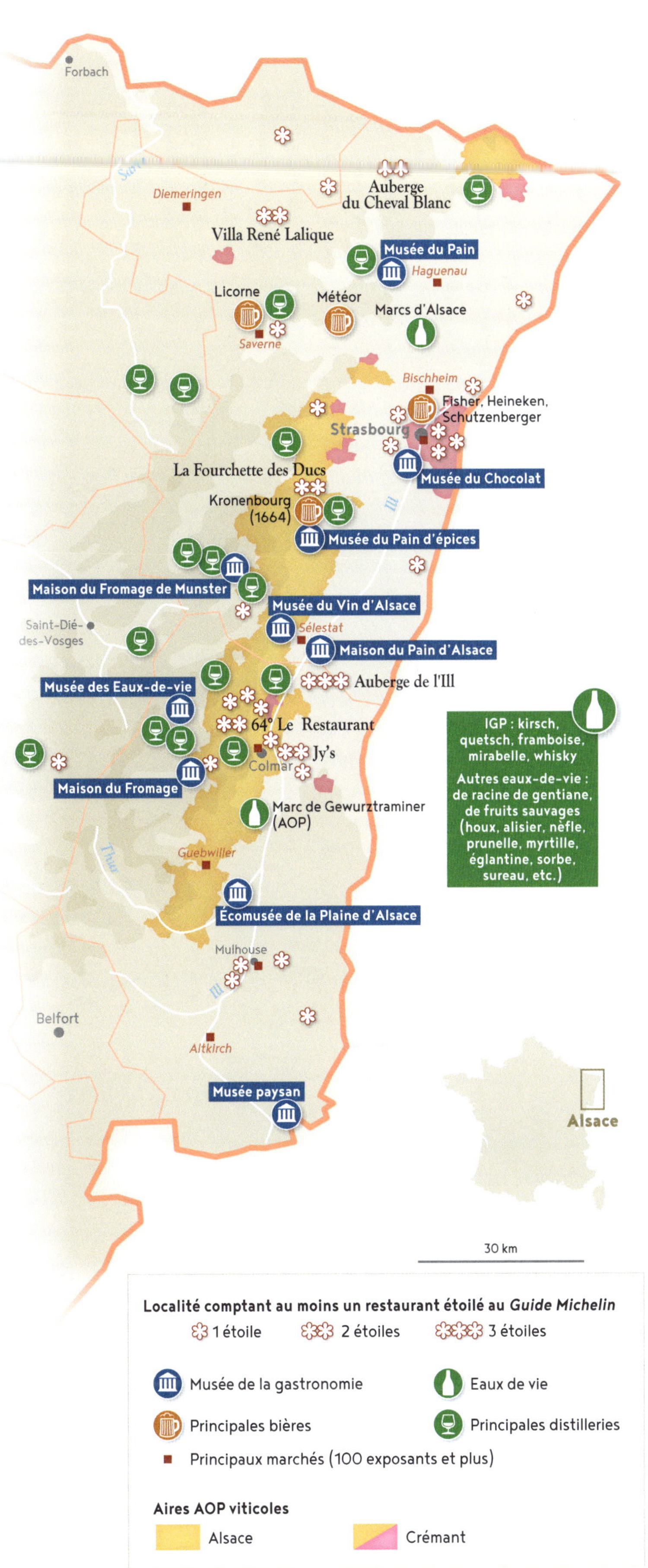
Forbach
Diemeringen
Auberge du Cheval Blanc
Villa René Lalique
Musée du Pain
Haguenau
Licorne
Météor
Marcs d'Alsace
Saverne
Bischheim
Fisher, Heineken, Schutzenberger
Strasbourg
La Fourchette des Ducs
Musée du Chocolat
Kronenbourg (1664)
Musée du Pain d'épices
Maison du Fromage de Munster
Musée du Vin d'Alsace
Saint-Dié-des-Vosges
Sélestat
Maison du Pain d'Alsace
Auberge de l'Ill
Musée des Eaux-de-vie
64° Le Restaurant
Jy's
Colmar
Maison du Fromage
Marc de Gewurztraminer (AOP)
IGP : kirsch, quetsch, framboise, mirabelle, whisky
Autres eaux-de-vie : de racine de gentiane, de fruits sauvages (houx, alisier, nèfle, prunelle, myrtille, églantine, sorbe, sureau, etc.)
Guebwiller
Écomusée de la Plaine d'Alsace
Mulhouse
Belfort
Altkirch
Musée paysan
Alsace
Ill
Thur
30 km
Localité comptant au moins un restaurant étoilé au Guide Michelin
1 étoile
2 étoiles
3 étoiles
Musée de la gastronomie
Eaux de vie
Principales bières
Principales distilleries
Principaux marchés (100 exposants et plus)
Aires AOP viticoles
Alsace
Crémant

Marlenheim
Strasbourg
Wolxheim
Molsheim
Rosheim
Obernai
Barr
Mittelbergheim
Epfig
Nothalten
Itterswiller
Blienschwiller
Dambach-la-Ville
Sélestat
Saint-Hippolyte
Ribeauvillé
Bergheim
Hunawihr
Riquewihr
Beblenheim
Kientzheim
Mittelwihr
Ammerschwihr
Sigolsheim
Katzenthal
Colmar
Wettolsheim
Eguisheim
Husseren-les-Châteaux
Voegtlinshoffen
Gueberschwihr
Pfaffenheim
Westhalten
Soultzmatt
Orschwihr
Guebwiller
Thann
Ill
Rhin
5 km
Route des vins
1re étape : Marlenheim - Gertwiller
2e étape : Barr - Bergheim
3e étape : Ribeauvillé - Ingersheim
4e étape : Colmar - Thann
Aires AOP viticoles
Alsace
Alsace Grands Crus (51)
Localité viticole du guide annuaire
Nombre de caves
40
20
10
5
1

Chez Yvonne

S'Burjerstuewel

Extraits de la carte de la winstub « Chez Yvonne »

Foie gras d'oie maison
Dégustation de foie gras
(fumé, aux épices, poêlé, crème brûlée, mi-cuit)
Escargots à l'alsacienne
Tarte à l'oignon avec lardons
Presskopf (fromage de tête) à l'alsacienne
Harengs à l'ancienne
Salade alsacienne (cervelas, emmental)
Feuilleté de munster

Jambonneau, salade de pommes de terre
ou choucroute, raifort
Jarret de porc braisé à l'amer bière, pommes sautées
Tranche de dos de porcelet farci, pommes sautées,
salade verte
Quenelles de foie à la crème, pommes sautées, salade verte
Bibeleskaes (fromage blanc, pommes sautées)
Choucroute garnie
Filet de sandre sur choucroute
Langue de veau, poireaux vinaigrette, pommes vapeur,
sauce gribiche, salade verte
Tête de veau blanche, sauce gribiche, pommes vapeur
Maennerstolz (saucisse fumée porc-bœuf)
avec choucroute ou salade de pommes de terre
Coq au riesling, spaëtzle

Munster fermier au lait cru

Tarte aux fruits de saison
Baba au rhum
Meringue glacée
Moelleux au chocolat, crème anglaise
au miel de sapin des Vosges
Kouglof glacé arrosé de marc de gewurztraminer
Granité de gewurztraminer Vendanges Tardives
Glace vanille au coulis de pinot noir

« Chez Yvonne », 10 rue du Sanglier, 67000 Strasbourg (www.restaurant-chez-yvonne.net/).

La terrasse d'une winstub à Strasbourg.

Dans *Mon Village. Ceux qui n'oublient pas*, paru en 1913, Hansi (de son vrai nom Jean-Jacques Waltz) dessine une Alsace idéale qui attend avec impatience son retour dans le giron de la France après plus de quarante ans d'occupation allemande. Ici, les enfants d'une famille portent des grandes tartes (dont une tarte de Linz), un kugelhof et des bretzels au four du boulanger, sous le regard ébahi d'un enfant allemand mangeant son pain noir.

Deux plats alsaciens traditionnels

Le baeckeoffe

L'un des plats les plus typiques de l'Alsace, surtout du Bas-Rhin, est cette potée qui ne se retrouve dans aucune autre région française. Sa recette consiste à faire mariner dans du vin blanc sec de la région (un bon sylvaner convient bien) plusieurs viandes, bœuf, porc et agneau, avec carottes, oignons, sel, poivre et bouquet garni. Ensuite, on les alterne dans une vaste terrine ovale en terre cuite, par exemple de Soufflenheim (un village situé près de Haguenau où la poterie existe depuis l'âge du bronze) avec des rondelles de pommes de terre ; on y ajoute le vin de la marinade, puis on cuit l'ensemble à l'étouffée pendant plusieurs heures. L'obturation hermétique de la terrine s'effectue par un lutage à la pâte à pain.

L'histoire de ce plat a fait l'objet de bien des écrits, révélateurs de la culture alsacienne à défaut d'être authentiques. Tout d'abord, dans sa composition actuelle, il ne peut être antérieur au XVIIIe siècle, en raison de la présence des pommes de terre qui, comme dans tous les pays germaniques, n'entrent pas avant dans l'alimentation humaine. Pour certains, les trois viandes représentent les trois grandes religions d'Alsace : le bœuf pour les catholiques, le porc pour les protestants et l'agneau pour les juifs. D'autres le rattachent au *tcholent* (chaud-lent) des juifs ashkénazes, nombreux en Alsace.

Cette potée roborative était laissée au chaud sur le feu mourant le vendredi soir à la tombée du shabbat et consommée le samedi au retour de la synagogue. Les chrétiens l'auraient transposée le dimanche en portant leur terrine chez le boulanger tôt le matin, avant la messe ou le culte ; celui-ci la lutait d'un cordon de pâte à pain. Après les fournées de pain, le baeckeoffe cuisait ainsi plusieurs heures dans le four chaud, d'où son nom composé de *backen*, cuire, et de *ofen*, four.

La choucroute

La choucroute – de *sür*, fermenté, et de *kraut*, chou – est l'autre plat complet emblématique de la cuisine alsacienne. Depuis la Lorraine jusqu'à la Chine et la Corée, le chou est le légume de base de l'alimentation et, pendant les longs mois des hivers continentaux, la seule source de vitamine C qui évite le scorbut. Cela oblige à le conserver haché, au sel et par la fermentation lactique qui se déclenche spontanément grâce aux bactéries présentes entre les feuilles de chou. En Alsace, comme dans toutes les contrées germaniques, on rince la choucroute à mesure des besoins, puis on la fait cuire longuement avec du saindoux, des viandes variées, surtout des morceaux de porc dessalé ou fumé, des saucisses, des pommes de terre, du poivre et du genièvre. Dans les villages de vignerons, on ajoute du vin blanc ; en plaine, ce n'était pas la tradition.

La Bourgogne

La Bourgogne éprouve la passion de la bonne chère et du bon vin depuis des siècles, peut-être des millénaires si l'on en juge par le raffinement de la tombe de la princesse gauloise de Vix où resplendit une vaisselle vinaire originaire d'Étrurie d'un luxe inouï. Joseph Berchoux, Colette, Armand Gouffé, Bernard de La Monnoye, Alexis Piron, Gaston Roupnel, Pontus de Tyard ou Henri Vincenot : tous ces grands auteurs bourguignons ont magnifiquement chanté la gourmandise. À quoi cela tient-il ?

D'abord au faisceau de voies de communication qui traverse la Bourgogne et lui permet depuis toujours de fructueux échanges. Comme en Alsace, sans doute aussi à l'omniprésence de la vigne, hormis dans les hautes terres du Morvan et du Charolais, et à l'amour sans retenue du bon vin. Enfin, il faut invoquer une période fastueuse de l'histoire bourguignonne. Les Grands Ducs d'Occident firent de la région, entre 1364 et 1477, l'un des États les plus riches et les plus brillants d'Europe, allant de la mer du Nord jusqu'aux portes de Lyon. On mène à leur cour grand et joyeux train de vie. Après leur réunion définitive à la France, les Bourguignons conserveront cette joie de vivre qui se retrouve dans leur cuisine et dans leurs vins.

Plateau d'escargots de Bourgogne au beurre persillé.

Malgré leur succès mondial, leur rareté et donc leur prix, les bourgognes, qu'ils soient blancs ou rouges, sont des vins faits pour être bus à grandes lampées, pour la jubilation et le badinage, à la différence d'autres grands vins de France, tout aussi merveilleux, mais plus méditatifs. Le « r » roulé de l'accent bourguignon, qui hélas se perd, évoque le grumage, c'est-à-dire la manière de tourner le vin dans sa bouche en l'aérant généreusement.

Les terroirs bourguignons sont d'une très grande diversité. Sur les côtes et les nombreux versants des vallées naissent des vins blancs secs ou rouges issus des rustiques aligoté et gamay ou des nobles chardonnay et pinot noir. Les plus grands proviennent de la Côte d'Or où se sont concentrés depuis le Moyen Âge les clos abbatiaux, épiscopaux, ducaux, royaux, nobiliaires, puis bourgeois qui furent pendant des siècles des laboratoires de la plus savante viticulture qui soit et qui constituent aujourd'hui le chapelet de la plupart des Grands Crus : les chambertin, les romanée, les corton, les montrachet, etc. C'est là qu'a été le mieux mise en valeur la palette nuancée des sols et des expositions aboutissant à la naissance de 1 247 « climats », comme on nomme en Bourgogne les terroirs viticoles, désormais classés au Patrimoine mondial de l'Unesco.

Les petites montagnes qui forment l'extrémité nord du Massif central sont propices à l'élevage bovin. C'est ici qu'est née au XVIIIe siècle la noble race à viande charolaise en vue de l'approvisionnement de Paris. Des plateaux proviennent les céréales, des vallées des fruits, de l'opulente plaine de la Saône du lait, de la crème, des fromages, du maïs dont sont engraissées les volailles de Bresse. Bien des spécialités bourguignonnes sont malicieuses, faites par leur subtile acidité et leur piquant pour stimuler les papilles et la gouaille. Citons la moutarde, les cornichons, la pauchouse, le jambon persillé, les escargots à la bourguignonne délicatement aillés, les œufs en meurette, le coq au vin, le pain d'épices, le cassis et autres petits fruits rouges. Sa position sur le grand axe Paris-Lyon-Méditerranée explique que la Bourgogne ait toujours compté de nombreux restaurants gastronomiques qui ont succédé aux relais de poste.

Lapin du Gâtinais
Sens
Yonne
Seine
Chaumont
Marne
Soumaintrain
Praline Mazet
Montargis
Saint-Florentin
Pâté d'alouettes
Safran
Cornichon d'Appoigny
Biscuit de Chablis
Auxerre
Loire
Ouanne
Miel du Gâtinais
Andouillette de Chablis
BŒUF BOURGUIGNON
Cerise Marmotte
Anis de Flavigny
Tartouillat (clafoutis)
Lapin à la moutarde
Andouillette de Clamecy
Brenne
Saône
Jambon du Morvan
Moutarde de Dijon
Yonne
Pain d'épices
Jambon persillé
Dijon
Saupiquet morvandiau
Poulet Gaston Gérard
Gougère
Truffe de Bourgogne (Tuber incinatum)
Oignon d'Auxonne
Charitois
Tourte morvandelle
Bourges
Crapiaux morvandiaux
Cassis de Bourgogne
Nougatine
Croquet aux amandes du Bazois
Coq au chambertin
Cîteaux
Dole
Négus
Œufs en meurette
Doubs
Nevers
Pauchouse
ESCARGOTS À LA BOURGUIGNONNE
Moutarde de Bourgogne (IGP)
Entrecôte Bareuzai
Judru
Loire
Friture de Saône
Le Creusot
Chalon-sur-Saône
Cuisses de grenouille au beurre
Montceau-les-Mines
Lons-le-Saunier
POTÉE BOURGUIGNONNE
Charolais
Brochet
Gaudes
Moulins
Bœuf charolais
Corniotte
Cacou de Paray-le-Monial
Bouton de culotte
Poulet de Bresse à la crème
Chèvreton du Mâconnais
Montluçon
Vichy
Mâcon
Loire
Saône
Bourg-en-Bresse
Bourgogne
Roanne
Villefranche-sur-Saône
30 km
Poissons, crustacés
Viandes
Confiseries
Fromages, produits laitiers
Condiments, épices
Charcuteries
Pâtisseries
Légumes, fruits
Pains, viennoiseries
Entrecôte Bareuzai
Principales recettes
Jambon persillé
POTÉE
Spécialité ou recette présente dans toute la région
Aire AOP Volaille
Dinde, poulet, poularde, chapon et volaille de Bresse
Aires AOP laitière et fromagères
Beurre et crème de Bresse
Époisses
Langres
Chaource

Quelques spécialités bourguignonnes à la carte du restaurant « Le Chambolle »

Le jambon persillé
Le croustillant d'escargot aux pleurotes
Les œufs pochés sauce au crémant de Bourgogne
La terrine de foie gras de canard aux Griottines

Le filet de sandre, sauce à l'époisses ou au vin rouge
La cuisse de canard braisée au vin rouge
La cuisse de lapin à la graine de moutarde et estragon
Le bœuf bourguignon

L'assiette de fromages

La carte des desserts

« Le Chambolle », 28 Rue Caroline Aigle, 21220 Chambolle-Musigny (www.restaurant-lechambolle.com/).

Le célèbre bœuf bourguignon.

Le jambon persillé

Dans les campagnes de toute la France, on tuait généralement le cochon, affectueusement appelé « le Monsieur », à la Saint-Martin, autour du 11 novembre. On mangeait les abats et quelques morceaux grillés ou rôtis et le reste était mis en réserve.

En Bourgogne, à l'exception du Morvan où se pratiquait et se pratique encore le séchage des jambons et des saucissons (judrus), la tradition était de conserver la viande dans de grands saloirs de terre cuite dont la région de la Puisaye s'était faite une spécialité.

On en tirait les morceaux à mesure des besoins pour enrichir la soupe ou la potée, mais on conservait précieusement des morceaux d'épaule ou de jambon pour le jour de Pâques en vue de la confection du jambon persillé, un plat dont les traces les plus anciennes semblent remonter au XIVe siècle.

En voici la recette.

Recette

Quelques jours avant la fin du carême, dessaler la viande à l'eau fraîche, courante si possible (un abreuvoir convient très bien), pendant environ 24 heures.

Faire ensuite pocher dans un mélange frémissant d'eau et de bourgogne aligoté pendant 3 à 5 heures, en compagnie d'un bouquet garni, de poivre en grains, de carottes, d'oignons piqués de clous de girofle, ainsi que d'un ou deux pieds de veau ou de porc.

Couper la viande en morceaux moyens que l'on dispose dans des terrines ou des saladiers tapissés de couenne et en les alternant d'un fin hachis de persil et d'ail blanchis.

Couler ensuite le bouillon concentré et dégraissé qui va consolider l'ensemble et prendre en gelée.

Il faut attendre deux jours avant de servir cette merveilleuse charcuterie rose et verte, accompagnée de cornichons d'Appoigny, humectée d'aligoté.

Si l'on hésite à se lancer dans sa préparation, de bons charcutiers bourguignons en maintiennent la tradition, comme par exemple Raillard à Beaune.

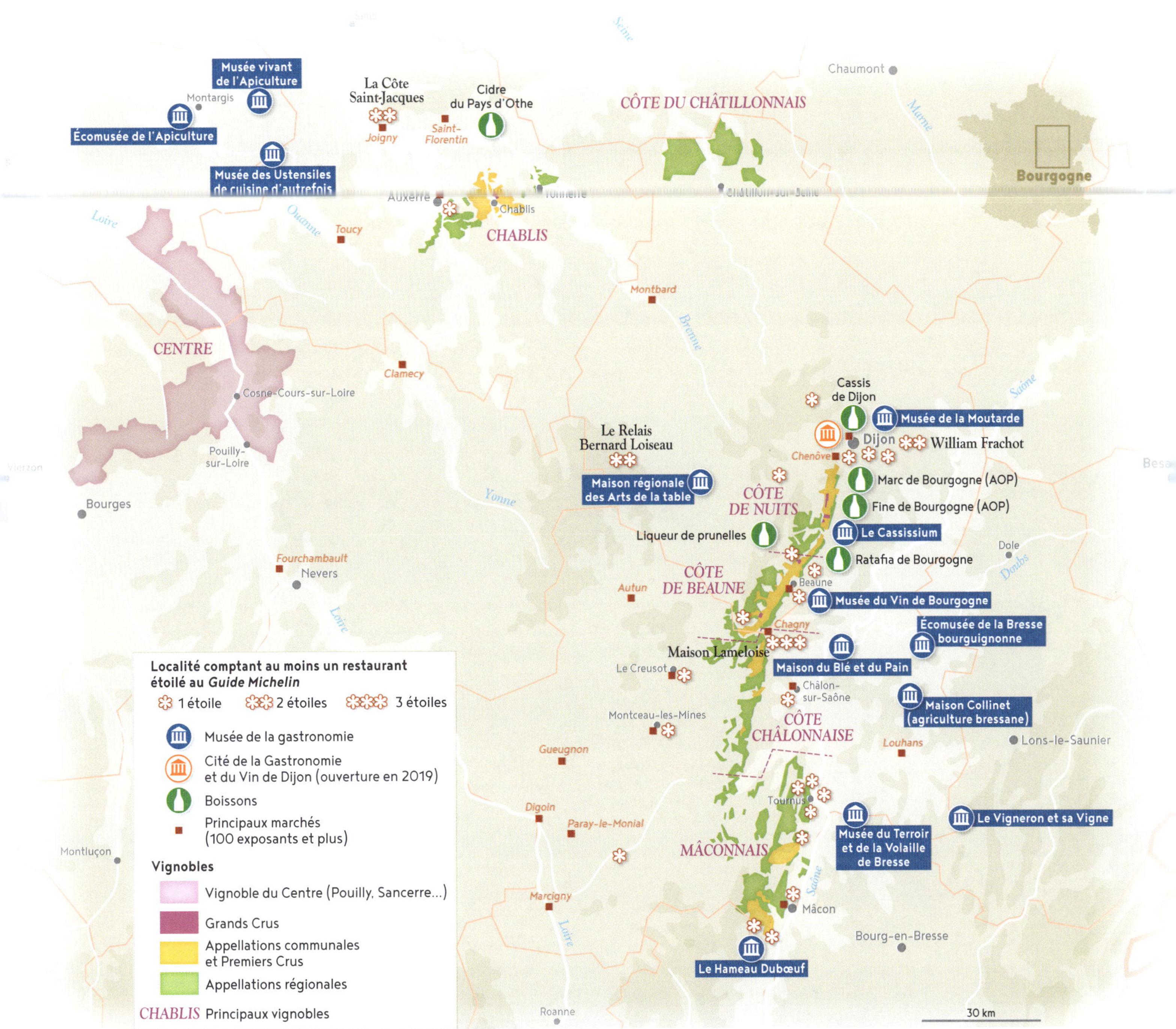

Le vignoble de la Côte d'Or, aujourd'hui classé au Patrimoine mondial de l'Unesco sous la désignation « Les climats de Bourgogne ».

Le vignoble de la Côte d'Or

C'est en Côte d'Or que la hiérarchie des vins s'exprime en France avec le plus de nuances, les « climats », c'est-à-dire les terroirs viticoles, variant d'une parcelle à l'autre.

C'est ainsi que la route nationale, ancienne route royale allant de Dijon à Chalon, limite les appellations villages des appellations régionales (bourgogne, bourgogne aligoté) des appellations villageoises. Sur la partie pentue de la Côte prennent place les premiers crus jusqu'aux limites des bois, avant les plateaux et les versants des Hautes Côtes qui bénéficient d'une appellation propre assortie du suffixe « de Nuits » ou « de Beaune ». Les Grands Crus, au nombre de 32, se répartissent dans 11 communes, à mi-pente, là où les sols sont à la fois riches en cailloutis et donc bien drainés et en éléments fins argilo-calcaires riches en composants minéraux et organiques variés.

Les œufs en meurette

Le mot dialectal du centre-est de la France *muire* désigne la saumure, l'eau salée. Il est paradoxal qu'il soit à l'origine de la sauce dite « meurette » dans laquelle n'entre pas une goutte d'eau, mais comme liquide uniquement du vin, de préférence rouge, même si certains cuisiniers la préparent au vin blanc.

Les œufs en meurette sont l'une des gloires de la cuisine bourguignonne, servis à chaque chapitre de la Confrérie des Chevaliers du Tastevin à plus de 500 convives, ce qui représente environ 20 000 œufs par an ! La recette est simple et rustique.

Recette

Pour que la recette soit de haut goût, réunir à un roux au beurre des parures et des os de volailles et de veau, voire de gibier, puis les mouiller d'un bon vin rouge corsé (point n'est besoin de prendre un grand cru) additionné de carottes, oignons, échalotes, ail, lardons blanchis, sel, poivre et bouquet garni.

Après longue cuisson et passage au chinois, pocher des œufs très frais en faisant attention de les garder coulants et servir prestement avec des croûtons aillés revenus au beurre et parsemés de persil haché.

Par facilité, les œufs sont souvent pochés à part dans de l'eau salée légèrement vinaigrée, puis nappés de sauce : ce n'est pas mauvais, mais c'est une petite trahison !

Le château du clos de Vougeot

Le château du clos de Vougeot fut construit entre le XIIe et le XVIe siècle par les moines de l'abbaye de Cîteaux au cœur de leur plus prestigieux vignoble. Ici, sur une cinquantaine d'hectares, les Cisterciens ont constitué un véritable laboratoire de la viticulture de prestige. L'ensemble a été clos de murs pour protéger les vignes des divagations du bétail. Les arbres fruitiers qui étaient auparavant complantés avec les vignes à la manière antique ont été arrachés pour permettre aux raisins de mieux mûrir. Le noble pinot noir est devenu le seul cépage cultivé. Les bâtiments les plus anciens du château sont une cuverie dans laquelle sont disposés des pressoirs très perfectionnés. Un cellier permettait d'entreposer au frais l'ensemble de la récolte mise en tonneaux.

Aujourd'hui, plus de 80 vignerons se partagent ce grand cru réputé et le château est propriété de la Confrérie des Chevaliers du Tastevin. Celle-ci intronise chaque année des centaines de nouveaux membres venus du monde entier au cours de 17 chapitres annuels hauts en couleurs et en chansons. Ils durent des heures au cours desquelles défilent de nombreux plats riches en sauces et vins choisis pour les accompagner.

LE VIGNOBLE DE LA CÔTE D'OR

La Franche-Comté

Comme sa voisine l'Alsace, la Franche-Comté partage bien des traits de sa culture gastronomique avec l'Europe centrale. Elle a d'ailleurs été pendant deux siècles rattachée à l'Empire des Habsbourg. Notons, en particulier, l'habitude de fumer la viande pour la conserver dans la partie montagnarde de la province, ce qui ne se pratique jamais en plaine, ni en Bourgogne.

Il est vrai que dans ces hautes terres où la neige peut tenir longtemps, les maisons traditionnelles sont immenses afin de pouvoir abriter les vaches laitières pendant plusieurs mois avec tout le foin nécessaire pour les nourrir et le bois pour chauffer les habitants qui pratiquaient pendant l'hiver l'artisanat du bois ou de la corne, ou bien l'horlogerie. Le cœur de la maison est une vaste cheminée de bois appelée tué ou tuyé dans laquelle sont suspendues saucisses (de Montbéliard ou de Morteau), palettes et jambons. Il est vrai que la viande de porc est particulièrement délectable lorsque les bêtes sont nourries au petit-lait qui est un sous-produit du fromage. Les grosses pièces doivent être dessalées à l'eau courante avant d'être lentement bouillies et dégustées en tranches, froides avec de la salade verte ou de pommes de terre, chaudes avec une sauce à la crème et aux morilles.

Saucisses de Morteau au morbier et aux girolles.

La Franche-Comté est l'un des principaux terroirs fromagers de France. Quatre AOP essentiellement montagnardes y couronnent des siècles de perfectionnement des techniques d'élaboration et d'affinage des fromages. Le roi de ceux-ci est le comté, meule à pâte cuite qui pèse de 30 à 55 kg et nécessite environ 500 litres de lait. Cette grande taille permettait naguère d'affiner et de conserver longtemps les fromages alors que la neige rendait impossible en hiver leur transport et leur vente sur les marchés de la plaine ou extérieurs à la province. Très peu de fermes produisaient une telle quantité de lait. C'est la raison pour laquelle s'est développé un original et efficace système coopératif. Plus de 200 fruitières continuent à collecter le lait des villages et à fabriquer chaque jour quelques fromages qui sont ensuite pris en charge par une vingtaine d'affineurs dont certains utilisent les forts de Vauban, nombreux dans la région, qui possèdent de vastes sous-sols à la température constante. D'autres célèbres fromages proviennent de Franche-Comté et bénéficient d'une appellation d'origine : le morbier, avec sa veine cendrée au cœur de la pâte, le mont d'or, cerclé d'écorce d'épicéa, crémeux et de haute saveur, et le bleu de Gex au sud de la région. La rustique cancoillotte qui se déguste froide ou chaude était jadis réservée à la consommation familiale.

Le vignoble jurassien est moins connu que son voisin bourguignon du versant occidental de la plaine de la Saône. À la différence de ce dernier, il n'a pas bénéficié du stimulant d'un ou plusieurs grands marchés de consommation. Les vins qui en proviennent méritent pourtant une grande estime tant ils sont originaux et parfaitement adaptés à la gastronomie. Deux cépages sont bourguignons, le pinot noir et le chardonnay, mais trois autres sont spécifiques : le trousseau (qui est aussi cultivé au Portugal), le poulsard et, surtout, le savagnin. Les études génétiques ont révélé que ce noble plant, de la famille des traminer, est un descendant du pinot noir et d'un autre cépage encore inconnu. Il développe des parfums de noix, surtout lorsqu'il est vinifié sous voile et qu'il donne alors l'extraordinaire vin jaune dont le château-chalon est le plus réputé. Le Jura produit aussi du vin de paille et du macvin qui est une mistelle.

Comme il en est de tous les fromages, la saveur du comté se précise et se renforce grâce à une maturation qui peut aller de quelques mois à trois, voire quatre ans. Les meilleures caves d'affinage sont les pièces voûtées des forts de Vauban qui sont nombreux en Franche-Comté. Celles du Fort des Rousses sont utilisées par Juraflore qui affine 200 000 meules provenant de 32 fruitières auxquelles adhèrent 400 éleveurs.

Un nectar franc-comtois : le château-chalon

Le vin jaune, vieilli sous voile et sans ouillage pendant six ans et trois mois, est une spécialité du vignoble jurassien. Il est très sec ; son parfum associe les noix, les champignons, le curry. Grâce à un terroir exceptionnel de marnes liasiques, très pentu et protégé du nord, le bourg perché de Château-Chalon, qui fut avant la Révolution propriété d'une célèbre abbaye féminine, produit un vin jaune qui bénéficie d'une AOP spécifique, l'une des premières de France. Le prince de Metternich, pourtant producteur du merveilleux vin de Johannisberg dans la vallée du Rhin, estimait qu'il s'agissait du meilleur vin du monde…

Selon le *Journal officiel* du 31 mai 1936 :

« Seuls auront droit à l'appellation contrôlée "château-chalon" les vins qui, répondant aux conditions ci-après énumérées, auront été récoltés sur les parties du territoire des communes de Château-Chalon, Ménétru, Nevy et Domblans, situées sur les pentes au pied de la falaise du bajocien.

Seuls auront droit à l'appellation contrôlée "château-chalon" : les vins provenant du cépage naturé ou savagnin à l'exclusion de tous autres […], les vins titrant après fermentation un degré alcoolique minimum de 12 degrés […]. Les vins […] devront être vinifiés conformément aux usages locaux, c'est-à-dire avoir subi une fermentation lente suivie, avant mise en bouteille et après soutirage, d'un vieillissement en fût sans ouillage d'une durée minimum de six années permettant au vin d'acquérir le "goût de jaune". L'usage de la bouteille dite "clavelin" ou bouteille à vin jaune d'une contenance de 0,62 litre est exclusivement réservé aux vins jaunes […]. »

Auberge**
Le Moulin du Plain

Le menu Terroir du « Moulin du Plain », une auberge typique du Haut-Doubs

Croûte forestière aux morilles
Ou
Truite Meunière ou au Bleu

Jambon artisanal à l'ancienne, (froid) salé au sel sec, fumé 4 mois minimum
Frites et salade
Ou
Truite Meunière ou au Bleu
Légumes vapeur

Plateau de fromage comtois
Ou
Tarte du jour ou Sablé citron meringué ou Glace de la ferme ou Salade de fruits exotiques

Auberge « Le Moulin du Plain », Lieu-dit Moulin Du Plain, 25470 Goumois (www.moulinduplain.fr).

Recette de la boîte chaude de mont d'or

Immerger dans de l'eau froide un mont d'or dans sa boîte pendant un quart d'heure afin d'imbiber le bois d'eau.

Creuser ensuite un trou de 3 cm au centre du fromage jusqu'au fond de la boîte et le remplir de vin jaune.

Piquer la surface du fromage de gousses d'ail.

Placer ensuite pendant 20 minutes la boîte au four chaud, sans couvercle, afin que le fromage fonde et gratine.

Déguster avec des pommes de terre (en robe des champs ou cuites râpées à la poêle) et de la charcuterie fumée (jambon, saucisse, brési).

Accompagner de vin jaune ou de côtes-du-jura savagnin.

Le vignoble et le village de Château-Chalon.

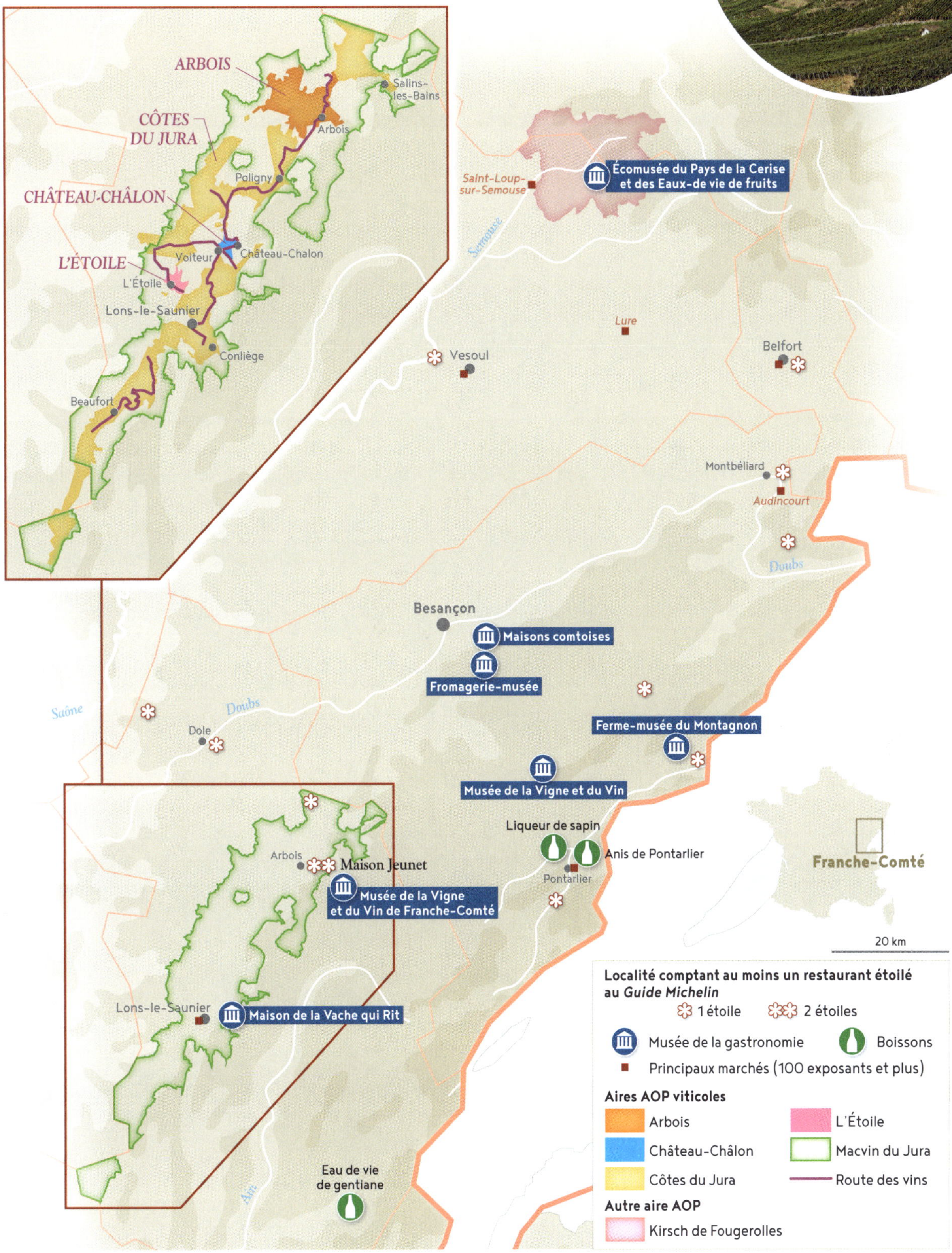

Le Pays lyonnais

En 1935, Curnonsky, le grand gastronome angevin et parisien, et Marcel Grancher, le désopilant journaliste et romancier lyonnais, publiaient un livre au titre audacieux qui leur avait peut-être été imposé par l'éditeur, Lugdunum : *Lyon, capitale mondiale de la gastronomie.* Excusez du peu ! Tout classement en ce domaine est délicat à établir, et aujourd'hui la palme reviendrait sans aucun doute à Tokyo qui est la ville du monde qui compte le plus grand nombre de restaurants et de très bons restaurants.

En France, en tenant compte de tous les critères possibles (abondance et variété des denrées alimentaires disponibles, nombre et qualité des restaurants), ce serait Paris qui l'emporterait et il en était sans doute de même en 1935. Néanmoins, la proclamation quelque peu immodeste de Lyon repose sur certaines vérités incontestables. Curnonsky l'écrit avec subtilité : « *La cuisine lyonnaise participe à l'Art français [...] en ce qu'elle ne fait jamais d'effet. Elle ne pose pas, elle ne sacrifie pas à la facile éloquence. Elle atteint, tout naturellement et comme sans effort, ce degré suprême de l'art : la simplicité.* » Et Marcel Grancher ajoute : « *Par ces temps où le marasme de la soierie menace dangereusement les destinées de notre cité, l'une des meilleures planches de salut réside en la pérennité de notre réputation gastronomique.* »

Saucisson brioché de Lyon.

Comment est né cet amour de la bonne chère qui caractérise la capitale des Gaules dont le cuisinier le plus emblématique, Paul Bocuse, Monsieur Paul, est affectueusement qualifié de « Primat des gueules », par allusion au titre honorifique de l'archevêque ? Tout d'abord, comme dans toutes les métropoles gourmandes, il faut invoquer la position de carrefour et la fonction commerciale d'une ville de confluence, aux confins de plaines, de collines et de montagnes aux richesses agricoles variées dont elle est le creuset exigeant. La présence en ses murs depuis le Moyen Âge d'une élite aristocratique, ecclésiastique et bourgeoise aisée, ainsi que d'artisans indépendants, a permis le développement de nombreux métiers de bouche.

C'est au XIXe siècle que naissent ces petits restaurants populaires que sont les bouchons dont les cuisines sont souvent tenues par des femmes, les « mères », dont l'une des plus célèbres, Eugénie Brazier (1895-1977), a fait le bonheur de générations de Lyonnais et de visiteurs de passage venant se délecter de ses quenelles de brochet et de sa poularde demi-deuil pochée en vessie. D'autres ont magnifié une cuisine plus rustique, roborative et haute en saveur, interprétant chacune à sa façon les saladiers lyonnais, le tablier de sapeur, le cervelas, la cervelle de canut.

Les Halles Paul Bocuse, dans le quartier de la Part-Dieu à Lyon, sont le haut-lieu de la gastronomie, le temple qui rassemble une cinquantaine des meilleurs commerces alimentaires de France. La région lyonnaise au sens large concentre un grand nombre de restaurants de toutes catégories qui furent d'abord fréquentés par les Lyonnais, puis à partir du développement de l'automobile par les voyageurs se rendant du nord de la France vers la Méditerranée et vers les Alpes.

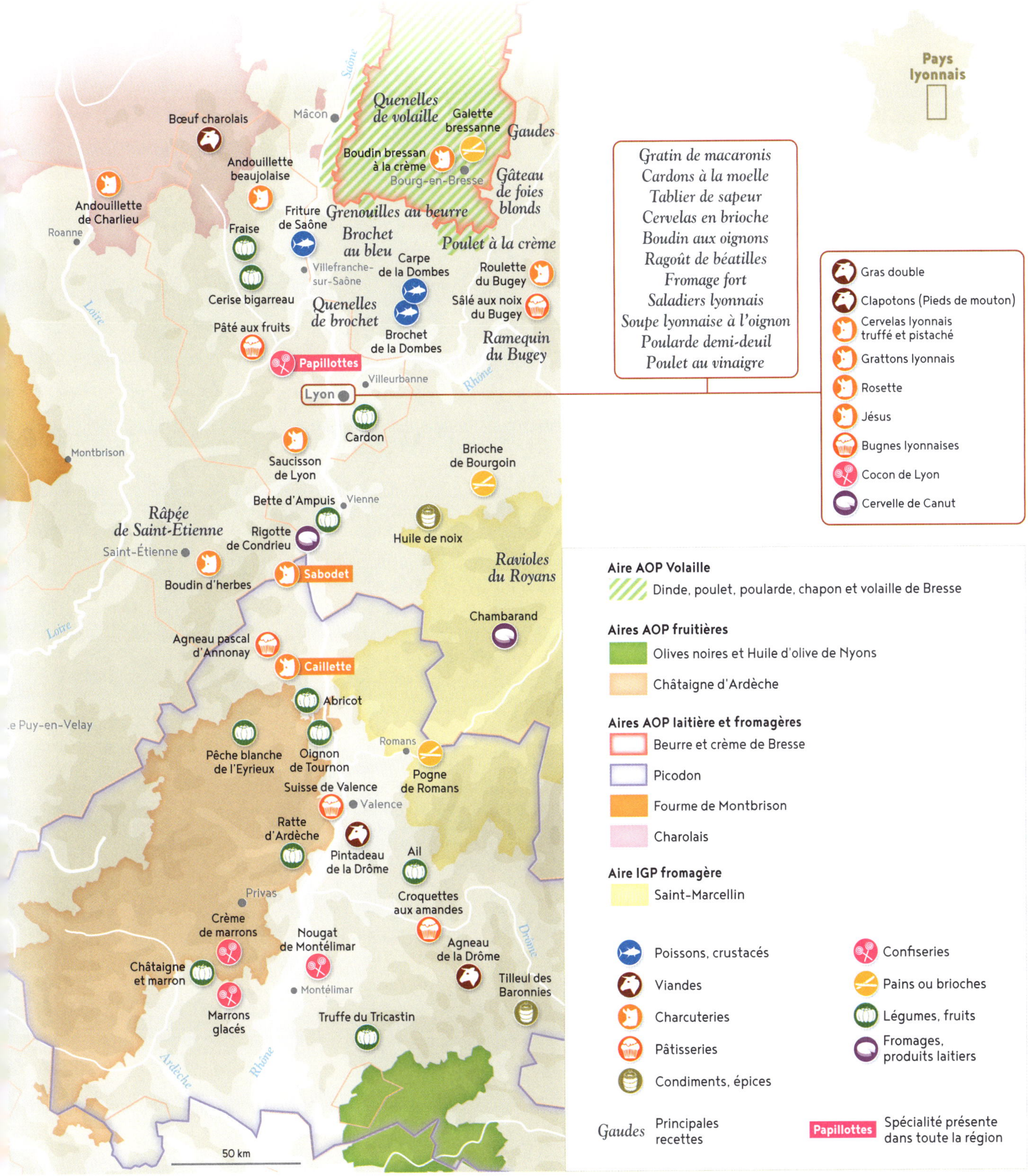
Pays lyonnais
Saône
Mâcon
Bœuf charolais
Quenelles de volaille
Galette bressanne
Gaudes
Boudin bressan à la crème
Bourg-en-Bresse
Gâteau de foies blonds
Andouillette beaujolaise
Andouillette de Charlieu
Roanne
Friture de Saône
Grenouilles au beurre
Fraise
Brochet au bleu
Poulet à la crème
Villefranche-sur-Saône
Carpe de la Dombes
Roulette du Bugey
Cerise bigarreau
Quenelles de brochet
Sâlé aux noix du Bugey
Loire
Pâté aux fruits
Brochet de la Dombes
Ramequin du Bugey
Papillottes
Villeurbanne
Rhône
Lyon
Cardon
Montbrison
Saucisson de Lyon
Brioche de Bourgoin
Bette d'Ampuis
Vienne
Râpée de Saint-Étienne
Huile de noix
Rigotte de Condrieu
Saint-Étienne
Ravioles du Royans
Boudin d'herbes
Sabodet
Chambarand
Loire
Agneau pascal d'Annonay
Caillette
Abricot
Le Puy-en-Velay
Romans
Pêche blanche de l'Eyrieux
Oignon de Tournon
Pogne de Romans
Suisse de Valence
Valence
Ratte d'Ardèche
Pintadeau de la Drôme
Ail
Privas
Croquettes aux amandes
Crème de marrons
Nougat de Montélimar
Agneau de la Drôme
Drôme
Châtaigne et marron
Montélimar
Tilleul des Baronnies
Marrons glacés
Truffe du Tricastin
Ardèche
Rhône
50 km
Gratin de macaronis
Cardons à la moelle
Tablier de sapeur
Cervelas en brioche
Boudin aux oignons
Ragoût de béatilles
Fromage fort
Saladiers lyonnais
Soupe lyonnaise à l'oignon
Poularde demi-deuil
Poulet au vinaigre
Gras double
Clapotons (Pieds de mouton)
Cervelas lyonnais truffé et pistaché
Grattons lyonnais
Rosette
Jésus
Bugnes lyonnaises
Cocon de Lyon
Cervelle de Canut
Aire AOP Volaille
Dinde, poulet, poularde, chapon et volaille de Bresse
Aires AOP fruitières
Olives noires et Huile d'olive de Nyons
Châtaigne d'Ardèche
Aires AOP laitière et fromagères
Beurre et crème de Bresse
Picodon
Fourme de Montbrison
Charolais
Aire IGP fromagère
Saint-Marcellin
Poissons, crustacés
Viandes
Charcuteries
Pâtisseries
Condiments, épices
Confiseries
Pains ou brioches
Légumes, fruits
Fromages, produits laitiers
Gaudes Principales recettes
Papillottes Spécialité présente dans toute la région

La cuisine lyonnaise

« Il n'est point inutile de rappeler que Lyon est particulièrement bien placée pour se ravitailler en provendes excellentes : la boucherie tire ses bêtes à corne du Charollais, ses moutons de l'Auvergne et de la Loire, où leur chair est ferme et parfumée ; les volailles viennent de la Bresse ; le beurre et le lait, du Dauphiné et du Bugey ; les carpes des Dombes ; les brochets de l'Ain ; les truites des vallées des Alpes ; les truffes de Valréas et du Ventoux ; les champignons du Valromey ; enfin, la vallée du Rhône lui apporte tout le cortège de ses excellents fruits et de ses légumes choisis. »

Mathieu Varille, *La cuisine lyonnaise*, 1928.

Le Menu « Grande Tradition Classique » du restaurant Paul Bocuse

MENU GRANDE TRADITION CLASSIQUE

préparé pour l'ensemble de la table

Escalope de foie gras de canard poêlée, sauce passion

Soupe aux truffes noires V.G.E.
(plat créé en 1975 pour l'Elysée)

Filet de sole Fernand Point

Granité des vignerons du Beaujolais

Volaille de Bresse en vessie "Mère Fillioux"

Sélection de fromages frais et affinés "Mère Richard"

Délices et gourmandises
Petits fours et chocolats

Comme il est difficile d'être simple. Vincent Van-Gogh

PAUL BOCUSE et ses meilleurs ouvriers de France
CHRISTOPHE MULLER 2000 - GILLES REINHARDT 2004 - OLIVIER COUVIN 2015
FRANÇOIS PIPALA, directeur de salle 1993

« Restaurant Paul Bocuse »,
40 Quai de la Plage, 69660 Collonges-au-Mont-d'Or
(www.bocuse.fr/fr/restaurant-paul-bocuse.html).

Ce panégyrique de la cuisine lyonnaise est révélateur des illusions encore actuelles de beaucoup de cuisiniers, gourmets et écrivains gastronomiques : le niveau gastronomique d'une ville, d'une région ou d'un pays tiendrait, pensent-ils, aux terroirs généreux qui l'entourent. Comme si produire de bons légumes, de bons fruits, de la bonne viande ou du bon vin n'était qu'un effet des dispositions favorables de Dame Nature. Les géographes savent bien qu'il n'en est rien. Le bon vin et la bonne chère naissent d'abord de gourmets éclairés qui éprouvent le besoin de les rechercher pour leur plaisir et de payer le prix pour s'en procurer. C'est ce désir qui stimule les cultivateurs, éleveurs, vignerons, artisans et cuisiniers, et les incite à améliorer constamment l'excellence de leurs méthodes de production et d'élaboration des produits cuisinés.

Certains vins ou certains aliments (fromages réputés, viandes et charcuteries d'exception) sont assez célèbres pour être vendus loin de leur terroir d'origine en France ou à l'étranger. À Lyon, au contraire, il s'agit de produits et de recettes ancrées dans les habitudes de la ville et de ses environs, d'abord destinés aux amateurs locaux. Plutôt qu'exportés hors de Lyon, leur finesse et l'art de les servir aux clients des restaurants ont attiré vers Lyon des amateurs de Paris, de toute la France, de l'Europe et désormais du monde entier, et c'est ainsi que la capitale des Gaules est devenue à juste titre l'une des métropoles gastronomiques de la planète.

Il était juste que la ville crée une Cité de la Gastronomie qui magnifiera bientôt « Le Repas gastronomique des Français », inscrit par l'Unesco sur la liste du Patrimoine immatériel mondial.

Menu d'un bouchon lyonnais.

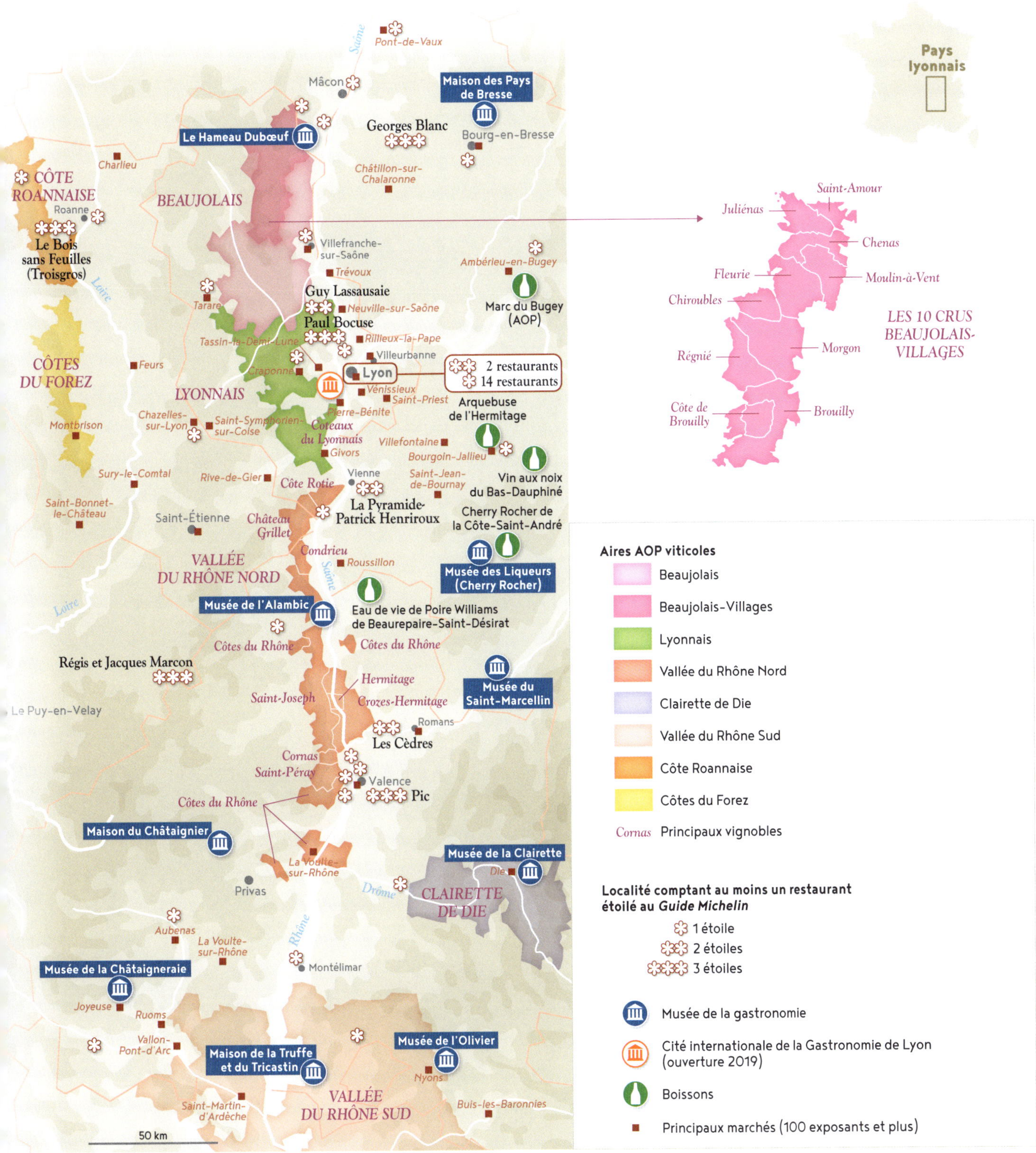
Pays lyonnais
Pont-de-Vaux
Saône
Mâcon
Maison des Pays de Bresse
Le Hameau Dubœuf
Georges Blanc
Bourg-en-Bresse
Charlieu
Châtillon-sur-Chalaronne
CÔTE ROANNAISE
BEAUJOLAIS
Roanne
Le Bois sans Feuilles (Troisgros)
Villefranche-sur-Saône
Ambérieu-en-Bugey
Trévoux
Loire
Guy Lassausaie
Marc du Bugey (AOP)
Tarare
Neuville-sur-Saône
Paul Bocuse
Tassin-la-Demi-Lune
Rillieux-la-Pape
Villeurbanne
CÔTES DU FOREZ
Feurs
Craponne
Lyon
2 restaurants
14 restaurants
LYONNAIS
Vénissieux
Saint-Priest
Chazelles-sur-Lyon
Saint-Symphorien-sur-Coise
Pierre-Bénite
Arquebuse de l'Hermitage
Montbrison
Coteaux du Lyonnais
Villefontaine
Givors
Bourgoin-Jallieu
Sury-le-Comtal
Rive-de-Gier
Vienne
Saint-Jean-de-Bournay
Vin aux noix du Bas-Dauphiné
Côte Rôtie
Saint-Bonnet-le-Château
Saint-Étienne
Château Grillet
La Pyramide-Patrick Henriroux
Cherry Rocher de la Côte-Saint-André
Condrieu
VALLÉE DU RHÔNE NORD
Roussillon
Musée des Liqueurs (Cherry Rocher)
Musée de l'Alambic
Eau de vie de Poire Williams de Beaurepaire-Saint-Désirat
Côtes du Rhône
Régis et Jacques Marcon
Hermitage
Musée du Saint-Marcellin
Le Puy-en-Velay
Saint-Joseph
Crozes-Hermitage
Romans
Les Cèdres
Cornas
Saint-Péray
Valence
Pic
Côtes du Rhône
Maison du Châtaignier
Musée de la Clairette
La Voulte-sur-Rhône
Die
Privas
Drôme
CLAIRETTE DE DIE
Aubenas
La Voulte-sur-Rhône
Rhône
Montélimar
Musée de la Châtaigneraie
Joyeuse
Ruoms
Vallon-Pont-d'Arc
Musée de l'Olivier
Maison de la Truffe et du Tricastin
Nyons
VALLÉE DU RHÔNE SUD
Saint-Martin-d'Ardèche
Buis-les-Baronnies
50 km
Saint-Amour
Juliénas
Chenas
Fleurie
Moulin-à-Vent
Chiroubles
LES 10 CRUS BEAUJOLAIS-VILLAGES
Régnié
Morgon
Côte de Brouilly
Brouilly
Aires AOP viticoles
Beaujolais
Beaujolais-Villages
Lyonnais
Vallée du Rhône Nord
Clairette de Die
Vallée du Rhône Sud
Côte Roannaise
Côtes du Forez
Cornas Principaux vignobles
Localité comptant au moins un restaurant étoilé au Guide Michelin
1 étoile
2 étoiles
3 étoiles
Musée de la gastronomie
Cité internationale de la Gastronomie de Lyon (ouverture 2019)
Boissons
Principaux marchés (100 exposants et plus)

Le beaujolais, troisième fleuve lyonnais

Léon Daudet disait que « *Lyon est une ville arrosée par trois grands fleuves : le Rhône, la Saône et le beaujolais qui n'est jamais limoneux ni à sec.* » De fait, le populaire vin du Beaujolais est né de la soif lyonnaise. Avant l'arrivée du chemin de fer, toutes les grandes métropoles d'Europe méridionale ont engendré dans leurs environs des vignobles destinés à fournir en vin simple et bon marché leur population peu fortunée. Les pentes escarpées des monts du Beaujolais, en partie calcaires (les pierres dorées), en partie granitiques, ont été plantées de vignobles dès le Moyen Âge. Le cépage gamay, vigoureux et productif, convenait bien au vin que l'on souhaitait produire, alors que le nord de la Bourgogne, très tôt tourné vers les marchés éloignés des Flandres et de l'Île-de-France, a recherché la finesse, baissé ses rendements en adoptant des cépages nobles, mais moins productifs : le pinot noir, puis le chardonnay.

Longtemps, le beaujolais restera le vin des bouchons lyonnais, servi en bouteilles à fond épais, les pots de 46 cl, et bu à larges lampées. Avec l'amélioration des transports, le beaujolais gagne le nord de la France et se taille un franc succès sur les comptoirs des bistrots parisiens.

Au début des années 1950, quelques vignerons se lancent avec succès dans la production de beaujolais nouveau, c'est-à-dire d'un vin fruité, parfois encombré de gaz carbonique et de parfums et de saveurs poivronnées un peu plus agressifs. Cela représente entre le tiers et la moitié de la production, mise en vente à partir du troisième jeudi de novembre, jour d'une fête mémorable qui a gagné la planète entière.

Les exigences gustatives plus grandes des amateurs de vin font que cette partie de la production est aujourd'hui en crise, tout comme celle des vins les plus simples vendus sous l'appellation beaujolais et beaujolais villages. En revanche, lorsqu'ils sont bien vinifiés, les dix crus rencontrent un vrai succès : brouilly, chenas, chiroubles, côte-de-brouilly, fleury, juliénas, morgon, moulin-à-vent, régnié, saint-amour.

Le poulet de Bresse à la crème

C'est au XVIIe siècle que le maïs, venu du Mexique, *via* l'Espagne et le Midi de la France, arrive en Bresse où les moiteurs de l'été lui conviennent bien. Les habitants s'en nourrissent, sous forme de bouillie au lait, nommées gaudes, mais il sert aussi à engraisser les volailles dont l'élevage connaît un grand essor au tournant du XVIIIe et du XIXe siècle.
Le gastronome parisien Grimod de La Reynière écrit en 1804 : « *Le Mans et La Flèche se disputent [...] la gloire de nous envoyer les plus succulentes poulardes. La Bresse seule pourra les mettre d'accord en les départageant.* » Le chemin de fer fera le reste et le marché parisien, venant s'ajouter à celui de Lyon, va permettre l'essor de la production des délectables volailles tricolores (pattes bleues, plumes blanches, crête rouge) dont chacune dispose d'au moins 10 m^2 de parcours herbeux pour pouvoir bénéficier de l'AOP. La chair persillée est d'une extrême finesse, particulièrement dans les productions festives de Noël que sont les poulardes et les chapons engraissés en fin d'élevage dans des cages appelées épinettes. Le foie de ces volailles ainsi bichonnées est à la base d'un chef-d'œuvre raffiné et rare de la cuisine régionale : le gâteau de foies blonds de poulardes de Bresse à la sauce Nantua aux queues d'écrevisses.

Recette

Faire sauter dans 100 g de beurre additionné d'un peu d'huile neutre une belle volaille découpée en morceaux. Fariner légèrement.

Ajouter un oignon piqué de clous de girofle, une gousse d'ail et un bouquet garni, sel et poivre, tous les abattis.

Mouiller avec du bouillon de volaille. Certains le mêlent de vin blanc sec du Mâconnais ou du Bugey. Cuire à feu doux pendant 1 h ou 1 h 30 selon la taille de la volaille.

Au dernier moment, retirer les morceaux de la sauteuse ou de la cocotte et lier la sauce avec un demi-litre de crème de Bresse AOP mêlée de deux jaunes d'œufs et lier sans laisser bouillir.

Ajouter un jus de citron et napper la volaille. On peut ajouter en début de cuisson des morilles préalablement sautées.

Les Halles Paul Bocuse de Lyon

Depuis 1858, le marché de demi-gros et de détail des denrées alimentaires de Lyon était situé aux Cordeliers, en plein cœur de la presqu'île, sous une halle métallique abritant 308 commerces fixes et des criées à la marée, au gibier, aux fruits et légumes. Au lieu d'être modernisées, ces halles furent hélas détruites en 1971, comme le furent les pavillons Baltard de Paris qui auraient mérité un traitement plus intelligent. Depuis, les Halles de Lyon sont situées dans le nouveau quartier de la Part-Dieu à proximité de la gare du TGV qui s'installera plus tard. Malgré l'insignifiance du bâtiment et du quartier, ces Halles, désormais baptisées du nom du chef Paul Bocuse, abritent cinquante des meilleurs commerces de bouche de France. C'est ici qu'il est possible de se procurer les magnifiques charcuteries lyonnaises de Colette Sibila ou de Bobosse, les viandes de Trolliet, les quenelles Giraudet ou les saint-marcellins affinés à point de la Mère Richard.

Les commerçants des Halles

Bars & restaurants

AOC
Au Petit Salon-Maison Rousseau
Resto Halle
Chez Les Gones
Le Boulanger-Côté Café
Les garçons bouchers
Inch'ka
Passionnément Truffes
Constant Frères
Le fer à cheval

Bouchers volaillers

Boucherie Trolliet
Volailles Clugnet Pierre Bastin
Boucherie centrale Giroud-Perrier

Boulangers

Le boulanger de l'Île Barbe
Maison Victoire
Boulangerie pâtisserie de la Halle

Charcutiers

Charcuterie traiteur Sibila
Gast
Charcuterie Bobosse
Cellerier
Bellota Bellota

Cours de cuisine

Tocques des Halles

Écaillers

Maison Merle
Maison Rousseau
Chez Georges
Chez Antonin
Chez Léon

Épiceries fines

Armelys
Bahadourian
Petrossian
Dubernet par Constant frères
Le Comptoir des Halles

Vins & spiritueux

Louis M
Nicolas

Fromagers

Maison Tacca
Mère Richard
Fromagerie Mons Étienne Boissy
Martinet Alain

Fruits & légumes

Au p'tit jardin
Au p'tit verger
Fruisy
Cerise et potiron

Pâtissiers chocolatiers

Délices des sens
Chocolats Richart
Sève
Clostan

Poissonniers

Maison Pupier
Joanny Durand

Quenelles

Giraudet
Malartre-Caroline et Julie

Traiteurs

Rolle
Chez Monsieur Paul Van Cappel
Cuisines du Sud
Ciao
L'îlot des gourmets

Les marrons glacés de Lyon

Le médecin lyonnais Jean Bruyerin-Champier écrit en 1560 dans son *De Re Cibaria* : « *De nos jours, nos compatriotes servent les plus renommées et les plus grosses [châtaignes] décortiquées dans les grands banquets, sorties d'un sirop à la rose.* » C'est la première mention de ce qui va devenir une friandise raffinée dans toute l'Europe du châtaignier. Le marron glacé, dont la recette actuelle apparaît pour la première fois en 1651 dans *Le cuisinier françois*, est délicat à réaliser. Il convient de choisir de grosses châtaignes dont le fruit n'est pas cloisonné intérieurement et que l'on nomme marrons. L'Ardèche, voisine de Lyon, en produit depuis des siècles en vue de cette fabrication, les simples châtaignes, même petites et cloisonnées, convenant bien aux paysans de la montagne qui s'en sont amplement nourris entre le XVIe et le XIXe siècle. Ces fruits, blanchis et épluchés avec soin, sont ensuite cuits à plusieurs reprises dans des bains de sirop de sucre de concentration de plus en plus forte, aujourd'hui parfois parfumés à la vanille. Les grands confiseurs les confectionnent eux-mêmes, mais il existe à Privas et à Aubenas d'excellents artisans et industriels. Après la crise de la soie et le chômage forcé des femmes qui dévidaient les cocons brûlants, la Maison Faugier de Privas s'est reconvertie à la fin du XIXe siècle dans cette activité, l'épluchage des marrons devant s'effectuer à chaud. Les nombreux marrons glacés brisés étaient recyclés en crème de marrons.

Les Alpes

La rudesse des conditions d'environnement et la sobriété de la vie paysanne traditionnelle dans les Alpes ne sont en rien contradictoires avec la qualité gustative des aliments et des boissons que l'on y trouve. C'est même le contraire.

La richesse floristique des alpages donne au lait et aux fromages alpins une saveur incomparable que l'affinage en altitude renforce encore. Qui a goûté un beaufort de 18 mois avec une roussette de Savoie en conserve un souvenir ému. Ces herbes et fleurs de montagne qui lui confèrent sa personnalité sont de plus en plus utilisées dans les recettes des nouveaux cuisiniers qui suivent la voie tracée par l'inventif chef Marc Veyrat à partir des années 1980. Ce sont aussi ces herbes aromatiques qui entrent dans la composition de plusieurs liqueurs, dont la célèbre chartreuse.

Alors qu'ils furent longtemps des breuvages désaltérants faits pour accompagner la fondue et la raclette des vacances d'hiver, les vins provenant de vignes plantées sur les éboulis calcaires des Préalpes sont aujourd'hui à la fois fruités, profonds et longs, surtout dans les belles appellations spécifiques de Crépy, Chignin et Chignin-Bergeron, Frangy ou Abymes. Les vins rouges issus de la mondeuse étaient naguère quelque peu râpeux ; ils atteignent des sommets chez les meilleurs vignerons, ils se sont assouplis, ont acquis de l'élégance et sont aujourd'hui de garde. Ils ne ressemblent à aucun autre vin français, ce qui est leur grande chance dans le monde des vins de passe-partout qui domine encore la planète viticole.

Vache tarine au pays du beaufortain.

Comme dans toutes les contrées fromagères, la tradition d'élevage porcin perdure dans les Alpes du Nord. Les jambons, les saucisses et charcuteries embossées de divers modèles ne sont guère vendus hors de la région, mais le mériteraient amplement. Les lacs alpins regorgent de poissons d'une grande finesse parmi lesquels se distinguent le féra ou lavaret, l'omble chevalier, la perche. Accommodés au beurre, à la crème et au vin blanc, ils deviennent des mets de haut vol, eux aussi réservés aux gourmets savoyards ou aux cuisiniers qui les réservent avant même qu'ils aient été pêchés. La vogue des sports d'hiver qui ne cesse de s'amplifier depuis les années 1930, succédant au thermalisme du XIXe siècle et de la première moitié du XXe, a, en effet, permis le développement de l'hôtellerie et de la restauration de luxe, dont les grandes stations des Alpes du Nord comme Chamonix, Megève ou Courchevel tiennent le haut du pavé.

Les gastronomies alpines ont aussi beaucoup reçu de l'Italie voisine d'où sont venus au fil des siècles de nombreux immigrants, tant à l'époque du royaume de Piémont dont Chambéry était l'une des capitales, qu'après la réunion de la Savoie à la France, en lien avec l'immigration transalpine, très forte avant le décollage économique de l'Italie. Les petites pâtes carrées ou en forme de cupules façonnées avec le pouce sont d'ancienne tradition dans tout le massif alpin et se consomment au jus de viande, au fromage, en gratin. En revanche, les ravioles du Royans (petits raviolis au fromage frais) ou la polenta savoyarde sont clairement d'inspiration italienne.

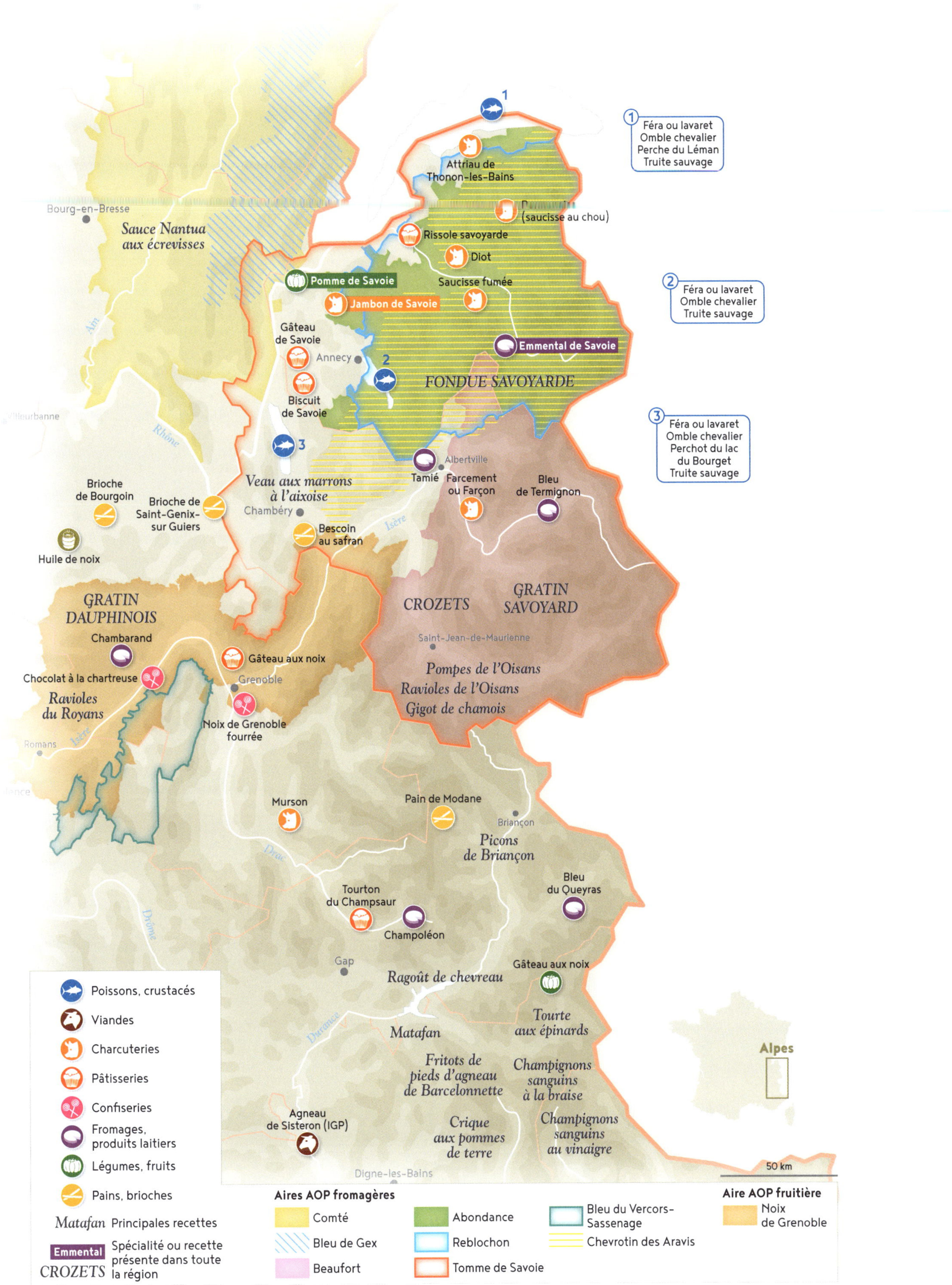

1
Féra ou lavaret
Omble chevalier
Perche du Léman
Truite sauvage
2
Féra ou lavaret
Omble chevalier
Truite sauvage
3
Féra ou lavaret
Omble chevalier
Perchot du lac du Bourget
Truite sauvage
Attriau de Thonon-les-Bains
(saucisse au chou)
Rissole savoyarde
Diot
Saucisse fumée
Pomme de Savoie
Jambon de Savoie
Gâteau de Savoie
Annecy
Biscuit de Savoie
Emmental de Savoie
FONDUE SAVOYARDE
Bourg-en-Bresse
Sauce Nantua aux écrevisses
Ain
Villeurbanne
Rhône
Veau aux marrons à l'aixoise
Albertville
Tamié
Farcement ou Farçon
Bleu de Termignon
Brioche de Bourgoin
Brioche de Saint-Genix-sur Guiers
Chambéry
Bescoin au safran
Isère
Huile de noix
GRATIN DAUPHINOIS
Chambarand
CROZETS
GRATIN SAVOYARD
Saint-Jean-de-Maurienne
Gâteau aux noix
Chocolat à la chartreuse
Grenoble
Ravioles du Royans
Noix de Grenoble fourrée
Pompes de l'Oisans
Ravioles de l'Oisans
Gigot de chamois
Romans
Murson
Pain de Modane
Briançon
Picons de Briançon
Drac
Drôme
Tourton du Champsaur
Champoléon
Bleu du Queyras
Gap
Ragoût de chevreau
Gâteau aux noix
Durance
Matafan
Tourte aux épinards
Fritots de pieds d'agneau de Barcelonnette
Champignons sanguins à la braise
Crique aux pommes de terre
Champignons sanguins au vinaigre
Agneau de Sisteron (IGP)
Digne-les-Bains
Alpes
50 km
Poissons, crustacés
Viandes
Charcuteries
Pâtisseries
Confiseries
Fromages, produits laitiers
Légumes, fruits
Pains, brioches
Matafan Principales recettes
Emmental CROZETS Spécialité ou recette présente dans toute la région
Aires AOP fromagères
Comté
Bleu de Gex
Beaufort
Abondance
Reblochon
Tomme de Savoie
Bleu du Vercors-Sassenage
Chevrotin des Aravis
Aire AOP fruitière
Noix de Grenoble

La renaissance du beaufort

La Savoie élabore du fromage depuis l'Antiquité. Le vatusique de la Tarentaise était très apprécié à Rome, signe que l'on savait déjà élaborer des pâtes dures se conservant bien et pouvant voyager, sans doute crues, pressées et séchées. Les fromages à pâte cuite pressée ne semblent pas exister avant le XVIIe siècle et, comme dans le Jura avec le comté, la technique semble être venue de Suisse. Avant de les distinguer les uns des autres, les fromages français à pâte cuite se sont d'ailleurs longtemps appelés gruyère. Pour les fabriquer, il faut beaucoup de lait. Le rassemblement estival des troupeaux sur les alpages le permet, de même que l'organisation en coopératives ou fruitières qui salarient un fromager professionnel.

L'essor de l'industrie, puis du tourisme, dans les Alpes du Nord a failli faire disparaître après la Seconde Guerre mondiale cette économie exigeante qui implique qu'une partie de la famille aille vivre plusieurs mois en altitude, mais aussi de ramasser le foin en été sur des prés escarpés afin de nourrir les vaches en hiver.

Dans les années 1960, de jeunes éleveurs décidés à demeurer au pays relancent la production et obtiennent l'AOC (aujourd'hui AOP) en 1968. Seules les races tarine et abondance sont autorisées. L'affinage est au minimum de 5 mois. Les meilleurs beauforts sont dits « été » et « chalet d'alpage », élaborés avec les laits les plus parfumés aux fragrances des pâturages de haute montagne. Le résultat est une meule de fromage pouvant peser jusqu'à 70 kg, aux flancs concaves qui la distinguent immédiatement, à la croûte brune et à la pâte ivoire très onctueuse, composée d'un minimum de 48 % de matière grasse. Ce merveilleux fromage appelle la compagnie d'un grand vin blanc sec de la région (seyssel, montagnieu) ou de la moyenne vallée du Rhône (condrieu, hermitage).

LA MAISON DES BOIS
★★★★★
Relais & Châteaux

Menu de « La Maison des Bois » de Marc Veyrat

Sacré foie gras, escalope à la myrrhe odorante de Merdassier, dôme de terrine froide, chutney de figues

Mais où est passé l'œuf à la berce et à l'oxalis ?

Nouvelle tartifle fumée à l'acha des montagnes

Infusion au serpolet et arômes de truites sauvages

Truite du Léman, mariage lac et forêt, goût d'épicéa, et si l'on croyait que c'était un beurre blanc

Langoustine grillée sur le galet du Fier, bonbons de reine des prés sauvages

Tartiflette du XXIe siècle

Canette, cuisse reconstituée, beignets de lichen des bois que l'on cueille tous les matins, le coup de gnôle à la truffe du pays

Ercheu des fromages de Savoie de tous mes cousins

Assiette virtuelle

L'avalanche des desserts imaginée par nos Cuisiniers Pâtissiers

« La Maison des Bois », Col de la Croix-Fry, 74230 Manigod (www.marcveyrat.fr).

Le gratin dauphinois

Ce plat à la fois paysan et raffiné date du XIXe siècle, époque à laquelle la pomme de terre est devenue vraiment populaire dans toute la France et l'Europe. C'est en le mêlant de divers ingrédients, en particulier de matières grasses qu'il absorbe bien, que le précieux tubercule a été apprivoisé et est entré dans le patrimoine gastronomique français.

Recette

Pour élaborer un bon gratin dauphinois, il faut frotter à l'ail, puis avec un navet, un grand plat de terre.

Y disposer trois couches de rondelles de pommes de terre de 2 mm d'épaisseur, salées et poivrées, alternées de crème.

Cuire une bonne heure à four moyen (150°) et faire dorer à four plus chaud pour finir.

En Savoie, on ajoute des couches de fromage, beaufort ou abondance. Ce plat accompagne bien les rôtis.

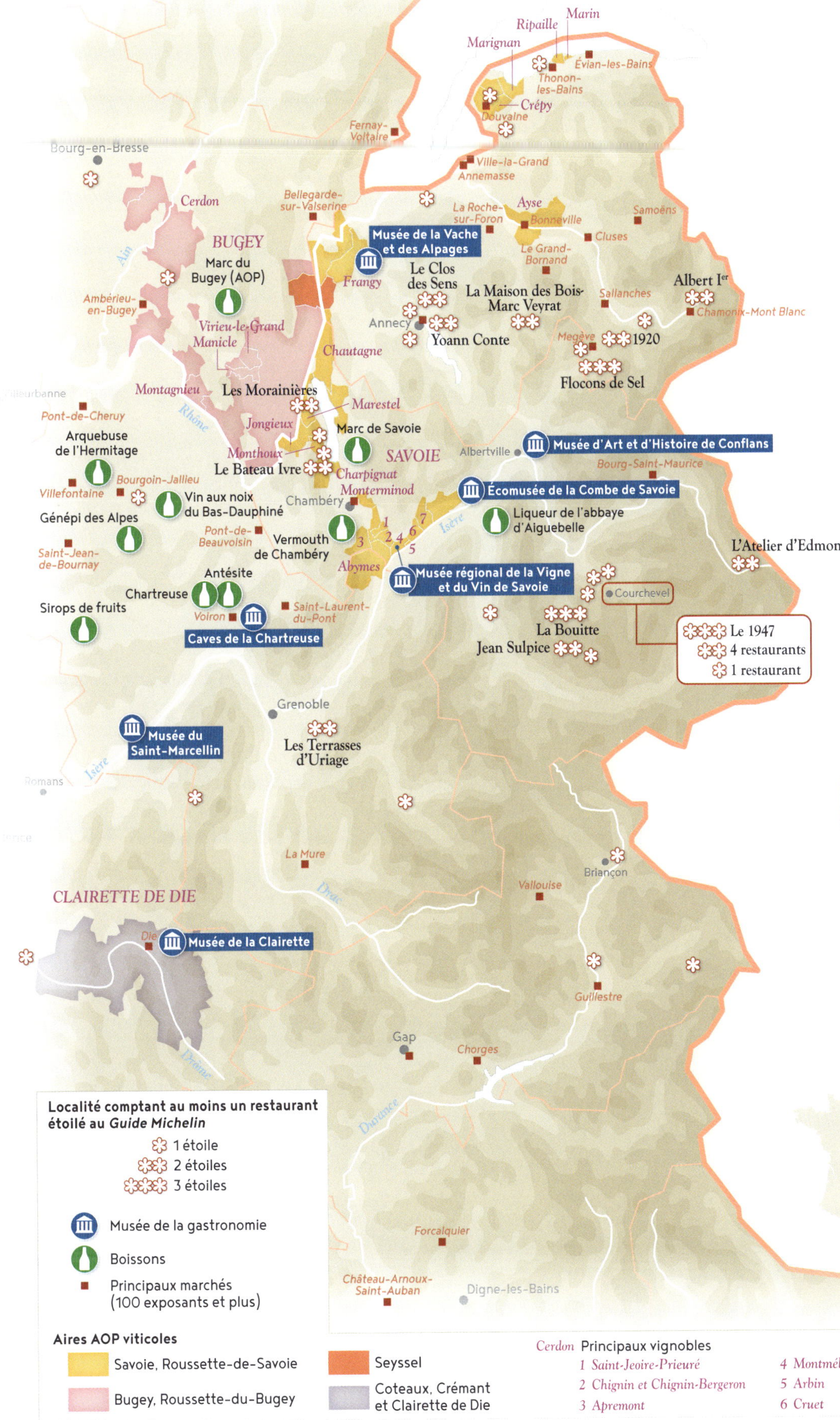

Vignoble de Savoie.

Auvergne et Rouergue

« L'Auvergne est un grand plateau de fromages » proclamait naguère une superbe affiche publicitaire placardée dans le métro parisien. Il est vrai que peu de régions possèdent cinq fromages d'appellation d'origine protégée, plus quelques autres moins connus mais néanmoins goûteux comme le gaperon à l'ail et au poivre, sans compter les voisins du sud dont les aires de production débordent sur l'Auvergne. Mais ce vaste ensemble de hauts plateaux, de montagnes et de vallées encaissées est riche de bien d'autres spécialités gastronomiques et recettes.

Région pauvre pendant des siècles, en dehors de la Limagne et du Bourbonnais, l'Auvergne est une province bénie pour les gourmets et exporte ses trésors dans toute la France grâce aux pionniers que furent les bougnats tenant dans les villes des cafés-bois-charbon où les ouvriers et petits employés pouvaient venir restaurer leurs forces avec de larges portions de petit salé aux lentilles, d'aligot, de coq au chanturgue. Les colis familiaux aux Poilus cantonnés dans les tranchées de la Grande Guerre ont fait le reste. Ils ont popularisé le saucisson sec, facile à découper sur le pouce et à partager, devenu alors symbole de la Nation et de la convivialité.

La potée auvergnate, plat traditionnel du Massif central.

Le tourisme thermal, qui connut son heure de gloire au XXe siècle, a fait découvrir les douceurs, parmi lesquelles les pâtes de fruits, que les curistes rapportaient comme souvenirs à leurs proches.

Bien d'autres produits ont forgé la réputation gastronomique de l'Auvergne et se retrouvent sur les quelques tables réputées et surtout dans les nombreuses auberges des campagnes et des villes où la chère est abondante et les prix doux. Évoquons les champignons sauvages dont l'un des principaux commerçants œuvre à Clermont-Ferrand et approvisionne les restaurants de toute la France. La viande de bœuf, provenant de diverses races, dont l'aubrac, est l'une des meilleures de France. Comme dans toutes les régions fromagères, l'élevage porcin a longtemps bénéficié du petit-lait. Le climat des hautes terres est propice au séchage lent des salaisons qui sont ici délectables. Chou et pommes de terre ont permis de nourrir des populations qui furent jadis denses. On en confectionne des plats rustiques qui sont aujourd'hui entrés dans le patrimoine gastronomique français : le chou farci, la potée, la truffade et l'aligot. Le pâté bourbonnais est l'une des gloires de la table auvergnate : la pomme de terre y est anoblie par la pâte feuilletée au beurre et par la crème double.

L'altitude n'a guère été propice au développement d'un vignoble réputé. Les Côtes d'Auvergne, autour de Clermont-Ferrand, ont longtemps produit des vins rouges un peu rudes. Ils servaient à faire chabrot, c'est-à-dire à colorer et égayer les dernières cuillerées de soupe au fond de l'assiette. Aujourd'hui, ils s'améliorent nettement grâce aux progrès de la viticulture et au changement climatique. De même en est-il des vins des périphéries : le saint-pourçain, les côtes roannaises, les vins d'Entraygues, du Fel, de Marcillac et d'Estaing. Comme dans le Haut-Jura, quelques liqueurs magnifient la saveur amère de la racine de gentiane.

Moulins
Gouère de Moulins
Palet d'or de Moulins
Pâté aux pommes de terre du Bourbonnais
Millard du Bourbonnais
Bœuf charolais du Bourbonnais
Auvergne et Rouergue
Montluçon
Piquenchâgne
Poulet fermier du Bourbonnais
Allier
Cher
Guéret
Moutarde de Charroux
Pompe aux gratons
Agneau du Bourbonnais
Crottes de marquis du Bourbonnais
Creuse
Sucre d'orge de Vichy
Vichy
Brioche de Gannat
Carottes Vichy
Mourtayrol (Pot au feu au safran)
Sioule
Pastille de Vichy
Praline d'Aigueperse
Roanne
Omelette brayaude au jambon
Coufidou de bœuf
Riom
Gaperon
Saucisse de choux
Clermont-Ferrand
Flognarde
Coq au chanturgue
Loire
Cœur de Royat
Ail de Billom
POTÉE AUVERGNATE
Bleu de Laqueuille
Pounti aux pruneaux
Dore
Fruits confits et pâtes de fruits
Tourte de seigle
Pompe aux pommes
GIGOT BRAYAUDE
Issoire
Sanguette
Ambert
Cèpe et autres champignons sauvages
Myrtille
Porc fermier d'Auvergne
FALETTE (roulade farcie de veau ou d'agneau)
Saint-Étienne
Dordogne
Saucisson sec et saucisse sèche
Brioude
Jambon sec d'Auvergne
Fouace
Tome fraîche
Mauriac
Tourte de saumon de Brioude
Agneau noir du Velay
Pain tabatière
Cornet de Murat
Croquant d'Auvergne
Tarte aux myrtilles
Yssingeaux
Bœuf de Salers
Pounti du Cantal
Saint-Flour
CHOU FARCI
Le Puy-en-Velay
Boudin aux châtaignes
Tripou
Aurillac
Truffade
Génisse Fleur d'Aubrac
Petit salé aux lentilles
Bœuf fin gras du Mézenc (AOP)
Veau d'Aveyron sous la mère
Châtaigne et marron
Aligot
Saucisson des moissons
Sac d'os
Privas
Cousinat
Gâteau à la broche
Soleil de Marcillac
Châtaigne et marron
Estofinado
Fougasse aveyronnaise
Tripou
Saucisse maôche aux herbes
Croquant de Mende
Mende
Jambon de Najac
Rodez
Miel du Mont-Lozère
50 km
Châtaigne et marron
Viandes
Charcuteries
Pâtisseries
Confiseries
Cousinat Principales recettes
Fromages, produits laitiers
Légumes, fruits
Pains, brioches
Condiments, épices
Porc fermier FALETTE Spécialité ou recette présente dans toute la région
Aires AOP fromagères
Bleu d'Auvergne
Cantal
Fourme d'Ambert
Saint-Nectaire
Salers
Bleu des Causses
Laguiole
Pélardon
Roquefort
Fourme de Montbrison
Aire AOP légumière
Lentille verte du Puy

Les lentilles du Puy

Les lentilles, légumineuses riches en protéines, sont cultivées et appréciées dans les Monts du Velay, mais aussi dans toute l'Europe, le Moyen-Orient et l'Inde depuis l'Antiquité. Celles du Puy acquièrent leur réputation au XVIIIe siècle, époque de progrès de l'agriculture au cours de laquelle on découvre que cette famille de plantes qui fixe l'azote de l'atmosphère permet aux sols de se reposer sans avoir recours à la jachère, ce qui est particulièrement précieux en montagne.

L'excellence des lentilles du Puy tient à la finesse et à la couleur vert sombre de leur peau, à leur amande non farineuse qui, en outre, cuit rapidement et, enfin, ce qui n'est pas la moindre de ses qualités, à leur saveur très délicate. Elles bénéficient d'une appellation d'origine dès 1935, puis d'une AOC en 1996 ; enfin d'une AOP européenne en 2008. Environ 5 000 tonnes sont produites chaque année sur 4 500 hectares.

L'Auvergne et le Berry concentrent l'essentiel des cultures de lentilles de France, qui demeure un très petit producteur (moins de 1 % de la production mondiale) en comparaison avec le Canada (40 %), l'Inde (23 %), la Turquie (9 %), l'Australie (6 %). En revanche, la lentille verte du Puy est hautement gastronomique : elle s'accommode en ragoût au petit-salé, en purée, en soupe, mais aussi en salade tiède, hors-d'œuvre très populaire dans les bistrots parisiens, jadis tenus par des Auvergnats, et les bouchons lyonnais.

Le menu « Parfum de terroir » du restaurant « André et Viviane Chatelard »

Sur une même assiette façon tapas
Pâté en croûte : maison aux olives
Quinoa : en verrine, avocat, fruits secs, œuf de caille poêlé
Truite de Fay sur Lignon : fumée, crème fouettée à la cistre

Lapin : en deux façons à la crème de cèpes, râpée de légumes
Ou
Sandre : Pavé rôti en peau, ragoût de lentilles au fumet de langoustines

Fromage : Secs ou frais à choisir sur le chariot
Ou
Dessert : Trois gourmandises à choisir sur le chariot

Restaurant « André et Viviane Chatelard », Place aux Champignons, 43290 Saint-Bonnet-le-Froid (www.restaurant-chatelard.com).

Troupeau de vaches aubrac.

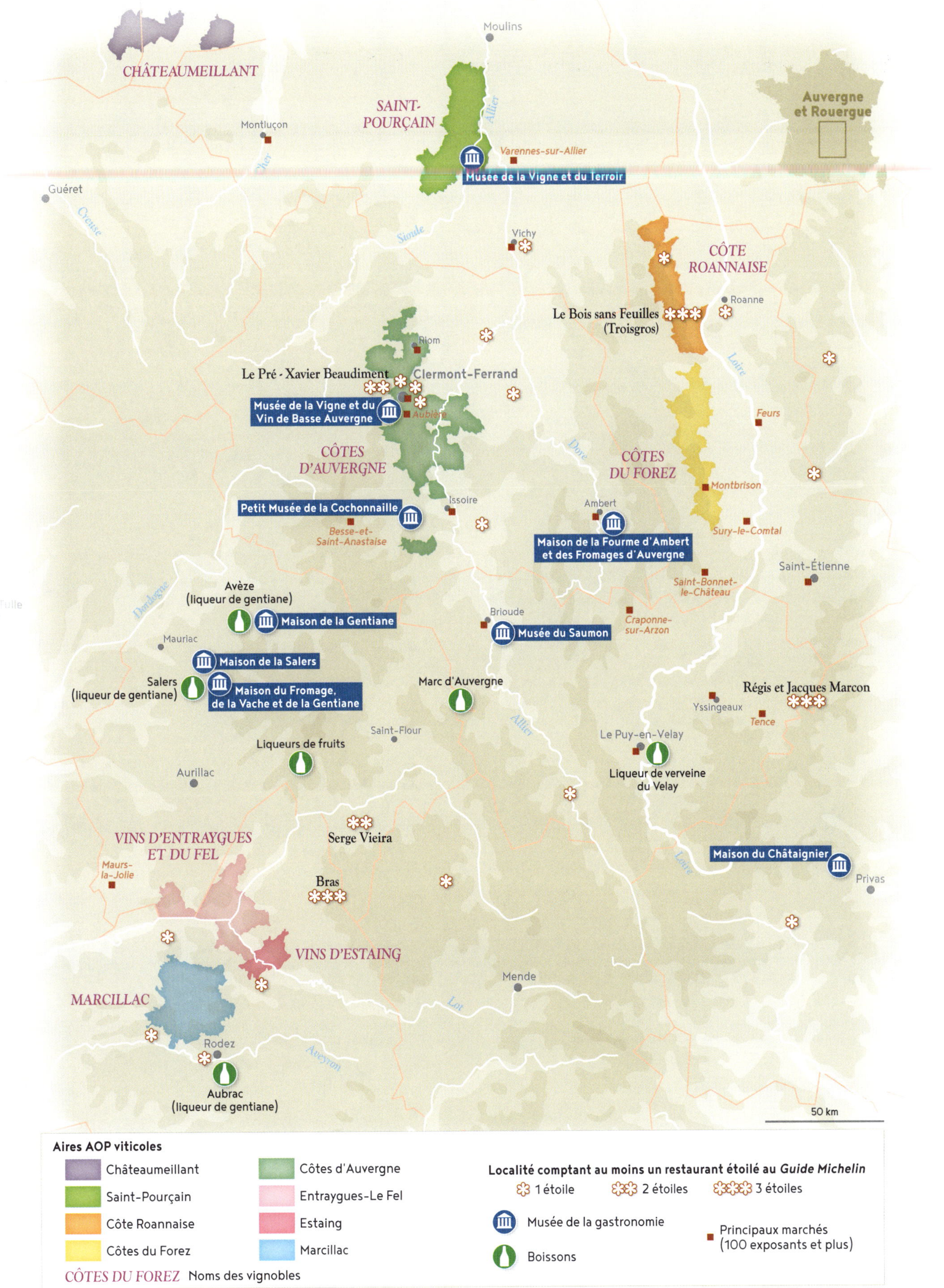
CHÂTEAUMEILLANT
Moulins
Auvergne et Rouergue
SAINT-POURÇAIN
Allier
Montluçon
Varennes-sur-Allier
Cher
Musée de la Vigne et du Terroir
Guéret
Creuse
Sioule
Vichy
CÔTE ROANNAISE
Roanne
Le Bois sans Feuilles (Troisgros)
Riom
Loire
Le Pré - Xavier Beaudiment
Clermont-Ferrand
Musée de la Vigne et du Vin de Basse Auvergne
Aubière
Feurs
Dore
CÔTES D'AUVERGNE
CÔTES DU FOREZ
Montbrison
Issoire
Ambert
Petit Musée de la Cochonnaille
Besse-et-Saint-Anastaise
Maison de la Fourme d'Ambert et des Fromages d'Auvergne
Sury-le-Comtal
Saint-Étienne
Saint-Bonnet-le-Château
Tulle
Dordogne
Avèze (liqueur de gentiane)
Maison de la Gentiane
Brioude
Craponne-sur-Arzon
Musée du Saumon
Mauriac
Maison de la Salers
Salers (liqueur de gentiane)
Maison du Fromage, de la Vache et de la Gentiane
Marc d'Auvergne
Régis et Jacques Marcon
Yssingeaux
Tence
Allier
Saint-Flour
Le Puy-en-Velay
Liqueurs de fruits
Aurillac
Liqueur de verveine du Velay
Serge Vieira
VINS D'ENTRAYGUES ET DU FEL
Maison du Châtaignier
Maurs-la-Jolie
Bras
Loire
Privas
VINS D'ESTAING
Mende
MARCILLAC
Lot
Rodez
Aveyron
Aubrac (liqueur de gentiane)
50 km
Aires AOP viticoles
Châteaumeillant
Saint-Pourçain
Côte Roannaise
Côtes du Forez
Côtes d'Auvergne
Entraygues-Le Fel
Estaing
Marcillac
CÔTES DU FOREZ Noms des vignobles
Localité comptant au moins un restaurant étoilé au Guide Michelin
1 étoile
2 étoiles
3 étoiles
Musée de la gastronomie
Boissons
Principaux marchés (100 exposants et plus)

L'aligot

Toutes les régions de montagne de France ont imaginé, sans doute dans le courant du XIXe siècle, des préparations culinaires associant les pommes de terre au fromage. L'aligot de l'Auvergne du Sud et du Rouergue est l'une des plus fameuses. Son nom vient sans doute de la gousse d'ail qui entre discrètement dans sa composition.

Recette de l'aligot

Confectionner une purée de pommes de terre, si possible au moulin à légumes.

Ajouter, par kilo de pommes de terre, une gousse d'ail écrasée, préalablement blanchie si l'on préfère une saveur adoucie, 100 g de beurre, 200 g de crème fraîche épaisse et 400 g de tomme fraîche de cantal ou de laguiole.

Tourner l'ensemble avec une spatule en soulevant énergiquement le mélange sur un feu doux.

Lorsqu'il file, il est prêt à servir avec de la saucisse, du boudin ou un rôti de bœuf, de veau, d'agneau ou de volaille.

Un vin rouge d'Auvergne lui tient une agréable compagnie. La truffade est une variante non filée, mais enrichie de lardons et gratinée au four.

Recette du chou farci de la Châtaigneraie cantalienne

Blanchir à l'eau salée un chou frisé entier en éliminant le trognon et les feuilles extérieures trop dures.

Mélanger 400 g de porc haché et autant de tendres châtaignes blanchies et débarrassées de leur peau fine, de la mie de pain rassi, un oignon haché, une gousse d'ail, du persil et d'autres fines herbes à volonté, du thym, du sel et du poivre, un œuf entier et un petit verre d'eau-de-vie de prune.

Glisser cette farce au centre du chou et entre les feuilles. On peut aussi rouler de petits paquets individuels.

Envelopper le tout dans une étamine bien serrée.

Cuire en cocotte pendant 2 à 3 heures à feu doux en arrosant de bouillon de pot-au-feu ou de poule pour éviter le dessèchement.

Servir avec un vin blanc ou rouge d'Entraygues-Le Fel.

Recette de la salade de lentilles du Puy

Selon leur état de dessiccation, faire cuire directement les lentilles ou les faire tremper auparavant pendant 1 heure.

Comme pour le risotto italien, les faire revenir au beurre avec un oignon et une gousse d'ail hachés, puis mouiller de vin blanc et ajouter un bouquet garni, sel et poivre.

Cuire à feu doux pendant environ une demi-heure et arrêter lorsqu'elles sont encore *al dente*.

Assaisonner d'une vinaigrette moutardée aux fines herbes et servir tiède avec un œuf mollet.

On peut ajouter des copeaux de jambon cru d'Auvergne ou, si l'on aime les mariages terre-mer, des harengs saurs en petits morceaux ou du saumon fumé.

Recette du pâté bourbonnais

Beurrer une tourtière et y étaler une pâte feuilletée.

Empiler des pommes de terre en rondelles de deux millimètres d'épaisseur, salées et poivrées.

Recouvrir d'un couvercle de pâte feuilletée et ménager une ou plusieurs cheminées en carton roulé pour que l'eau de végétation s'évapore.

Cuire 1 heure à four chaud. Décalotter le pâté avec précaution et y verser une bonne louche de crème crue. Laisser celle-ci pénétrer entre les lits de pommes de terre quelques minutes.

Déguster chaud avec un saint-pourçain blanc issu du cépage tressallier, plein de fraîcheur.

Le roquefort, le plus ancien fromage protégé

Pâte persillée au lait cru de brebis à 52 % de matière grasse (sur extrait sec), le roquefort se rattache à une tradition remontant à l'Antiquité si l'on en croit Pline qui vantait la qualité des fromages confectionnés par les Gabales, une tribu du sud du Massif central, cliente des Arvernes du Nord, selon lui les meilleurs qui pouvaient s'acquérir à Rome.

Rien n'indique, cependant, qu'il s'agissait alors d'un fromage comparable à l'actuel, pas plus que celui que Charlemagne aurait dégusté chez l'évêque d'Albi. En revanche, un cartulaire de l'abbaye de Conques fait allusion en 1060 au fromage de « cabanes », c'est-à-dire élaboré par les bergers du Causse dans leurs abris, donc de brebis.

Le roi Charles VI est le premier à octroyer par lettres patentes un monopole au fromage affiné dans les « caves » de Roquefort-sur-Soulzon, *« moult froides en l'esté desqueles les gens du pais d'environ qui des fromages les y apportent pour illec conroyer [préparer] et mieulx assaisoner »*. Cette fois-ci, il s'agit bien d'un fromage affiné dans les caves, c'est-à-dire les grottes aménagées et agrandies, ventilées par des failles appelées fleurines qui maintiennent un taux d'hygrométrie de 95 % et permettent le développement des spores du *Penicillium roqueforti*.

Ce privilège sera confirmé maintes fois tout au long des siècles jusqu'à la première appellation d'origine qui date de 1925, suivie d'une AOC en 1979 et d'une AOP en 1996. Le lait, exclusivement de brebis de race lacaune, est produit dans un rayon d'une centaine de kilomètres autour de Roquefort, seul site autorisé d'affinage. La célébrité de ce puissant fromage est désormais mondiale.

Le roquefort peut se cuisiner dans des sauces destinées à accompagner la viande de bœuf ou le gigot d'agneau, en tarte feuilletée, en soufflé. Consommé tel quel à la fin du repas, il appelle l'accompagnement d'un vin liquoreux : sauternes, jurançon, monbazillac ou d'un vin doux naturel français (maury, banyuls, rivesaltes, muscat de Frontignan ou de Beaumes de Venise) ou étranger (porto, xérès, madère, marsala, constantia du Cap).

Les principales marques de roquefort

Société (et affiliées : Abeille, Baragnaudes, Baragnaudes des Fées, Louis Rigal, Maria Grimal, Cave des Templiers, La Cave Blanche, Roquebelle, Marival) : 13 400 tonnes/an

Papillon (et affiliées dont La Coccinelle) : 1 800 tonnes/an

Gabriel Coulet (et affiliées : Castelviel, Cosse Noir, La Petite Cave) : 1 800 tonnes/an

La Pastourelle et affiliées : 1 300 tonnes/an

Le Vieux Berger : 150 tonnes/an

Carles : 240 tonnes/an

Recette du soufflé au roquefort

Pour quatre personnes, préparer une béchamel avec 30 g de beurre, 30 g de farine et 30 cl de lait, sel, poivre et muscade.

Incorporer trois jaunes d'œufs, 50 g de roquefort émietté, puis les blancs d'œufs en neige bien ferme.

Verser dans le moule à soufflé beurré, puis cuire à four chaud pendant 20 à 25 minutes.

Servir chaud avec, éventuellement, des quartiers de poires rôtis.

Un vin moelleux de la région de Bergerac (monbazillac ou saussignac) sera de bonne compagnie pour ce plat qui peut se servir en entrée ou au moment du fromage.

Provence et Côte d'Azur

En raison des migrations estivales vers le soleil qui remontent au XIXe siècle et se sont accélérées avec les congés payés en 1936, la cuisine provençale et méditerranéenne a progressivement acquis ses lettres de noblesse. Y avaient contribué auparavant l'ouverture au Palais-Royal à Paris pendant la Révolution du restaurant Les Trois-Frères Provençaux, où l'on servait de l'aïoli et de la bouillabaisse, et la lettre de mon moulin intitulée « Les trois messes basses » d'Alphonse Daudet, publiée en 1875, véritable hymne provençal au péché mignon de gourmandise, tout baigné du parfum des truffes du Tricastin. Ajoutons l'ouverture de restaurants gastronomiques magnifiant les produits et la cuisine du terroir : « Brun » en 1936 sur le Vieux-Port à Marseille, « L'Oustau de Baumanière » aux Baux-de-Provence en 1945, « L'Oasis » à La Napoule en 1954. Aujourd'hui, après Paris, la région concentre le plus grand nombre de restaurants étoilés de France.

Marché aux poissons sur le Vieux-Port de Marseille.

La Provence n'est pourtant pas un pays opulent. Il suffit de lire les romans de Jean Giono pour s'en convaincre. Il y a un peu plus de jubilation dans les scènes de repas décrites par Pagnol dans ses romans, son théâtre, ses films, mais ils ont pour cadre les environs de la métropole marseillaise. La Provence et la Côte d'Azur sont marquées par la chaleur et la sécheresse estivales, climat très favorable à l'olivier qui en est l'arbre-symbole. Toute la cuisine se prépare à l'huile d'olive qui a désormais atteint la haute qualité et des prix élevés, en même temps que plusieurs AOP. Grâce à l'irrigation, toutes les cultures légumières et fruitières sont possibles. Mentionnons les beaux jardins potagers que sont l'arrière-pays niçois et, surtout, le Comtat Venaissin dont les productions sont diffusées en toutes saisons vers le nord de la France et de l'Europe depuis l'arrivée du chemin de fer. Le climat méditerranéen donne une saveur très prononcée à beaucoup de nourritures qui se retrouvent plus discrètement dans les autres cuisines de France. C'est ce qui séduit aujourd'hui dans l'ail, les tomates, les aubergines, les courgettes et fleurs de courgettes, le thym, le romarin, la sarriette, les figues, les melons, les amandes qui en proviennent. Le piment est devenu assez populaire, mais il est probable que la ville de Marseille en est en partie responsable du fait de son ouverture aux influences du grand large.

Point de cuisine méditerranéenne sans agrumes : les citrons de Menton, désormais IGP, comptent parmi les meilleurs. L'excellence des fruits de la région a incité les producteurs à les conserver pour l'hiver en fabriquant des confitures sèches dont les régions d'Apt et de Cavaillon se sont faites une spécialité. Le calisson d'Aix, également IGP, confectionné au melon confit et aux amandes, en est un autre exemple.

Qui dit Méditerranée dit poisson. Pourtant, il s'agit de la mer la moins poissonneuse qui soit, mais dont les espèces pêchées sont très hautes en saveur : les daurades, les rougets, les thons rouges devenus rares, les poulpes, les poissons de roche, les oursins, etc. Un certain nombre de plats emblématiques les utilisent, parmi lesquels la célèbre bouillabaisse de Marseille, mais la rareté et la saisonnalité ont contraint les riverains à imaginer des conserves, elles aussi très goûteuses, comme la poutargue, les anchois au sel et à l'huile ou le thon à l'huile, et à utiliser, comme sur la plupart des côtes françaises, le cabillaud salé de l'Atlantique Nord, la morue, base de l'aïoli, ou le stockfish, base de la célèbre estocafic à la niçoise.

Enfin, les boissons de la région, symboles de soleil et de vacances, ont acquis une célébrité mondiale : le pastis de Marseille et les vins de Provence dont les rosés qui se boivent glacés sont, hélas, plus recherchés que les merveilleux blancs et rouges.

Le pastis de Marseille

En provençal, *pastis* veut dire mélange, mais aussi situation troublée. Le nom de la boisson spiritueuse marseillaise fait donc allusion au fait qu'elle se consomme en la mêlant de cinq à sept fois son volume d'eau et de glaçons, ce qui provoque un trouble appelé louchissement, ainsi qu'à sa composition : de l'alcool neutre (à 45°) et des extraits végétaux d'anis (vert et étoilé), de fenouil, de réglisse, etc. À l'origine, il est un substitut de l'absinthe, interdite en 1915, en raison de sa teneur excessive en thuyone, une molécule convulsifiante et hallucinatoire, et en méthanol, alcool dépresseur du système nerveux.

Le « vrai pastis de Marseille » est créé en 1932 par Paul Ricard. Cette boisson supplante rapidement son aînée le pernod, un anisé élaboré à Pontarlier dans le Doubs. Les deux sociétés sont fusionnées depuis 1975. D'autres entreprises marseillaises, moins en vue, élaborent aussi des pastis et, depuis quelques années, des artisans se sont installés dans diverses villes du Midi et utilisent des recettes qui leur sont propres. L'un des plus intéressants est élaboré par la Maison Henri Baudouin à Forcalquier, à partir de 65 herbes et épices différentes.

Le menu « Découverte de la mer » au « Petit Nice »

AVANT-GOUT,
liche au caramel de la mer puis bouillon d'algues et gingembre aux légumes secs

LE POISSON DE ROCHE

LA CARAVANE

LE LOUP LUCIE PASSEDAT

LE POISSON NIA

LE ROUGET DE ROCHE
en cru, en nage d'anis étoilé, en entier

LA LANGOUSTE
extraction de sa carapace tel un suc, le riz noir de Camargue, palourdes de Martigues rôties dans leurs coques

L'ANÉMONE

LE JARDIN MARIN

LES FROMAGES

AVANT DOUCEUR

MIGNARDISES

le Petit Nice
PASSEDAT
SINCE 1917

« Le Petit Nice-Passédat », Anse de Maldormé, Corniche JF Kennedy, 13007 Marseille (www.passedat.fr/).

Le Bar de la Marine, à Marseille, immortalisé par l'adaptation cinématographique de la trilogie de Marcel Pagnol.

Le Bazar provençal de 1835

Le Bazar provençal, une boutique de comestibles sise 104 rue du Bac à Paris, permettait aux Parisiens sous la Monarchie de Juillet de se procurer les exotiques productions des terroirs du Midi méditerranéen. L'épais catalogue commente les principales denrées listées sur le tarif ici reproduit.

Voici, par exemple, ce qui est dit du thon à l'huile : « *Thon mariné. Ce plat de grande ressource pour les jours maigres et notamment pour le carême, mariné à Marseille avec les aromates du pays et reposant dans la bonne huile d'Aix, est très doux, savoureux et d'un goût agréable, mangé à l'huile et au vinaigre, coupé à très petits morceaux avec garniture de persil haché, un œuf dur, petites raves ou oignons poudrés de poutargue râpée ; le tout servi en bordure en fait le mets le plus solide de tous les plats maigres. […] Il est bien que l'on sache qu'on peut avec toute sécurité s'adresser au Bazar pour y avoir le bon thon, qui lui provient exclusivement des madragues de Marseille.* »

PRIX COURANS DU BAZAR PROVENÇAL POUR L'ANNÉE 1835.

	fr.	c.
Huile d'Aix pure et sans mélange.	2	25
Huile d'olive sans goût de fruit.	2	
Huile vieille d'olive à brûler.	1	40
Vin de Noé.	4	
Vin blanc de dessert du roi René.	2	50
Vin blanc sec de cassis.	2	
Vin muscat blanc de Marignane.	3	
Vin rouge de la Gaude.	3	
Eau-de-vie de Provence.	3	
Liqueurs des Iles assorties.	6	
Curaçao de Hollande.	7	
Marasquin de Zara.	6	
Anisette de Bordeaux.	4	
Vespetro.	6	
Rhum de la Jamaïque.	3 et 6	
Vin de Bordeaux ordinaire.	1	50
Vin de Bordeaux, premier cru.	5	
Vin d'Alicante.	6	
Vin sec de Madère.	6	
Vin de Malaga.	6	
Vinaigre de vin blanc de Provence.	1	25
Thon mariné à l'huile d'Aix, le bocal	3	

	fr.	c.
Bocal d'Anchois de Fréjus à l'huile.	3	
Bocal d'Olives farcies aux thon et truffes.	3	
Bocal d'Olives farcies aux câpres et anchois.	3	
Bocal de Cornichons au vinaigre.	2	
Bocal Olives-Picholine.	2	
Baril d'Olives à la Picholine.	4	
Pâté de thon de Provence de. . . 6, 8, 10 et 15		
Saucissons d'Arles à double boyau.	5	
Idem., à simple boyau.	4	
Jarres provenç. en terre vernie. 8, 12, 16, 24, 30, 40, 50 et 60.		
Eau de fleurs d'orange triple de Grasse.	2	
Poutargue, œufs de poissons, la livre.	5	
Morue de Marseille.		75
Miel blanc aromatique de Provence.	1	50
Confitures au raisin et fruits de Provence.	1	50
Oranges entières conf. de Majorque.	3	
Figues fraîches de Marseille confites.	4	

	fr.	c.
Chinois, Prunes, Coings, Poires.	3	
Abricots confits.	3	50
Prunes d'Alger p. compote.	1	25
Prunes brignoles fleuries.	1	
Prunes-Pistole.	2	
Poires d'Ancône p. compote.	1	
Macaroni de Naples.	1	
Pâtes et Vermicelle de Gênes.	1	
Sagou	1	25
Figues sèches Marseille sans parch.	1	
Raisin sur choix de Prov.		75
Raisin Malaga s. couche.	1	40
Amandes Princesse.	1	50
Dattes du Levant (la liv.).	2	50
Calissons d'Aix, la boîte.	2	
Haricots-nains africains.	1	
Pois chiches de Prov.		60
Epeautre pour potage.		60
Semoule de blé d'Odessa.		60
Riz de Piémont.		60
Châtaignes blanches.		75
Avenats pour potage.		75
Savon de Marseille.		60
Savon blanc p. linge fin.		90
Olives noires à l'huile.	2	
Fromage de Parmesan	2	50

J. Aymès, *Le Bazar provençal*, 1835.

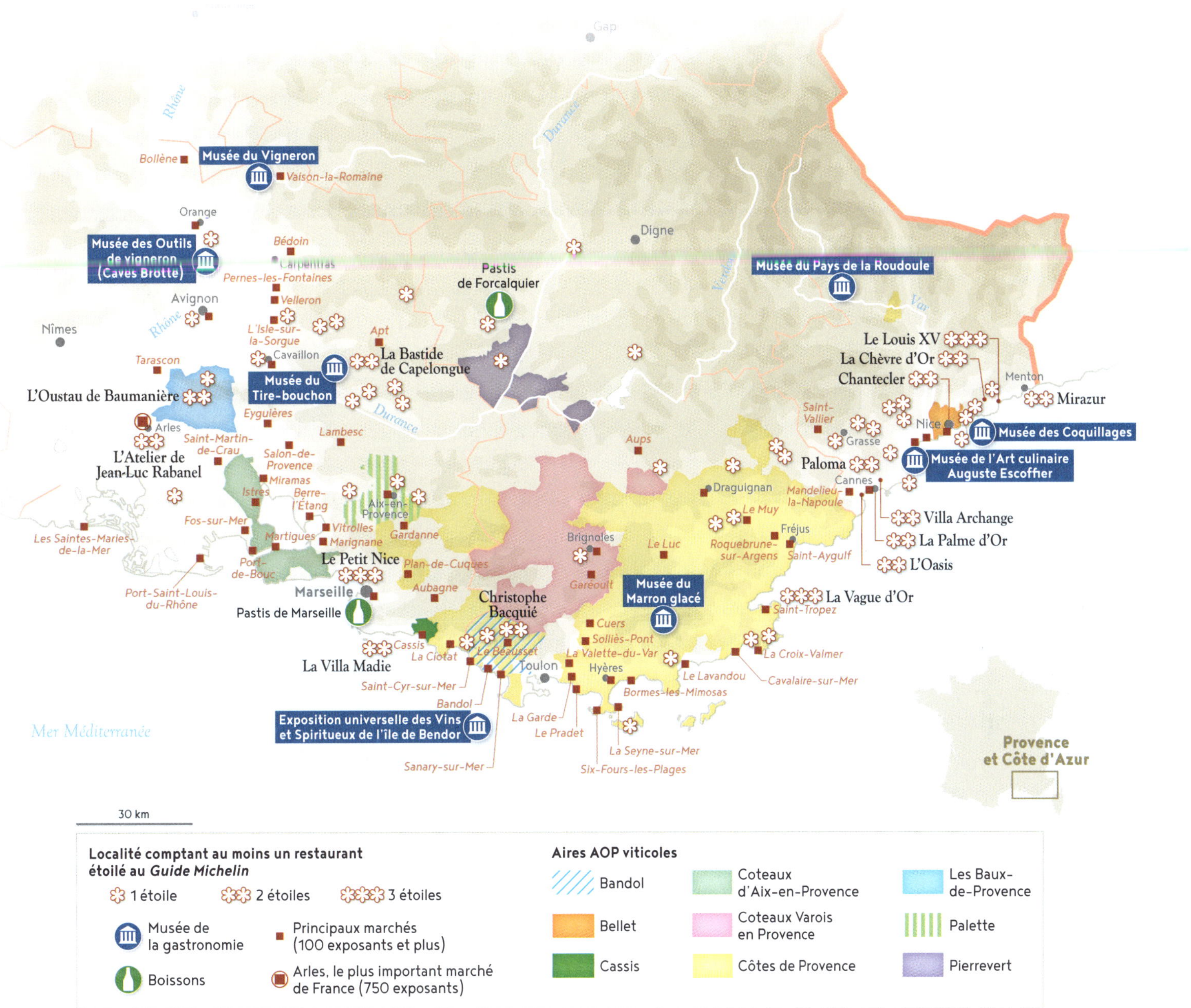

La bouillabaisse

L'étymologie du nom de cette soupe de poissons emblématique de la cuisine marseillaise fait l'objet de plusieurs hypothèses : des poissons dans un bouillon commandés par l'abbesse d'un couvent pour le repas maigre du vendredi, l'association de deux mots provençaux (*bouï* et *abaisso*) indiquant la recette (faire bouillir, puis abaisser le feu).

Selon le chroniqueur gastronomique Jean-Claude Ribaut, qui est sans doute dans le juste, *abaisso* ferait allusion à la réduction d'un bouillon de petits poissons de roche afin d'exhausser sa saveur et le lier, une fois les gros poissons enlevés pour les maintenir entiers. La tradition veut que ce soit un plat de pêcheurs préparé au retour du bateau, avec les plus petites prises difficiles à conserver et à vendre. Les poissons nobles et de belle taille qui se servent aujourd'hui dans les restaurants, entiers ou apprêtés au guéridon en filets, sont nombreux à pouvoir prétendre y entrer : la rascasse, indispensable, le congre, la galinette (sorte de grondin tigré), le saint-pierre, la vive, la baudroie, etc.

Aujourd'hui, la soupe de poissons de roche est préparée à part, moulinée et épaisse, aromatisée à l'huile d'olive, à la tomate, à l'oignon, à l'ail, au persil et, si l'on veut, au fenouil et, surtout, au safran et au piment. La vraie recette prévoit de verser la bouillabaisse sur des tranches de pain rassis (des « soupes » que l'on trempe) et d'y délayer pour corser le plat un peu de rouille, sauce vigoureuse composée d'une pommade d'ail relevée de piment et montée à l'huile d'olive. Hélas, elle est aujourd'hui remplacée par une mayonnaise à l'ail et au safran.

Une tradition provençale : les treize desserts de Noël

Le Gros Souper de Noël revêt en Provence un faste tout particulier. Il est traditionnellement servi avant la messe de minuit au cours de laquelle la figurine de l'enfant Jésus est déposée dans la crèche peuplée de santons colorés.

La table est recouverte de trois nappes blanches superposées symbolisant la Trinité. Le repas est constitué de sept plats maigres en mémoire des sept douleurs de la Vierge Marie : poissons frits, morue, légumes variés dont des épinards, escargots, etc. Sont ensuite déposés treize desserts sur la table symbolisant le Christ et les douze apôtres : quatre mendiants, un pour chacun des quatre ordres pauvres (figues sèches, noix ou noisettes, amandes, raisins secs), pommes, poires, pruneaux, dattes, pâte de coing ou de melon, nougat blanc et noir, fondants, pompe à l'huile (gâteau à l'huile d'olive et à la fleur d'oranger). Certains desserts peuvent être remplacés par des agrumes frais ou confits, des marrons glacés et des calissons.

Le tout est arrosé de muscat ou de vin cuit aux aromates. Aujourd'hui, les volailles et les gibiers ont remplacé les plats maigres.

Le réveillon des « trois messes basses » d'Alphonse Daudet

« Deux dindes truffées, Garrigou ?...

– Oui, mon révérend, deux dindes magnifiques bourrées de truffes. J'en sais quelque chose, puisque c'est moi qui ai aidé à les remplir. On aurait dit que leur peau allait craquer en rôtissant, tellement elle était tendue...

– Jésus-Maria ! moi qui aime tant les truffes !... Donne-moi vite mon surplis, Garrigou... Et avec les dindes, qu'est-ce que tu as encore aperçu à la cuisine ?...

– Oh ! toutes sortes de bonnes choses... Depuis midi nous n'avons fait que plumer des faisans, des huppes, des gélinottes, des coqs de bruyère... Puis de l'étang on a apporté des anguilles, des carpes dorées, des truites, des...

– Grosses comment, les truites, Garrigou ?

– Grosses comme ça, mon révérend... Énormes !...

– Oh ! Dieu ! Il me semble que je les vois... As-tu mis le vin dans les burettes ?

– Oui, mon révérend, j'ai mis le vin dans les burettes... Mais dame ! il ne vaut pas celui que vous boirez tout à l'heure en sortant de la messe de minuit.

Alphonse Daudet, « Les trois messes basses »,
Contes du lundi, 1875, puis *Lettres de mon moulin*, 1879.

Deux des spécialités les plus réputées de la région

La salade niçoise

La consommation des herbes potagères crues assaisonnées de sel, d'huile et de vinaigre existait dans l'Italie médiévale. Elle a gagné la France au cours de la Renaissance grâce aux guerres d'Italie et aux reines Médicis. Le mot « salade » vient de l'italien *salata* ou *insalata* qui viennent de *salare* et *insalare*, saler. De culture italienne, le Comté de Nice est sans doute la première région française à avoir aimé la salade. C'est pourquoi celle qui s'intitule « niçoise » est un mets fondateur et magnifique.

Il faut savoir que les vrais Niçois sont très attentifs à sa composition et n'admettent pas ce qu'ils appellent des fantaisies, voire des sacrilèges. Jacques Médecin fut controversé en tant que maire de Nice, mais point comme auteur d'un livre de cuisine qui grave dans le marbre la tradition de sa ville !

En réalité, la recette n'est pas très ancienne dans la mesure où elle comporte des tomates et des poivrons arrivés du Mexique, *via* l'Espagne, au cours des XVIIIe et XIXe siècles. Outre ces deux ingrédients de base, crus comme tous les autres, il y faut des fèves décortiquées, des fonds de petits artichauts émincés, des olives de Nice et des filets d'anchois à l'huile d'olive. Seule concession à la cuisson : les œufs durs. Point de vinaigre dans cette salade, mais de la bonne huile vierge, du sel, du poivre et du basilic haché. D'aucuns y ajoutent du vert et des branches de céleri haché. On ne saurait le leur reprocher…

Le calisson d'Aix-en-Provence

L'une des confiseries les plus célèbres de France est originaire d'Aix-en-Provence où elle est connue depuis le XVIe siècle. Elle se nomme « calisson », un mot à l'origine encore obscure et discutée. Il semble dériver de l'italien *calisone* qui désignerait une friandise vénitienne posée après confection sur une claie de roseaux dite *caniccio*, mot devenu en provençal *canisson*, puis au fil du temps « calisson ».

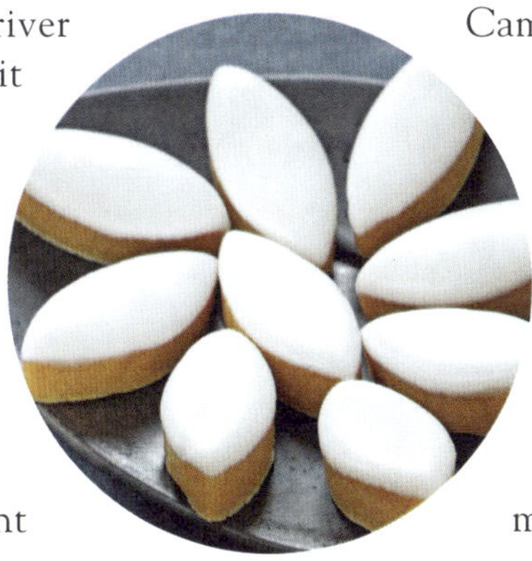

Sa forme en losange arrondi rappelle les navettes de Marseille, petits biscuits anisés qui sont très populaires au moment de la Chandeleur à l'abbaye Saint-Victor près de laquelle se trouve le principal four à navettes, et qui rappellent les barques sur lesquelles sont arrivées les Saintes Maries de la mer en Camargue dans l'Antiquité.

Le calisson se compose d'une tendre pâte de melon confit au sucre, mêlée de poudre d'amandes de Provence et d'écorces d'oranges, découpée et posée sur une feuille de pain azyme et recouverte de glaçage au sucre. Depuis 2002, le calisson d'Aix jouit d'une indication géographique protégée bien méritée.

Languedoc et Roussillon

Envisagés du point de vue de leur alimentation traditionnelle, le Languedoc et le Roussillon sont comparables à la Provence et à la Côte d'Azur par leur addiction à l'huile d'olive, à l'ail, aux produits de la mer aux saveurs marquées, aux légumes et aux fruits méditerranéens multiples, aux fromages odorants du parfum des garrigues et des maquis, par leur amour du vin qui fut longtemps sans recherche et destiné à la soif des milieux populaires et des soldats du nord de la France, mêlé au vin venu de l'Algérie lorsqu'elle était française. Sète était alors le grand port pinardier français.

Des différences existent aussi : la région est restée longtemps plus pauvre que sa voisine située à l'est du Rhône. Ses vastes lagunes infestées de moustiques en été ont retardé l'essor du tourisme qui s'est développé après leur assainissement, mais plutôt simple et familial que luxueux, ce qui n'a guère permis l'ouverture de nombreux restaurants réputés. Il en existe quelques-uns, néanmoins, fort recommandables, comme l'Auberge du Vieux-Puits de Gilles Goujon à Fontjoncouse, qui exalte les produits des Corbières, ou les divers restaurants des frères Pourcel à Montpellier.

Brandade de morue à la nîmoise.

Les vignes de plaine productrices de vins médiocres ont été en partie arrachées depuis un demi-siècle, laissant place à de beaux vignobles de coteaux et de terrasses plantés en cépages nobles (grenache, syrah, carignan, cinsault, lledoner pelut désormais cultivés à rendements serrés) qui donnent des vins complexes et raffinés de toutes catégories : rouges et blancs (pic Saint-Loup, faugères, terrasses du Larzac, corbières, clairette de Bellegarde, picpoul de Pinet, etc.), des effervescents comme la blanquette de Limoux ou vins doux naturels (banyuls, maury, rivesaltes, frontignan, etc.), voire des curiosités comme les rancios des Côtes catalanes. Certains tentent des cépages allochtones avec, parfois, des résultats intéressants : le merlot, le cabernet-sauvignon, le cabernet franc, le viognier, le chardonnay, voire le riesling !

Chaque terroir de cette région contrastée possède ses spécialités culinaires uniques. Sur le littoral, on prépare la bourride, sœur de la bouillabaisse, mais à base de poissons blancs servis avec un aïoli délayé dans le bouillon, les farcis sétois (de grosses moules de Bouzigues) et les encornets, les anchois de Collioure, servis avec des poivrons rouges grillés. Les régions irriguées de la plaine de Perpignan et des premières pentes produisent des primeurs incomparables, parmi lesquels la pomme de terre Béa se distingue par une AOP. Signalons aussi les cerises de Céret.

Des Cévennes et des hautes terres du Roussillon proviennent de fines charcuteries, des fromages de chèvre et de brebis, des cèpes, des marrons et le remarquable oignon doux qui a permis de restaurer des versants entiers de terrasses agricoles sur le rebord escarpé des Cévennes.

Nombreuses sont les autres spécialités de la région : certaines de réputation universelle comme la brandade de morue nîmoise ou les deux cassoulets, celui de Carcassonne et celui de Castelnaudary ; d'autres plus confidentielles et authentiques comme les petits pâtés sucrés de Pézenas, le beurre de Montpellier – grande sauce française à la fois parisienne et languedocienne qui accompagne les poissons grillés –, la cargolade catalane – escargots et charcuteries cuits sur braise –, les pâtisseries à l'anis comme les rousquilles.

L'oignon doux des Cévennes

Le rebord méridional des Cévennes, très pentu, est aménagé depuis des siècles en terrasses étroites, les faïsses. Au temps de l'élevage des vers à soie, beaucoup étaient plantées en mûriers et les plus élevées en châtaigniers. Les sols acides légers et profonds de celles-ci conviennent bien à l'oignon doux lorsqu'elles sont bien exposées. Elles sont alors nommées « cébières ». Ce bulbe est mentionné comme une spécialité de la région depuis le XVe siècle : il est ici de belle taille, charnu, à la pelure fine, brillante et légèrement cuivrée. Sa chair est fine, sans excès de piquant ou d'amertume. Il se conserve longtemps au frais. La production est en essor, mais demeure encore confidentielle : quelques dizaines d'hectares plantés par une centaine d'agriculteurs sur une aire géographique AOP de 54 000 hectares, d'où proviennent 2 000 tonnes d'oignons !

La guerre des cassoulets

Beaucoup de régions françaises entretiennent des guerres gastronomiques pince-sans-rire : les rillettes du Mans et de Tours, les gratins dauphinois et savoyard, la choucroute de Strasbourg et celle de Colmar, par exemple. Parfois, même, elles éclatent au sein de la même ville comme Marseille avec sa bouillabaisse, Nîmes avec sa brandade ou Nice avec sa salade. Le cassoulet est un exemple qui touche, à l'ouest du Languedoc et dans le Bassin aquitain, les villes de Carcassonne, Castelnaudary et Toulouse. Comme on a le sang chaud et le verbe haut dans ces contrées férues de rugby, la querelle est d'importance et n'est pas près de s'éteindre !

Un émailleur de la reine du nom de Jean Grillet, poète à ses heures, a troussé en 1647 quelques jolis vers que voici (cité par Ch.-L. Livet, *Précieux et précieuses*, 1859) :

> « *Avant qu'elle vin en France*
> *Du pays des Languedochiens,*
> *Nous vivions dedans la souffrance*
> *Aussi maigrement que des chiens ;*
> *Car pour composer la cassole*
> *Et pour joindre la graisse à l'art,*
> *Il faut une livre de lard ;*
> *On n'en rabat pas une obole…*
> *Ouy, l'on y met beaucoup de ris,*
> *Un chapon, de la bonne moelle,*
> *Le jus d'un gigot de mouton,*
> *La cuisse de la mesme beste :*
> *Cela fait branler le menton*
> *Comme qui diroit à la feste.* »

On le voit : point de haricots dont la culture commence à peine à se répandre à cette date, mais un ragoût ou *estofat* de viandes diverses : porc, veau, mouton, volailles… cuites dans une *cassole*, c'est-à-dire un plat creux tronconique en terre. Venu du Mexique *via* l'Espagne, le haricot se développe après le Fronde, en même temps que le maïs et même en sa compagnie, puisque les meilleurs grimpent autour des tiges de ce dernier, selon une technique amérindienne traditionnelle. Ils sont moins chargés en amidon et se nomment haricots-maïs. Le maïs, quant à lui, va permettre le développement de l'élevage des volailles grasses et donc du foie gras et du confit ; ce dernier, d'oie ou de canard, étant indispensable aux cassoulets de Castelnaudary et de Toulouse.

Dans celui de Castelnaudary, il faut du jarret ou de l'épaule, de la couenne et de la saucisse de porc. Dans celui de Carcassonne, il faut du mouton et il y faudrait normalement de la perdrix. Dans celui de Toulouse, du mouton et de la saucisse de cette ville. Un dernier ingrédient d'origine américaine entre dans les versions languedociennes, la tomate, mais jamais à Toulouse ; la carotte, l'oignon, le poireau et le céleri figurent dans toutes les recettes. Le haricot, devenu base de tout cassoulet, peut être de différentes variétés : lingot du Lauragais, coco de Pamiers, tarbais. Pour corser le tout, la controverse touche aussi au nombre de fois au cours desquelles on brise la croûte lors de la cuisson au four pour l'enfoncer dans le cœur du mélange : six, sept ou huit. L'intérieur doit demeurer moelleux et donc, si nécessaire, humecté de bouillon de volaille.

On boit avec le cassoulet un vin rouge sombre et puissant du Midi méditerranéen ou du Grand Sud-Ouest : corbières, fitou, fronton, cahors ou encore madiran.

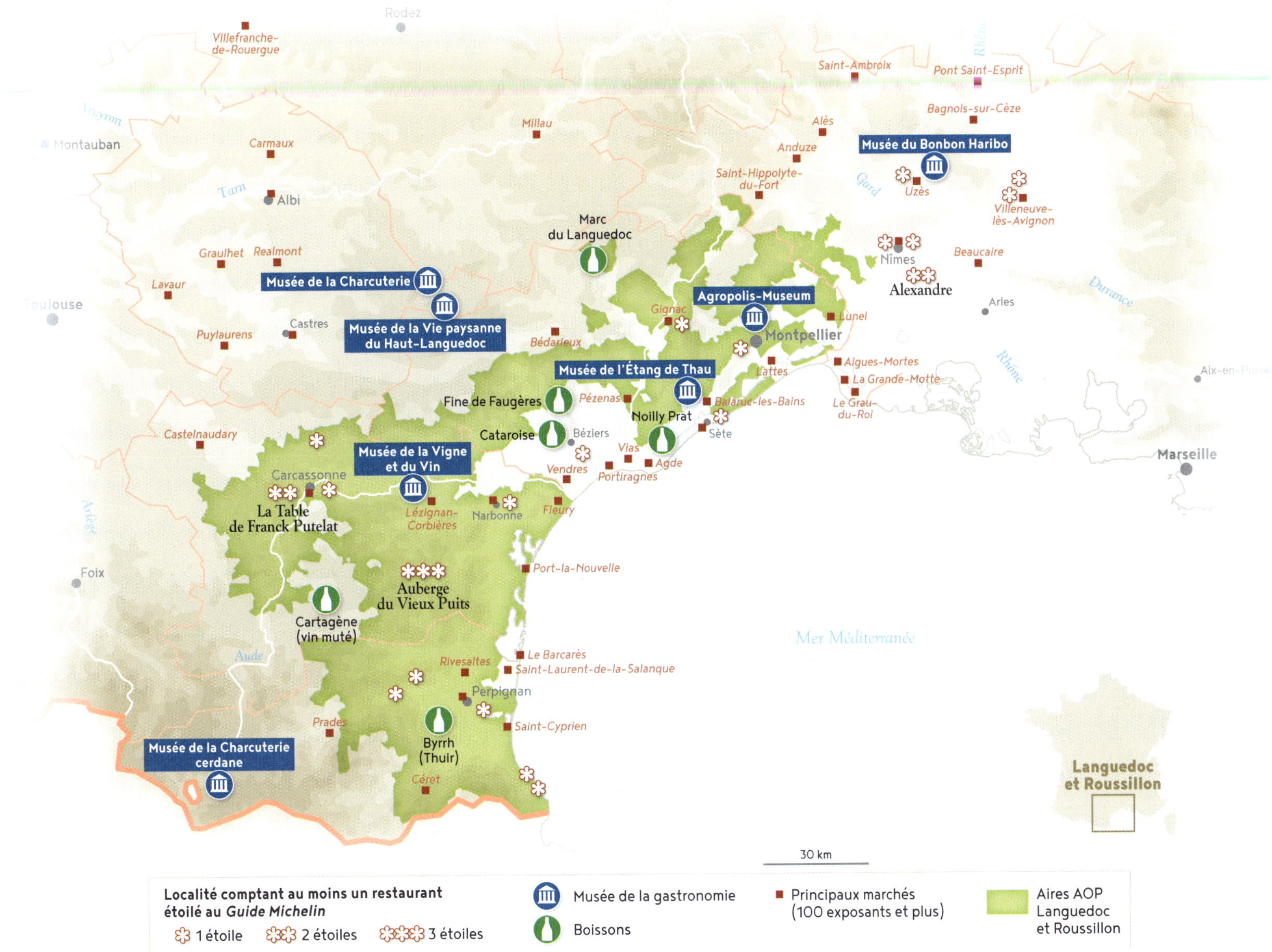

Les moules farcies sétoises

Les pêcheurs des tièdes lagunes du littoral languedocien ont toujours remonté dans leurs filets de belles moules sauvages. Déjà en 1774, l'*Almanach général des marchands* écrivait d'Agde : « *L'on y pêche beaucoup de moules et c'est le seul endroit de la province du Languedoc où elles sont excellentes.* »

C'est dans l'étang de Thau que la mytiliculture s'est surtout développée à partir de la fin du XIXe siècle, tout comme l'ostréiculture, en particulier autour du village de Bouzigues. Le naissin de moules, appelé pezouline, grandit en quelques mois pour donner des coquillages à consommer en marinière, mais il faut un an pour obtenir les grosses moules qui servent à réaliser la recette sétoise.

Recette pour 24 moules

Faire cuire 24 grosses moules à feu doux dans une grande casserole.

Une fois les moules ouvertes, les farcir de chairs de porc et veau mêlées d'ail, de mie de pain et d'œufs à raison de deux pour 300 g de viande, d'ail et d'herbes.

Les entourer d'une ficelle pour les maintenir fermées.

Faire cuire les moules dans un coulis de tomates maison bien aromatisé aux herbes et relevé au poivre et au piment, additionné d'un peu de vin blanc (picpoul de Pinet), pendant une demi-heure.

Au dernier moment, dresser les moules dans un plat chaud et napper de la sauce liée d'un peu d'aïoli.

Banyuls ou la haute couture du paysage et du vin

Le flanc oriental schisteux des Albères qui tombe à pic sur la Côte Vermeille a été aménagé depuis des siècles en terrasses de pierres sèches d'une manière très savante. Compte tenu de la violence des orages d'automne, un simple étagement de terrasses, si bien construites soient-elles, ne suffirait pas à retenir les sols. Il a donc fallu imaginer des rigoles transversales qui concentrent et évacuent au plus vite les eaux en furie. Celles-ci se nomment *agulles* (aiguilles) et *peus de gall* (pieds de coq) et créent des paysages d'un saisissant graphisme qui témoignent d'une connaissance et d'une maîtrise fine d'un environnement des plus contraints. Sur ces banquettes acrobatiques, les diverses variantes du cépage grenache ainsi que le macabeu font merveille et produisent des vins blancs et surtout rouges de grande classe.

Le banyuls est un vin doux naturel profond et long en bouche qui s'apparente au porto, mais qui, hélas, n'a pas encore acquis la notoriété de ce dernier. C'est pourtant un vin de gastronomie qui accompagne bien la cuisine catalane salée, mais aussi les fromages et le chocolat.

La Côte Vermeille vue depuis le vignoble de Banyuls.

Un menu typiquement catalan dans un bistrot à vins de Banyuls

Palourdes au rancio et lard de Colonnata
Encornet à la planxa et persillade
Asperges grillées et mayonnaise à l'estragon
Tartare de dents du Mamaë
Couteaux en persillade et aux amandes

La zarzuela de David
Jarret de cochon tirabuixo avec petits pois et fèves
Agneau mariné aux agrumes et épeautre, courgettes et carottes
Bonite à la planxa, pommes de terre grenailles, mousseline de chou-fleur et carottes rôties

Assortiment de fromages affinés

Crème catalane
Soupe fraîche de fraises et framboises

« Les 9 caves », 56 avenue du Général de Gaulle, 66650 Banyuls sur Mer (www.9caves.com/).

La cargolade catalane

La cargolade catalane est sans doute le plat le plus identitaire de la Catalogne française, autrement nommée Roussillon. Il se prépare en plein air, de préférence dans un joli paysage de la région, le lundi de Pâques et le lundi de Pentecôte ou en toute autre occasion festive, à la condition de réunir un nombre suffisamment important de convives. En raison des risques d'incendie, il n'est pas recommandé de le préparer en été.

Recette

Placer des grilles sur un tapis de braises incandescentes.

Disposer sur les grilles des escargots en coquilles qui ont jeûné et qui ont été soigneusement nettoyés. Il faut en prévoir beaucoup : les amateurs en consomment chacun plusieurs dizaines !

Pendant la cuisson, promener un morceau de lard salé au bout d'une pique au-dessus des braises de manière à faire tomber quelques gouttes de graisse dans chaque coquille.

Une fois les escargots mangés, placer sur les grilles des saucisses (*botifarres*), des boudins, des côtelettes d'agneau. Ce repas demande à être largement arrosé de vin local ; il appelle les rires et les chants, puis une bonne sieste à l'ombre !

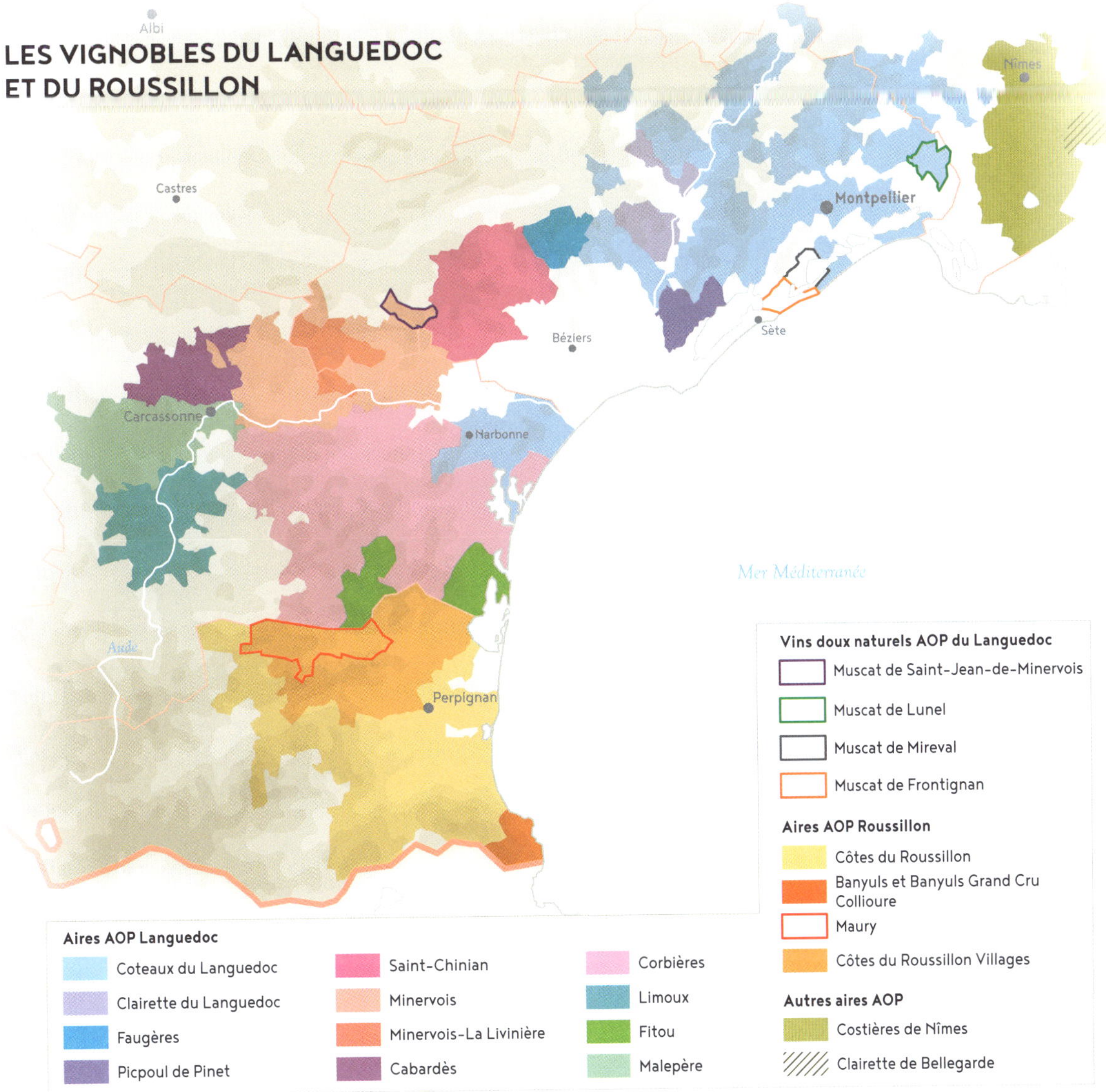

Vignobles au pied de la cité de Carcassonne.

Le Grand Sud-Ouest

Le sud-ouest de la France a la réputation d'être un pays de cocagne, cette contrée de l'imaginaire européen médiéval où rien ne manque et où l'on fait bombance chaque jour. Étymologiquement, il y a du vrai, puisque la cocagne désigne les boules de pastel, cette substance tinctoriale issue d'une plante cultivée en amont de Toulouse et qui a fait la fortune de la ville.

Sur le plan alimentaire, les habitants du bassin de la Garonne ont connu bien des disettes dans le passé lointain, mais beaucoup moins après l'arrivée des plantes américaines au XVIIe siècle, le maïs et le haricot, puis la pomme de terre. C'est encore aujourd'hui une région où l'on aime au plus haut point la bonne chère et le bon vin. Marchés opulents et auberges accueillantes y abondent. La vigne est omniprésente, vouée à la production de vins de terroir accessibles, sauf dans le Bordelais où sont nés de très grands crus en raison de l'appel du marché nord-européen et mondial rendu accessible grâce au port de Bordeaux.

Bien des terroirs différents composent le Grand Sud-Ouest. Comme toutes les montagnes, les Pyrénées sont terres d'élevage et de production de fromages de vache et de brebis de grande qualité. Dans leur partie basque, moins élevée, renaît un élevage porcin réputé, celui de la race pie-noire basque élevée en semi-liberté, dont la viande fraîche et le jambon dits Kintoa bénéficient depuis 2016 d'une AOP distincte de l'IGP jambon de Bayonne. Partout les productions charcutières sont abondantes : boudin, saucisse et saucisson, jambon, terrines et pâtés aux recettes innombrables.

Les collines et vallées qui composent l'essentiel de la région bénéficient d'un climat doux et humide. Elles sont favorables à de nombreuses cultures céréalières, légumières et fruitières. C'est le royaume du maïs arrivé ici au XVIIe siècle en provenance d'Espagne *via* le Pays Basque et qui a permis le développement de l'élevage de volailles grasses : oies, canards, dindes, poulets.

Le foie gras est l'aliment emblématique de toute la région, tout comme le confit, le cou farci et, depuis que le cuisinier d'Auch, André Daguin, l'a rendu populaire, le magret de palmipède gras. Les plus délectables préparations de foie gras proviennent du nord-est, là où les truffes noires (*Tuber melanosporum*) viennent en relative abondance sur les sols calcaires du Périgord et du Quercy. Le climat est aussi propice à la pousse estivale et automnale des autres champignons, dont les rois sont les cèpes. Leur recherche est un véritable sport régional donnant lieu parfois à des rixes et vengeances exercées sur des cueilleurs allochtones. La préparation dite « à la bordelaise » est la plus répandue. Après essuyage soigneux, on les fait poêler à l'huile d'olive ou à la graisse d'oie avec des échalotes, de l'ail et du persil.

Cèpes de Bordeaux.

Le haricot est, comme en Lauragais, très cultivé. Il est la base du cassoulet, populaire en Toulousain, mais il est indispensable à la garbure, à la soupe au potiron à la girondine et à la morue à la béarnaise. Parmi les autres productions maraîchères et fruitières réputées, mentionnons la tomate de Marmande, la fraise, le chasselas de Moissac, le pruneau d'Agen, la châtaigne et la noix du Périgord. Le piment d'Espelette est la gloire du Pays Basque et bénéficie d'une AOP.

Dans son cortège sont arrivés d'Amérique le poivron et la tomate, bases de la piperade. Bayonne est aussi la plus ancienne ville où l'on élabore du chocolat, apparu aux XVIe et XVIIe siècle avec les juifs espagnols et portugais qui ont fait connaître les précieuses fèves de cacao.

Limoges
Saintes
Cognac
Angoulême
Miques
Noix du Périgord
Filet de bœuf
Périgueux
Truffe
Tulle
Moutarde violette de Brive
Brive-la-Gaillarde
Châtaigne du Périgord
Croquet aux amandes
Canard mulard
Papiton au foie gras
Ballotine de dinde au foie gras
Enchaud périgourdin
Pommes de terre sarladaises
Coque quercynoise
Bergerac
Esturgeon et caviar d'Aquitaine
Agneau de Pauillac
Lamproie
Grenier médocain
Anguille
Macaron de Saint-Émilion
Canelé bordelais
Lamproie à la bordelaise
Bordeaux
Entrecôte à la bordelaise
Océan Atlantique
Huître d'Arcachon
Arcachon
Anguille
Cèpes à la bordelaise
Vinaigre de vin de Bordeaux
Tomate de Marmande
Fraise du Périgord (garriguette, mara-des-bois)
Melon du Quercy
Cabécou
Rissole
Huile de noix
Gâteau à la broche
Noix du Quercy
CONFIT DE CANARD ET D'OIE
Cahors
Asperge des sables des Landes
Bœuf de Bazas
Truffe
Agneau du Quercy
COU D'OIE FARCI
Miel de bruyère des Landes
Civet de lapin aux pruneaux
Fougasse
Estofinado
FOIE GRAS DE CANARD OU D'OIE
Terrine de Nérac
Agen
Tortillon
Melon de Nérac
Chasselas de Moissac
Reine-Claude
Anchois
Chipiron
Pibale
Thon rouge
Sardine
Palombe, ortolan
Pastis landais
Mont-de-Marsan
Montauban
Navette albigeoise
Croustade aux pommes
Piballes sautées à l'ail et au piment
Gâteau basque
Madeleine de Dax
Poulet jaune fermier et chapon des Landes
Albi
Gimblette d'Albi
Jambon de Bayonne
Dax
Adour
Canard mulard
Ail violet de Cadours (AOP)
Fetge
Saumon de l'Adour
Haricot de maïs
Bœuf blond d'Aquitaine
Tarn
Biarritz
Bayonne
Auch
Violette confite de Toulouse
Ail rose de Lautrec
Chocolat de Bayonne
Sel de Salies-de-Béarn
Garbure
Morue à la béarnaise aux haricots
Tourtière à l'armagnac
Cachou Lajaunie
Toulouse
Castres
Touron basque
Cassoulet de Toulouse
Ventrèche
Cerise noire d'Itxassou
Boudin noir du Béarn
Dinde noire du Gers
DAUBE DE BŒUF
Saucisse de Toulouse
Saucisse de couenne
Pipérade
Kintoa (AOP)
Pau
Cèpe
Confiture de cerises noires d'Itxassou
Andouille du Béarn
Poule au pot Henri IV
Garbure
Aigo Boulido
Poulet basquaise
Tourin à l'ail
Tarbes
Garonne
Carcassonne
Rousquille
Millas
Porc noir de Bigorre
Porc noir gascon
Terrine d'isard
Ariège
Bethmale
Foix
Bougnette
Berlingot de Cauterets
Tripou du Couserans
Saupiquet de châtaignes
Grand Sud-Ouest
30 km
Poissons, crustacés
Viandes
Charcuteries
Pâtisseries
Confiseries
Millas Principales recettes
Pains, viennoiseries
Fromages, produits laitiers
Légumes, fruits
Condiments, épices
Canard mulard
COU D'OIE FARCI
Spécialité ou recette présente dans toute la région
Aires AOP légumière et fruitière
Chasselas de Moissac
Piment d'Espelette
Aires AOP fromagères
Ossau-Iraty
Rocamadour
Aires IGP
Agneau de Pauillac
Bœuf de Bazas
Haricot tarbais
Jambon de Bayonne
Pruneau d'Agen

les **Prés** d'Eugénie

L'univers poétique des Maisons Guérard

Extrait de la carte de la « Ferme aux Grives » de Michel et Christine Guérard

La soupe fraîche à la rosée de tomate et la quenelle glacée à la moutarde ancienne

La tarte feuilletée aux pommes d'amour, basilic et cie

La terrine de poivron et sardines grillées à l'olive noire, aïoli au piment d'Espelette

La salade de pommes de terre à l'échalote confite et le saucisson des vendanges sur la braise

Canard en civet, ris d'agneau, anguille fumée, foie gras, pied de cochon et petites saucisses

La daurade au lard de Bigorre, braisée doucement au four de boulanger

Le beau poulet des Landes à la broche, peau croustillante à l'oignon et au thym, jus de la lèchefrite

Le cochon de lait à l'âtre, farci comme en Castille

Les aiguillettes de filet de bœuf sur le gril en chiffonnade de salades et légumes nouveaux

La fromage « pastoral », composition favorite de Christine

La bonne tarte feuilletée aux fruits de saison

La charlotte soyeuse aux fraises de Monsieur Cazade

La gaufre croustillante, glace au « lait pendu » et compotée de cerises framboisées

« Les Prés d'Eugénie-Michel Guérard », 334, rue Renée Vieille, 40320 Eugénie-les-Bains (www.michelguerard.com/table/ferme-aux-grives/).

Ce que le canelé bordelais doit au vin

La petite pâtisserie chérie des Bordelais, aux flancs cannelés, caramélisés et brillants, doit beaucoup au mode d'élaboration des grands vins de Bordeaux. Il existe dans la région près d'un millier d'artisans ou d'industriels (Baillardran est le plus important) de la pâtisserie qui élaborent aujourd'hui plusieurs millions de canelés (avec un seul « n ») chaque année.

Comme beaucoup de friandises, on attribue leur invention à des religieuses, celles de l'Annonciade de Bordeaux, au XVIIIe siècle. Il n'est pas certain qu'elles y aient été pour grand-chose, mais ce qui est sûr, c'est que les châteaux bordelais utilisèrent pour coller et clarifier les vins, depuis le XVIIIe siècle jusqu'à une date récente, de nombreux blancs d'œufs battus en neige. À raison de trois à huit par barrique de 225 litres, la quantité de jaunes inutilisés était impressionnante et a permis la mise au point de la recette des canelés : six jaunes pour un litre de lait, une livre de sucre, une demi-livre de farine, du rhum et de la vanille, du beurre pour oindre les moules en cuivre.

La durée variable de cuisson permet de les obtenir tendres, croustillants ou croquants.

Les huîtres d'Arcachon

Le Bassin d'Arcachon accueille l'une des principales zones ostréicoles de France. Le mollusque y est présent à l'état sauvage depuis toujours et faisait déjà l'objet d'une pêche et d'une vente au loin à l'époque romaine. Il s'agissait alors, ce qui fut le cas jusqu'au XIXe siècle, d'huîtres plates, dites belons, celles que l'on trouve aujourd'hui en Bretagne. En 1868, à la suite d'une tempête, un navire breton transportant des huîtres creuses du Portugal a été contraint de larguer sa cargaison dans l'estuaire de la Gironde. Elles prospérèrent et éradiquèrent la plate. À la fin des années 1960, cette espèce fut décimée par deux maladies et remplacée par une autre espèce d'huître creuse, d'origine japonaise. Dans la région d'Arcachon et dans le Bordelais en général, on consomme les huîtres avec des saucisses ou crépinettes grillées, du pain, et en buvant du vin blanc sec de l'Entre-deux-Mers ou, pratique plus originale mais en déclin, avec du vin liquoreux de Sauternes – peut-être une influence de l'Angleterre, si liée au Bordelais, où l'on a conservé l'habitude de mêler le salé et le sucré, laquelle a disparu du goût français raffiné à la fin du XVIIe siècle.

Saintes
Cognac
Limoges
Angoulême
Piegut-Pluviers
Vendays-Montalivet
Thiviers
Maison du Foie gras
Brantôme
Musée du Vin dans l'Art (Château Mouton Rothschild)
Hourtin
Médoc
Côtes-de-Blaye
Écomusée de la Truffe
Tulle
Périgueux
Musée des Arts et Métiers de la Vigne et du Vin (Château de Maucaillou)
Blaye
Musée viti-vinicole
L'Esturgeon et son Caviar
Terrasson-La Villedieu
Brive-la-Gaillarde
Coutras
Mussidan
Montignac
Lacanau
Saint-André-de-Cubzac
Libournais
Montpon-Menesterol
Saint-Aubin-du-Médoc
Hostellerie de Plaisance
Musée du Vin et de la Batellerie
Ferme du Bournat
2 restaurants
1 restaurant
Andernos-les-Bains
Bordeaux
Bassens
Libourne
Cenon
Sarlat-la-Canéda
Le Bugue
Souillac
Liqueur de noix
Pessac
Talence
Sainte-Foy-la-Grande
Bergerac
Écomusée de la Noix du Périgord
La Grand'Vigne
Marie Brizard
Fine de Bordeaux
Issigeac
Arcachon
Graves
Lillet
Entre-deux-Mers
Bergeracois
Eau-de-vie de prune
Vin de noix
La Teste-de-Buch
Cadillac
Sauternes
Langon
BORDELAIS
Maison du Châtaignier, Marrons et Champignons
Océan Atlantique
Garonne
Musée du Pruneau gourmand
Le Gindreau
Cahors
Decazeville
Parentis-en-Born
Lot
Musée du Vin et de la Table lotoise
Écomusée de Marquèze
Écomusée du Pruneau
Musée du Foie gras
Montcuq
Aveyron
Rodez
Musée du Miel
Agen
Villefranche-de-Rouergue
Michel Trama
Buzet
Saint-Antonin-Noble-Val
Musée du Liège et du Bouchon
Valence d'Agen
Caussade
Écomusée de l'Armagnac du Château Garreau
Côtes du Brulhois
Musée de l'Art du Sucre et du Chocolat
Quercy des Îles
Relais de la Poste
Montauban
Mont-de-Marsan
Condom
Musée de l'Armagnac
Carmaux
Écomusée de la Pêche et de la Mer
Dax
Adour
Floc de Gascogne
Vins de Lavilledieu
SUD-OUEST
Gaillac
Albi
Beaumont-de-Lomagne
Saint-Vincent-de-Tirosse
Les Prés d'Eugénie - Michel Guérard
Frontonnais
Capbreton
Labenne
Izarra
Musée du Saumon
Bessières
Grenade
Graulhet
Anglet
Peyrehorade
Tursan
Auch
Réalmont
Biarritz
Bayonne
Béarn
L'Union
Lavaur
Saint-Jean-de-Luz
Côtes Saint-Mont
Orthez
L'Isle-Jourdain
Colomiers
Toulouse
Castres
Musée du Chocolat
Le Puits Saint-Jacques
Musée du Sel
SUD-OUEST
Madiran
Tournefeuille
Puylaurens
Mourenx
et Pacherenc du Vic Bilh
Muret
Musée du Foie gras et des Traditions populaires
Pau
Vic-de-Bigorre
Revel
Irouleguy
Jurançon
Sagarnoa (cidre)
Michel Sarran
2 restaurants
Tarbes
Carbonne
Musée du Foie gras Laguilhon
Cazères
Carcassonne
Lannemezan
Saint-Gaudens
Montréjeau
Ariège
Mirepoix
Saint-Girons
Grand Sud-Ouest
Foix
Luz-Saint-Sauveur
Arreau
Lavelanet
Saint-Lary-Soulan
30 km
Localité comptant au moins un restaurant étoilé au *Guide Michelin*
1 étoile
2 étoiles
3 étoiles
Musée de la gastronomie
Boissons
Principaux marchés (100 exposants et plus)
Tarbes, marché de 600 exposants
Aires AOP viticoles
Bordeaux
Sud-Ouest
Gaillac Principaux vignobles
Aire AOP Armagnac
Haut Armagnac
Armagnac Ténarèze
Bas Armagnac

Le foie gras, gloire du Sud-Ouest

Contesté et menacé d'interdiction par certains défenseurs de la cause animale, surtout dans les pays puritains, le foie gras est l'une des merveilles gastronomiques de l'Europe et des contrées méditerranéennes depuis l'Antiquité. Son obtention résulte de l'observation séculaire de l'instinct des palmipèdes migrateurs : ceux-ci s'engraissent spontanément à l'automne, alors que leur alimentation habituelle est abondante, afin de se munir de réserves de graisse sous la peau et dans le foie avant d'entreprendre leur grande migration vers les contrées tropicales chaudes en hiver. Les anciens Égyptiens et les Romains avaient remarqué cette habitude et imaginé d'accélérer le processus en nourrissant de figues les oies qu'ils élevaient.

Élevage d'oies dans une ferme ancienne du Périgord.

La méthode était beaucoup plus cruelle que l'actuelle, puisque les volatiles étaient placés dans le noir, leurs palmes étant clouées sur des planches. C'est du nom latin de la figue, *fica*, qu'est né *ficatum*, ancêtre du mot foie.

L'élevage de palmipèdes gras doit ensuite beaucoup aux communautés juives qui se sont répandues dans toute l'Europe et qui, pour des raisons liées à la cacherout, n'étaient pas autorisées à consommer du porc. C'était pour elles la seule source de matières grasses dans les régions à hiver froid où ne pousse pas l'olivier. En Europe centrale, depuis la fin du Moyen Âge, les juifs élevaient de grands troupeaux d'oies et obtenaient parfois à l'occasion des abattages de beaux foies gras. Il est possible que les communautés du sud-ouest de la France aient aussi pratiqué cet élevage, d'autant qu'elles se sont étoffées après l'expulsion des juifs d'Espagne et du Portugal. L'arrivée du maïs au XVIIe siècle a facilité l'élevage des volailles et permis d'améliorer l'engraissement des oies, puis des canards.

C'est au XVIIIe siècle que fait son apparition le pâté de foie gras de Périgueux, enrichi de truffes noires, en même temps que celui de Strasbourg. Aujourd'hui, du grand Sud-Ouest proviennent 13 000 des 20 000 tonnes produites chaque année en France. Plus de 60 000 personnes en vivent directement ou indirectement. À 97 %, il s'agit de foie gras de canard, plus facile à élever, et à 3 % seulement d'oie, dont la saveur est moins musquée, mais plus fine.

Recette de la terrine de foie gras truffée

Dégorger à l'eau fraîche un beau foie de canard ou d'oie.

Écarter avec précaution les deux lobes et, avec un petit couteau pointu, le dénerver et enlever toutes les veinules qui gâteraient la pureté ivoirine de la présentation finale.

Saler et poivrer, puis le placer dans une terrine en l'arrosant d'armagnac ou d'un verre de vin liquoreux de la région où l'on se trouve (sauternes, jurançon, gaillac, monbazillac, etc.).

En le perçant délicatement avec le petit couteau, y introduire autant de clous de truffes noires que l'on voudra. Le problème est que les meilleures sont disponibles en janvier-février, alors que les foies le sont dès la Saint-Martin, début novembre. Il faut donc utiliser de la truffe en conserve ou surgelée.

Cuire au bain-marie pendant une demi-heure dans un four à 120°. L'eau doit frémir, mais ne pas bouillir, sinon beaucoup de graisse risque de sortir du foie.

Laisser refroidir deux jours et servir froid avec des tranches de pain grillé tièdes. En accompagnement, tout vin blanc sec ou moelleux convient.

La tradition du Sud-Ouest est de servir un liquoreux. Les grands sauternes font merveille.

LE VIGNOBLE BORDELAIS

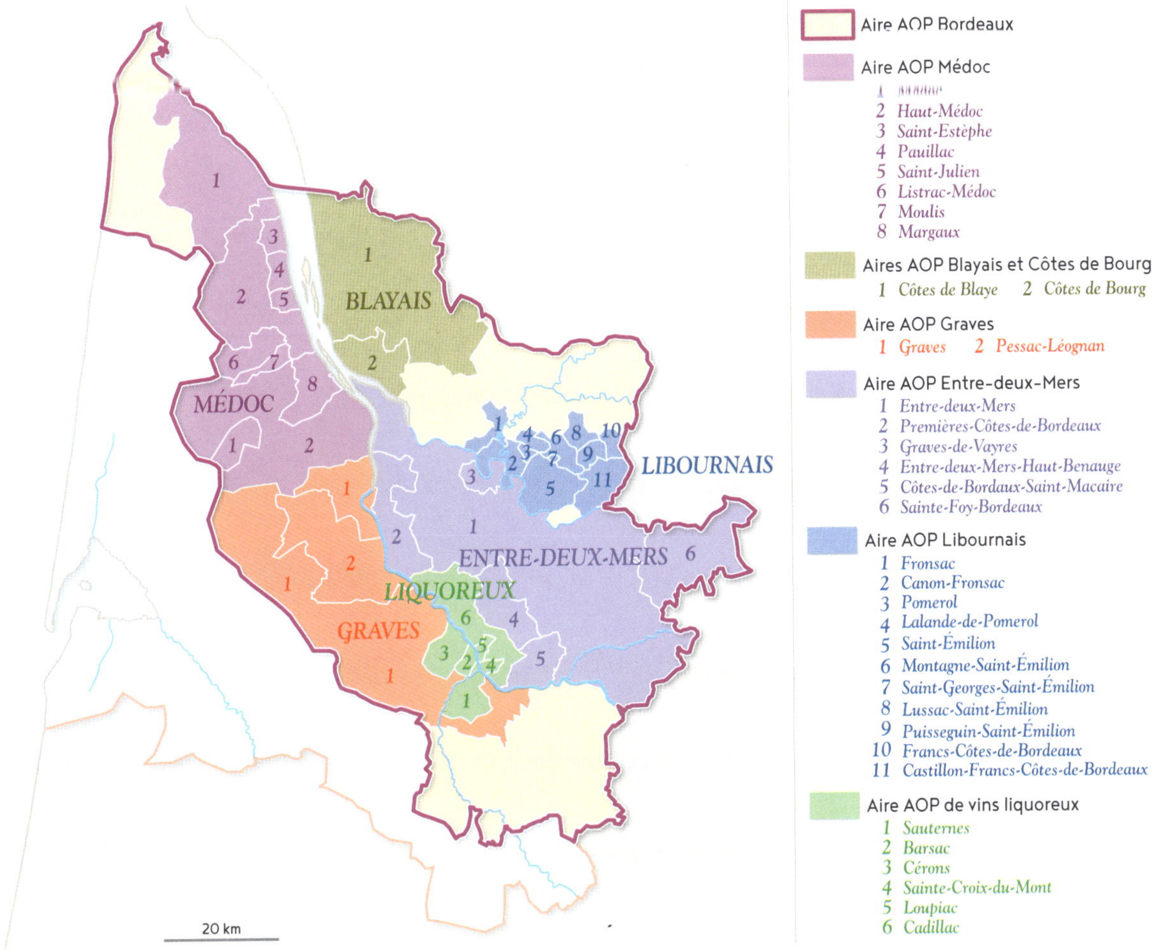

L'armagnac

La production d'eau ardente distillée à partir de vin dans la région d'Eauze et Condom remonte au XIVe siècle. Elle connaît un essor au XVIIe siècle grâce aux commerçants hollandais qui viennent l'acheter dans le port de Bayonne, ce qu'ils font sur une plus grande échelle plus au nord, à Rochefort et Cognac.

À l'origine, la distillation a pour buts de concentrer la teneur alcoolique, et donc de réduire le volume du vin, et de faciliter sa conservation et son transport. Du fait de l'éloignement de la mer et de la faible navigabilité des rivières de la région, le vignoble à eau-de-vie se développera moins en Armagnac que dans les Charentes. Il s'étend aujourd'hui sur 2 200 hectares, contre 73 000, et produit environ 6 millions de bouteilles de 70 cl contre 163. C'est l'une des fractures françaises : les vrais amateurs de l'un ne boivent jamais de l'autre !

Chai de vieillissement de l'armagnac.

Les vins issus de l'ugni, de la folle blanche et du colombard ne passent qu'une fois en alambic, puis l'eau-de-vie est mise à vieillir en fûts, pratique qui remonte au XIXe siècle et qui exalte l'art du distillateur et les parfums des terroirs répartis en trois grandes familles : Bas Armagnac, Haut Armagnac et Ténarèze. L'élevage peut se prolonger pendant des décennies. Une fois embouteillée, elle n'évolue plus. Pratique rarissime en Cognaçais, les armagnacs peuvent être millésimés. Leur image est associée à l'esprit mousquetaire, au rugby, à la course de taureaux et à la gastronomie du terroir.

De grands chefs de la région Sud-Ouest comme Raymond Oliver, André Daguin, Michel Guérard ou Alain Dutournier ont contribué à faire connaître l'armagnac hors les murs.

Poitou, Charentes et Limousin

Le centre-ouest de la France correspond au seuil du Poitou et au flanc occidental du Massif central, le Limousin. Il est de climat humide, tempéré dans les zones basses, frais dans les hauteurs, très favorable en toutes saisons à la pousse de l'herbe. À l'ouest, où les transports et l'accès aux villes sont les plus faciles, c'est le pays de l'élevage laitier, bovin et caprin. Le beurre y est parfumé ; il accompagne les poissons et les fruits de mer sauvages qui sont débarqués en abondance dans les ports de La Rochelle et Rochefort et, plus modestement, Royan. Il rehausse de sa saveur noisette le goût profond des huîtres et moules élevées sur le littoral, surtout dans l'aire ostréicole de Marennes-Oléron. Il entre aussi dans la composition de nombreuses pâtisseries et viennoiseries parmi lesquelles le broyé du Poitou.

Spécialités des Charentes.

Le chabichou est un fromage de chèvre à pâte très fine et dense, apparenté à ses cousins du sud du Val de Loire. Frais, il entre dans la recette du tourteau fromagé, spécialité régionale unique. L'humidité est propice à l'élevage des escargots petits-gris, localement appelés cagouilles, et très estimés par les habitants qui se dénomment eux-mêmes cagouillards tant ces gastéropodes sont devenus pour eux identitaires. On les prépare au beurre aillé et persillé comme en Bourgogne, mais aussi à la nage ou en sauce au vin rouge et aux lardons.

Les conditions environnementales ne sont pas défavorables à la viticulture, mais l'éloignement des grands marchés de consommation urbains du nord de la France et de l'Europe n'a pas entraîné la naissance de crus réputés. En revanche, les marchands néerlandais, anglais et irlandais se sont intéressés depuis le XVIIe siècle à l'eau-de-vie distillée à partir des petits vins locaux, l'ont perfectionnée en découvrant les vertus du double passage en alambic, ont encouragé la plantation d'un grand vignoble et, surtout, ont découvert l'intérêt de l'assemblage et du vieillissement prolongé.

Le port de Cognac sur la Charente est devenu la capitale de l'eau-de-vie qui porte son nom et qui est aujourd'hui mondialement connue.

À l'est, la production de viande a toujours été l'activité principale, à côté de l'exploitation forestière et de la production de bois de chêne que les maisons de cognac recherchent avec exigence. Limoges est à la fois une capitale de la boucherie de gros et de détail, en même temps qu'un haut-lieu des arts de la table puisque c'est la plus importante région de production de porcelaine en France. Attention : le nom du Plateau de Millevaches ne fait nullement référence à l'abondance du bétail, pourtant bien réelle, mais renvoie soit aux innombrables sources (*vacca* en langue germanique), soit au mot celtique *melo* qui désigne les montagnes et au mot latin *vacua*, vide.

Il ne se produit aucun fromage réputé en Limousin, mais la production laitière est destinée à un autre usage : l'élevage des veaux sous la mère dont la viande est particulièrement délicate et recherchée. Les sols granitiques des hautes terres sont aussi favorables à d'autres productions qui passent pour rustiques, alors qu'elles ont ici une saveur prononcée qui les rendent hautement gastronomiques : les raves, les châtaignes, les pommes de terre, sans oublier les aliments de cueillette que sont les champignons, les cèpes et les myrtilles.

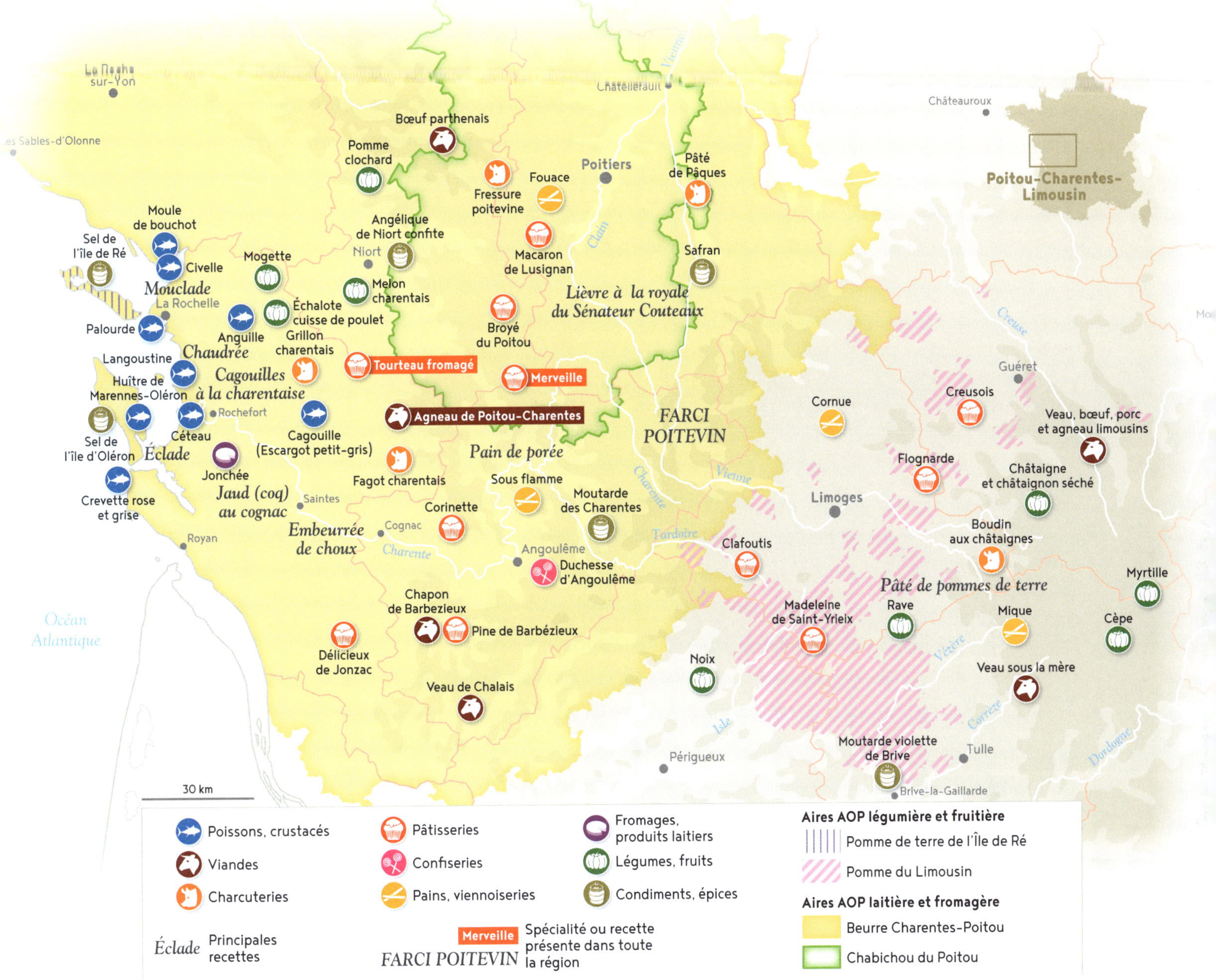

Le lièvre à la royale du Sénateur Couteaux

L'un des plats les plus savants et représentatifs de la haute cuisine française est le lièvre à la royale dont l'invention est parfois attribuée aux cuisiniers du Roi Soleil, contraints d'imaginer des recettes de viandes compotées en raison de la mauvaise dentition de Sa Majesté. Comme d'autres, il fait l'objet d'une querelle inexpiable quant à sa recette.

En Périgord, il est roulé et farci au foie gras et aux truffes. En Poitou, on le prépare à la manière préconisée par un agriculteur et journaliste qui fut sénateur républicain de la Vienne de 1891 jusqu'à sa mort en 1906. Dans une chronique de 1898, il décrit sa recette d'un lièvre à la royale qui fut servi lors d'une réunion du Groupe gastronomique du Sénat.

Il est aujourd'hui fidèlement préparé par le chef lyonnais Paul Bocuse et le poitevin Joël Robuchon. Il faut trente gousses d'ail et autant d'échalotes pour un lièvre qui cuit entouré de bardes pendant des heures dans du bon vin rouge et du vinaigre avec une riche garniture. La sauce est au final liée au sang de l'animal, ce qui lui donne un aspect onctueux et moiré.

Le lièvre à la royale se consomme à la cuiller avec un grand pomerol, un saint-émilion, un médoc ou, mieux, même si le vin vient de loin, avec un grand cru assagi de la côte-de-nuits ou bien un hermitage ou un châteauneuf-du-pape.

Le cognac, la plus célèbre eau-de-vie française

Le vignoble charentais exporte son vin vers l'Europe du Nord depuis le Moyen Âge. Du fait du refroidissement du climat, il subit à partir du XVIe siècle la concurrence du Bordelais, mais aussi des vignobles ibériques et atlantiques qui, situés plus au sud, produisent des vins plus corsés, voire liquoreux. Il se tourne alors vers la production de vins de chaudière, les marchands flamands, néerlandais ou anglais trouvant aux eaux-de-vie de vin une finesse qui ne se retrouve pas dans les alcools de céréales. Comme les Chartrons le font au même moment à Bordeaux, en prenant possession du négoce, ce sont eux qui viennent s'implanter à Cognac et à Jarnac au XVIIIe siècle et fondent des distilleries réputées : Jean Martell, originaire de Jersey, Richard Hennessy, d'Irlande, James Delamain, huguenot saintongeais, issu d'une famille exilée en Irlande, Thomas Hine, protestant du Dorset, etc.

Ce sont ces habiles distillateurs qui inventent la double distillation (une première à 30°, une seconde à 70°) de vins issus de colombard, d'ugni blanc, de folle blanche qui conviennent bien à cet usage. Ils mettent également au point le vieillissement en tonneaux de chêne issus du Limousin ou de la forêt de Tronçais. L'activité de la tonnellerie est de ce fait très prospère en Charentes. Reste à expliquer la hiérarchie des terroirs : Grande Champagne, Petite Champagne, Borderies, Fins Bois, Bons Bois, Bois Ordinaires. Cette disposition en auréoles résulte de causes géologiques, mais sans doute davantage encore de la proximité de Cognac et de Jarnac, capitales de la distillerie et du négoce.

Aujourd'hui, la production de cognac s'élève à plus de 160 millions de bouteilles par an dont 98 % sont exportés : un gros tiers en Asie, en Chine principalement, un petit tiers au Royaume-Uni, un autre petit tiers aux États-Unis. Les Français n'en consomment que moins de 5 millions de bouteilles contre… 142 millions de bouteilles de whisky, une eau-de-vie quasiment inconnue d'eux en 1960 !

De loin, cette activité est dominée par la Maison Hennessy (40 % de la production), fleuron du groupe LVMH, ce qui révèle le cousinage entre le vignoble cognaçais et celui de Champagne : mêmes grands groupes de niveau mondial, même relation entre un puissant négoce et des vignerons auxquels il achète à bon prix du raisin ou du vin, même art de l'assemblage de produits jeunes et vieillis selon un style maison, même hiérarchie de cuvées simples et abordables et de grandes cuvées hors de prix, présentées dans des bouteilles et des emballages qui sont de véritables œuvres d'art. Viennent ensuite Rémy Martin (18 %), Martell (14 %), Courvoisier (10 %), puis la maison familiale qu'est Camus et une multitude de plus petites maisons élaborant parfois de remarquables cognacs.

Les Européens continuent à consommer le cognac à la fin des repas, en digestif, accompagné pour les amateurs d'un cigare. Les Américains le consomment volontiers en *long drinks* avec de l'eau et de la glace. Les Asiatiques ne dédaignent pas d'en faire l'accompagnement de tout un repas…

À la carte du « Bar André » à La Rochelle

Huîtres, coquillages & crustacés

Les huîtres de Besson
Les huîtres de Joguet
Les huîtres de la Maison Lambert
Les huîtres de « Gillardeau »
Assiette de dégustation
Fines de claires « Île de Ré » n° 3,
Spéciales de claires n° 3,
Spéciales de « Gillardeau » n° 3
Palourdes grosses
Praires
Bulots
Bigorneaux
Amandes
Crevettes grises
Crevettes roses
Langoustines grosses
Tourteau
Au poids ½ Homard Canadien froid, mayonnaise

« Bar André », 5 rue Saint Jean du Pérot, 17000 La Rochelle (www.barandre.com/).

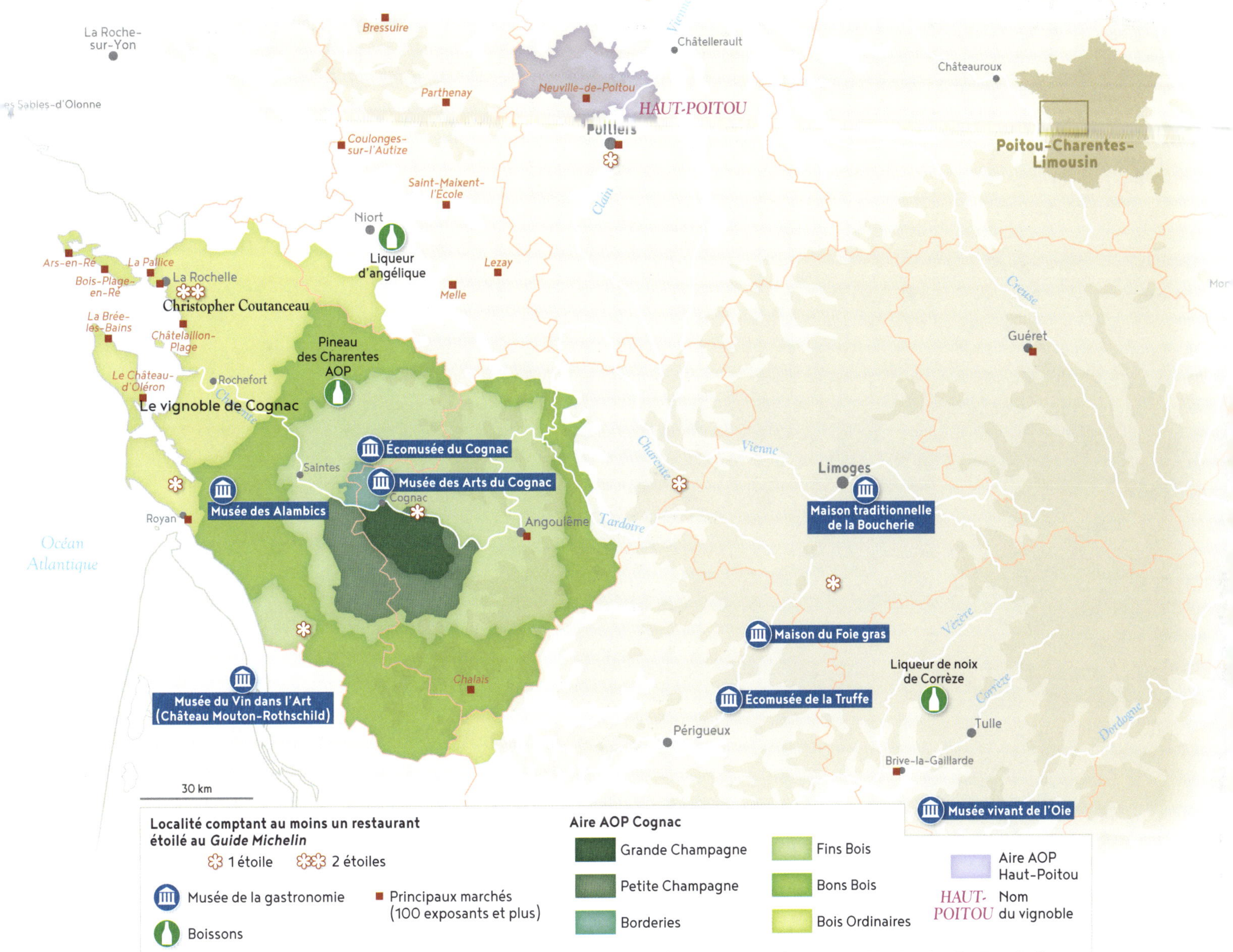

Le clafoutis aux cerises du Limousin

Les cerises noires sont particulièrement goûteuses dans les basses régions du Limousin. Le clafoutis, dessert phare de la région, permet d'en exalter la saveur.

Recette

Bien beurrer un moule en terre ou en porcelaine.

Y ranger en les serrant bien des cerises noires bien mûres avec leurs noyaux qui vont donner une saveur très noble à ce plat.

Les recouvrir d'un appareil bien remué afin qu'il soit homogène, composé dans les proportions suivantes : 100 g de farine pour 100 g de sucre, un quart de litre de lait, trois œufs et une pincée de sel, comme dans toute pâtisserie.

Cuire trois quarts d'heure à four chaud. Le dessus doit être gratiné, l'intérieur moelleux et sans eau.

Servir tiède avec du cidre local, du vin de noix ou une eau-de-vie de fruit.

La Corse

« Au parfum de son maquis, de loin, les yeux fermés, je reconnaîtrais la Corse », avait coutume de dire Napoléon. Cette déclaration d'amour transi de l'empereur pour les fragrances de son île natale peut fort bien être étendue à sa nourriture et à ses boissons. Tout aliment qui naît dans cette montagne méditerranéenne dans la mer (dans l'amer aussi, selon les traditions gustatives de la Méditerranée) est puissamment odorant et goûteux : le miel AOP, les fromages, les herbes du maquis qui entrent dans la composition de la soupe, les viandes de cabri, d'agneau ou de porc, les fruits tels les agrumes (cédrat, citron, clémentine), les vins issus de cépages comme le vermentino ou le nielluccio, les amers et liqueurs du Cap Corse.

Pauvre, la Corse le fut pendant des siècles, ses pentes, ses sols et son climat ne permettant que de maigres récoltes et peu d'élevage bovin. La Méditerranée, comme partout ailleurs, fournit des poissons et des fruits de mer d'une saveur incomparable, mais elle en est avare, ce qui explique qu'ici aussi on trouve des plats de morue qui, jadis, permettaient de respecter les nombreux jours d'abstinence de viande. Traditionnellement, comme leurs voisins sardes, les Corses étaient avant tout des bergers, éleveurs de chèvres et de brebis, ce qui explique l'importance des fromages dans leur alimentation et, du fait des courtes lactations des bêtes et de la nécessité de conserver ceux-ci assez longtemps, leur puissance olfactive et gustative.

Ce sont les Génois qui, au cours des quatre siècles de domination de l'île, développent l'agriculture sur le modèle de la montagne ligure. Ils obligent les Corses à planter des vignes, des oliviers, des châtaigniers : quatre arbres par famille et par an, sous peine d'amende, avec récompense accordée au dénonciateur des récalcitrants. C'est ainsi que le massif schisteux du nord-est se couvre de châtaigniers au point de prendre le nom de Castagniccia. Grâce au fruit de l'arbre à pain qui peut se dessécher et se transformer en farine, cette région pentue permit de vivre sans famine, pendant des siècles, à plus de cent habitants par kilomètre carré. En 1900 encore, certains vieux autochtones n'avaient jamais mangé de pain de froment de leur vie.

Charcuteries corses.

Issu d'un milieu relativement aisé, Napoléon, lorsqu'il était petit, échangeait le pain dont il disposait contre les *pisticcine* (galettes de farine de châtaignes) des bergers travaillant pour sa famille. Il existait naguère une tradition de menus de fête tout en châtaignes au cours desquels on servait plus d'une vingtaine de plats différents, plus ou moins mêlés d'huile, de fromage, de porc, d'œufs, de fruits secs, de miel.

L'une des traditions les plus anciennes de la Corse est l'utilisation de son maquis. Outre le merveilleux miel, de nombreuses plantes que l'on y cueille à diverses saisons entrent dans sa cuisine, par exemple la menthe sauvage, la sauge, les baies du myrte, les arbouses, etc. Le bétail s'y nourrit en semi-liberté : chèvres et brebis rentrent tous les jours à la ferme pour la traite, les porcs noirs ou métissés passent l'été et le début de l'automne à se nourrir de tout ce qu'ils trouvent. En octobre-novembre, glands et châtaignes leur permettent d'acquérir une bonne couche de graisse savoureuse. Les incomparables charcuteries de l'île bénéficient désormais d'une AOP : coppa, lonzu, prisuttu…

Le pâté de foie de porc corse

L'abattage des porcs corses (*Porcu nustrale*) a lieu en fin d'automne au moment où ils reviennent à la ferme, alors que les ressources du maquis se raréfient. Outre les charcuteries qui se conservent toute l'année, la viande fraîche est délectable et le gras comme le foie explosent des saveurs de la montagne. Il est de tradition de confectionner du pâté de foie qui peut être consommé frais ou mis en conserves.

Recette

Hacher à parts égales du foie de porc avec du lard et de l'échine, des oignons, des gousses d'ail, du sel, du poivre, du thym, du romarin, du myrte. Ajouter à la fin deux œufs entiers.

Barder de lard gras une terrine que l'on remplit du mélange surmonté d'une ou deux feuilles de laurier que l'on recouvre aussi de barde. On peut remplacer la barde par de la crépine.

Placer le couvercle de la terrine et le luter à la pâte. Cuire dans un bain-marie au four pendant deux bonnes heures.

Refroidir et ne pas servir avant un jour ou deux.

La renaissance du vignoble corse

Longtemps le vignoble corse est resté minuscule, voué à la consommation familiale, approximatif dans ses méthodes de viticulture et de vinification. Avec l'explosion de la demande de vin de table dans toute la France au XIXe siècle, la production s'est accrue et est venue s'ajouter au vin d'Algérie et du Languedoc, assemblés dans les chais de Sète ou de Bercy à Paris.

Le phylloxera a marqué un sérieux coup d'arrêt, mais la production de vin de table a connu une deuxième phase d'expansion dans les années 1960 avec l'arrivée de 17000 rapatriés pieds-noirs d'Algérie auxquels ont été accordées des terres dans la plaine orientale. Grâce à leur savoir-faire agricole acquis outre-Méditerranée, ils ont planté des vergers de mandariniers et clémentiniers, mais aussi des vignes, surtout des cépages à gros rendements. Rapidement, l'effondrement des ventes de vin de table a affecté ces grands domaines et les deux-tiers des superficies ont été arrachées. La demande en vin rosé des touristes aurait pu sauver la situation, mais la capacité d'accueil de la Corse n'est en rien comparable à celle de la Provence et de la Côte d'Azur, de même que sa force de vente hors de l'île et à l'exportation.

Depuis un quart de siècle, un certain nombre de vignerons talentueux (Abbatucci, Arena, Canarelli, Leccia, etc.) tentent de hisser le vignoble corse vers la qualité en jouant sur la diversité des sols et sur l'originalité de l'encépagement : paga debiti, vermentino, carcajolo, bianco gentile en blanc, nieluccio, sciacarello, aleatico en rouge.

La plupart de ces cépages se retrouvent en Sardaigne et en Italie centrale, mais donnent des vins très typés en Corse.

Aujourd'hui, la moitié des 6000 hectares de vignobles est classée en AOP vin de Corse pour l'essentiel, mais quelques aires géographiques bénéficient d'une appellation spécifique et produisent des vins assez chers mais ne ressemblant à aucun autre et désormais de très grande finesse : Patrimonio, Ajaccio, Muscat du Cap Corse. Les rosés représentent 56 % de la production de l'île.

On recommandera aux amateurs de s'intéresser davantage aux blancs et aux rouges qui valent le déplacement et accompagnent la gastronomie locale à merveille.

Une pépite : le domaine Comte Abbatucci.

La langouste à la mode corse

Sur les côtes du nord de la Corse abondent les langoustes. Centuri, à l'extrémité du Cap Corse, est le premier port langoustier français. Le tourisme a fait monter la demande, mais le petit nombre de pêcheurs qui subsiste ne menace pas la reproduction des crustacés qui ne sont adultes qu'à quatre ou cinq ans.

La recette la plus classique consiste à les couper en deux vivantes, à les griller sur des braises de bois odorant en évitant de trop les dessécher, après les avoir salées, poivrées et arrosées d'un filet d'huile d'olive locale. On les sert avec une vinaigrette à l'huile d'olive suffisamment aillée ou un aïoli, l'un comme l'autre enrichi du corail et des œufs de l'animal lorsqu'il en contient, ainsi que de toutes les parties crémeuses que l'on peut extraire du coffre. On l'accompagne d'un patrimonio blanc à base de vermentino.

Le port de Centuri, premier port langoustier de France.

Carte de « L'Auberge du Prunelli » ou le « goût de la Corse authentique »

Charcuterie de nos montagnes
Jambon du Pays
Beignets de courgettes et ses fleurs
Panaché (tarte à la romiccia, tarte à la courge, beignets de fleurs de courgettes)
Omelette au brocciu (hors saison brousse) à la menthe fraîche
Beignets de bilorbi (anémone de mer)
Carpaccio de tomates, brocciu et ciboulette, assaisonné par nos soins
Salade de chèvre chaud de la bergère, assaisonnée par nos soins
Soupe

Agneau ou cabri rôti
Tripettes Maison
Civet de sanglier
Escargots à la Corse
Oignons farcis de Minà
Lasagnes à la Nepeta

Truites grillées
Aziminu (soupe de poisson épaisse)
Escalope de veau grillée
Escalope de veau à la crème ou panée
Entrecôte grillée
Figatellu
Pulenta

« L'Auberge du Prunelli », Pont de Pisciatello, 20129 Bastelicaccia (http://auberge-du-prunelli.fr/).

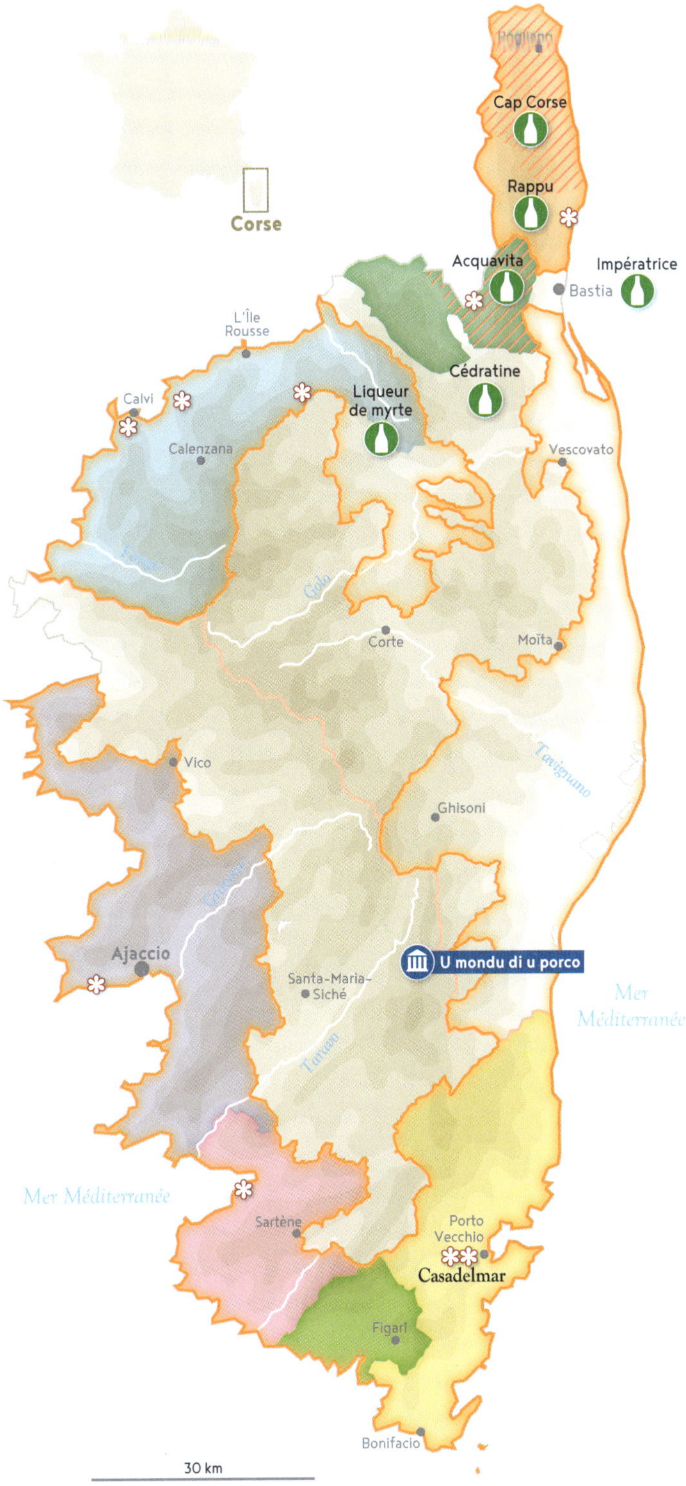

Localité comptant au moins un restaurant étoilé au *Guide Michelin*
1 étoile
2 étoiles

Musée de la gastronomie
Boissons

Aires AOP viticoles
Ajaccio
Corse
Corse Calvi
Corse Coteaux du Cap Corse
Corse Figari
Corse Porto-Vecchio
Corse Sartène
Patrimonio
Muscat du Cap Corse

L'Outre-Mer

De sa longue histoire extravertie et de son ancien empire colonial, la France a conservé sous toutes les latitudes et toutes les longitudes des départements et des territoires aux statuts variés. Chacun d'entre eux possède des aliments et des recettes spécifiques, mais ils partagent aussi un patrimoine commun. Tous sont maritimes et l'on s'y nourrit beaucoup des richesses halieutiques (poissons, crevettes d'eau salée et d'eau douce, huîtres et crabes de palétuvier, etc.) et, lorsqu'elles sont insuffisantes, elles sont importées des mers froides, d'où la popularité des accras de morue. Leur situation sur les grandes routes de navigation explique aussi qu'ils aient été soumis à des influences culturelles très variées venues du large.

Terres de métissage, les cuisines créoles sont héritières des substrats anciens (amérindiens, mélanésiens ou polynésiens, par exemple), mêlés aux influences venues d'Europe (France, mais aussi Portugal, Espagne, Angleterre), d'Afrique (accra est un mot yoruba qui désigne un beignet), du fait de la longue pratique de la traite d'esclaves, indienne, chinoise et indochinoise, et en raison des migrations de populations venues d'Asie pour travailler dans les plantations.

Assortiment de fruits de mer en Nouvelle-Calédonie.

À l'exception de Saint-Pierre-et-Miquelon, tous ces territoires sont situés sous les tropiques et ont adopté un ensemble commun de plantes alimentaires qui se retrouvent dans la plupart des pays chauds et humides. Celles-ci et leurs fruits sont hautement nutritifs et souvent très sucrés, parfumés, épicés : noix de coco, banane, mangue, papaye, patate douce, igname, taro, etc. On y aime partout les nourritures relevées qui conviennent bien aux climats chauds et humides. Le piment dit de Cayenne y est omniprésent. Née en Amérique centrale il y a des millénaires, sa culture s'est diffusée tout autour de la planète. Il est accompagné d'un cortège d'épices douces, comme la vanille (Bourbon de La Réunion ou Tahiti se disputent la palme de la délicatesse), ou brûlantes qui se retrouvent dans les nombreuses variantes du rougail, du cari, du colombo.

Le cochon noir est facile à élever partout. On le consomme en totalité (le boudin antillais est réputé), en ragoût ou cuit à l'étouffée dans le Pacifique. Les vastes espaces de savane à niaoulis de Nouvelle-Calédonie permettent un élevage bovin de grande qualité. De nombreuses variétés de gibier abondent dans la forêt guyanaise, mais aussi en Nouvelle-Calédonie (cochon sauvage, cerf) et un peu à La Réunion (tangue ou hérisson malgache).

La Guadeloupe produit un peu de café, mais l'Outre-Mer français n'a jamais développé la production des trois grandes boissons exotiques dont la métropole fait pourtant grand usage : thé, café, chocolat. En revanche, la culture de la canne à sucre, originaire de Nouvelle-Guinée ou d'Asie du Sud, a été développée aux Antilles, en Guyane et à La Réunion. Elle est à l'origine d'une production de rhums de haute qualité, en particulier à La Martinique, consommés de toutes sortes de manières dont la plus populaire est le ti'punch. Les jus de fruits pourraient être produits en bien plus grande abondance qu'aujourd'hui. La boisson la plus courante est la bière, le plus souvent brassée localement. Il existe deux petits vignobles exceptionnels : l'un de montagne, celui de Cilaos sur les hauts de La Réunion, l'autre de bord de mer, celui de Rangiroa en Polynésie.

Le bougna kanak de Nouvelle-Calédonie

Beaucoup de peuples de la planète ont pratiqué et pratiquent encore la cuisson sur braise à l'étouffée dans un trou creusé dans le sol tapissé de pierres, les aliments étant enveloppés de feuilles de grands végétaux. Le bougna des Mélanésiens en est un exemple. Il peut aujourd'hui se confectionner dans une marmite en fonte, mais de belle taille compte tenu du nombre des ingrédients nécessaires. Il faut être assez nombreux pour ce plat hautement calorique qui peut convenir aux grandes occasions, les fêtes de tribus, par exemple.

Recette

Brunir à la flamme des feuilles de bananier pour les assouplir et développer un parfum boucané.

Former un paquet de celles-ci dans lequel on enferme un gros poulet coupé en morceaux, diverses viandes d'élevage ou du gibier (cerf, roussette), éventuellement des poissons, 4 maniocs, 1 igname, 4 patates douces, 4 bananes plantain, 4 taros (aliment mélanésien de base), 4 tomates, des quartiers de citrouille, des oignons verts, du persil, sel et épices à volonté.

Arroser de lait de coco. Cuire plusieurs heures sur braises après avoir recouvert le paquet de terre ou placé un couvercle sur la marmite.

Le rhum de la Martinique

« Le rhum agricole s'obtient par fermentation et distillation du jus de la canne à sucre frais, appelé vesou, par opposition au rhum de mélasse, produit à partir du sirop non cristallisable issu de la cristallisation du sucre de canne. Pour revendiquer l'AOC Martinique, le rhum doit être produit uniquement à partir du jus résultant du broyage et du pressage de cannes cultivées dans les 23 communes martiniquaises recensées, en utilisant des colonnes de distillation continue minutieusement réglées. Avec ces cuvées, chaque distillerie prend ainsi un instantané photographique de la quantité de ses vins de canne, qui dépend du soin mis en œuvre dans les champs et du suivi des fermentations durant la longue campagne qui s'étire de février à juin. Très singuliers, ces rhums agricoles d'appellation sont aussi les héritiers d'une longue tradition de vieillissement en fûts. »

Cyrille Mald et Alexandre Vingtier, *La Revue du Vin de France*, mai 2017, p. 108.

Recette des accras de morue

Dessaler et cuire à l'eau frémissante une livre de morue.

Mêler avec de l'oignon de la cive, du persil finement haché et du jus de citron vert, ainsi que du piment à volonté.

Délayer 250 g de farine et un peu de levure dans 20 cl d'eau, puis y mêler la morue émiettée finement et son assaisonnement.

Faire frire en petites bouchées.

Déguster très chaud avec un ti-punch.

Le vignoble des Ampélidacées en Polynésie française

Au début des années 1990, un homme d'affaires de Tahiti passionné de vin, Dominique Auroy, décide de tenter la viticulture en Polynésie avec l'aide d'un vigneron bourguignon, Bernard Hudelot. Après des essais dans cinq archipels, c'est finalement sur un motu de corail de l'atoll de Rangiroa qu'il décide de planter 7 hectares de vignes. Les cépages sont principalement le carignan rouge (vinifié en blanc ou en rosé), l'italia et le muscat de Hambourg, plantés francs de pied (sans porte-greffe, en l'absence de phylloxera) et cultivés en bio. Les seuls intrants dans le sol sont les sarments broyés et des algues. Les vignes sont irriguées. Le rendement ne dépasse pas 30 hl/ha, mais le climat permet de vendanger tous les cinq mois. Quatre cuvées sont actuellement commercialisées : le Blanc de Corail (trois cépages), le Clos du Récif (pur carignan), le Rosé Nacarat et le Blanc Moelleux, en tout 30 000 bouteilles par an.

GUADELOUPE

Chatou (poulpe)
Crabe de terre
Daurade
Lambi
Langouste
Ouassou (crevette)
Palourde
Requin
Vivaneau

Bœuf zébu créole
Boudin créole
Cabri

Cochon créole
Jambon de Noël
Viande salée

Gâteau fouetté
Gâteau papate
Tourment d'amour

Abricot-pays
Ananas-bouteille
Aubergine
Avocat
Banane-figue
Banane-figue
Carambole
Cerise-pays
Citron vert
Cive
Concombre
Corossol
Cristophine
Fruit à pain
Gombo
Goyave
Igname
Madère
Malanga
Mandarine
Mangue
Noix de coco
Orange de Guadeloupe
Pamplemousse caraïbe
Papaye
Pastèque
Patate douce
Pois Boukoussou
Pomme Cannelle
Sapotille
Tamarin

Cassave au manioc
Chadec confit
Danquite (beignet)
Doucelette
Flûte
Pains, brioches
Pâte de goyave
Surelle confite

Bè rouj
(graisse au roucou)
Bois d'Inde
Cannelle
Curcuma
Gingembre
Miel de Guadeloupe
Noix Muscade
Piment
Poudre à colombo
Sucre de canne roux
Vanille

Café
Planteur
Punch coco
Rhum de la Guadeloupe
Ti-punch

Musée du Café
à Vieux-Habitants
Musée du Rhum
Bellevue à Sainte-Rose

Soupe z'habitants
Calalou
Bisque de tourlourous (petits crabes)
Daube de chatous
Crabe farci
Colombo de langouste
Chiquetaille de morue
Blaff de poissons
Vivaneau grillé sauce chien
Poulet au citron vert
Ragoût de bouts de cochon roussi
Colombo d'agneau
Riz créole
Beignets de bananes
Crème frite

SAINT-PIERRE-ET-MIQUELON

Soupe de raquette (morue)
Tiaude (ragoût de langues, têtes et filets de morue aux pommes de terre)
Lobster roll (hot dog au homard)
Bagel au saumon fumé au bois d'érable
Corolle de coquilles Saint-Jacques et saumon fumé
Terrine de crabe des neiges
Vol-au-vent de coquilles Saint-Jacques royales de Miquelon
Pot pie de la mer
Homard en Bellevue
Homard flambé au whisky
Noix de Saint-Jacques à la liqueur de plate-bière (fruit du roncier)
Rôti de flétan, Cabillaud à la crème
Poulet rôti à la saint-pierroise
Gâteau de carottes, Gâteau éponge
Beignets aux pommes
Crumble aux bleuets, Roulés à la cassonade

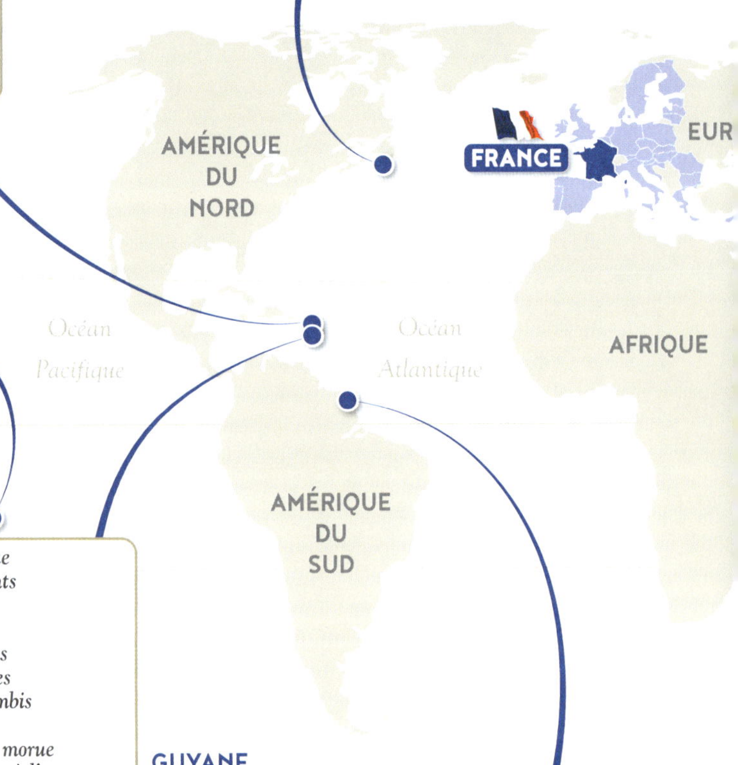

POLYNÉSIE FRANÇAISE

Bière Hinano
Jus de fruits frais

Poisson cru mariné au citron vert et au lait de coco Ahima'a (four polynésien conçu sur le même principe que le bougna kanak, mais avec plus de poissons que de viandes, et des chevrettes, crevettes d'eau douce, ainsi que des fafas, sortes d'épinards)
Cochon de lait cuit à l'étouffée dans un four polynésien
Brochettes de thon, Firifiri (beignet de coco)

MARTINIQUE

Chadron (oursin)
Coulirou
Crabe de terr
Daurade coryphène
Lambi (coquillage)
Palourde
Piscette
Poisson rouge
Poisson volant,
Z'habitant (écrevisse)

Cabri
Cochon planche

Boudin créole
Jambon de Noël
Pâté salé

Abricot-pays
Ananas
Avocat
Banane plantain
Banane-figue
Châtaigne-pays
Citron-pays
Corossol
Cristophine ou chayotte
Dachine ou Chou chin
Fruit à pain
Goyave
Groseille pays
Manioc
Noix de coco
Patate douce
Prune Cythère
Sapotille

Galette moussache
Gros gâteau
Macaron coco
Pain doux
Pâté cannelle
Potin
Robinson

Confiture coco
Danquite (beignet)
Doucelette coco
Flûte
Gros caco
Tablette coco
Totote fruit à pain
Zoreill mulatt

Bois d'Inde
Cannelle
Gros thym
Oignon-pays
Piment zoizeau
Sucre de canne

Accras de morue
Soupe z'habitants
Soupe à Congo
Pâté en pot
Blaff de poissons ou de coquillages
Fricassée de lambis
Crabe farci
Chiquetaille de morue
Féroce de morue à l'avocat
Rougail de tomates
Colombo de cochon, de cochon de lait, de poulet, de cabri
Gratin de cristophines
Bananes flambées

Rhum de la Martinique
Ti-punch au rhum blanc,
Ti-punch au rhum ambré,
Daïquiri, Punch Planteur,
Punch coco

Distilleries Trois Rivières
et Duquesne à Sainte-Luc
Écomusée de la Martinique
à Rivière-Pilote
Habitation Clément au François
Musée du Coquillage et de la Mer
au Diamant
Musée du Rhum de Sainte-Marie

GUYANE

Acoupa
Atipa
Crabe de palétuvier
Crevette
Goret
Grondé
Huître
de palétuvier
Machoiran
Mulet
Requin

Agouti
Cochon-bois
Cochon-case
Lézard
Maypouri
Oko
Tatou à neuf bandes
Zébu

Boudin créole

Agrumes
Ananas
Avocat
Bacove (banane verte)
Banane jaune (plantain)
Calou (gombo)
Carambole
Citron vert
Concombre, citrouille
Corossol
Fruit de l'arbre à pain
Goyave
Igname
Mangue
Manioc
Maracudja
Noix de cajou
Noix de coco
Papaye
Patate douce
Sapotille
Zépina (épinard)

MAYOTTE

Pains, brioches : Fruits à pain, Manioc, Riz

Boissons : Bière Hipo 101 et Castle, Jus de baobab, Trembo (jus ou vin de palme ou de coco)

Musée de la gastronomie : Écomusée de la vanille et de l'ylang ylang à Jimawéni

Brochettes de bœuf
Mabawas (ailes de poulet grillé)
Poisson grillé au voulé (barbecue)
Mataba (brèdes ou feuilles sauvages cuites au lait de coco)
Pilao (riz à la viande et aux épices)
Rougail (sauce tomate épicée originaire de La Réunion)
Putu Putu (sauce très épicée)
Tripes à la banane
Magimbi ya nadzi (Taro au lait de coco)
Gwezi ha nadzi (peau de vache au lait de coco)
Foie de bœuf au coco
Mbuzi ya masala (civet de cabri)
Kangué (jarret de bœuf à l'ail)
Bananes vertes frites
Chouchou au lait de coco

LA RÉUNION

Poissons, crustacés : Crabe, Crevette, Poisson boucané, Thon, Zourite (poulpe)

Viandes : Cabri, Porc, Poulet bitume, Tangue (hérisson malgache), Viande boucanée

Charcuteries : Pâté créole

Légumes, fruits : Avocat, Brèdes (herbes), Chou palmiste, Chouchou, Concombre, Cristophine, Lentilles de Cilaos, Piment, Poivron, Tous fruits tropicaux

Confiseries : Confitures de tous fruits et de certains légumes (cristophine), parfois à la vanille

Condiments, épices : Achards, Rougail tomates, Toutes épices tropicales

Riz (indispensable)
Cari (poulet, canard, porc, crabe, crevette, lapin, poisson, zourite, tangue, saucisse, etc.)
Chop suey au riz
Rougail saucisses
Civet de lapin à la créole
Salade chinoise
Purée de cristophine chouchou
Fruit à pain à la morue
Pied de porc à la Dodo
Gratin de palmiste
Poulet mangue
Ananas ou bananes flambés au rhum
Beignets de bananes
Mousse à la banane ou à tous les fruits

Boissons : Bière Dodo Bourbon, Bière Dodo Bourbon Metiss au letchi, Rhum de La réunion IGP, Rhums arrangés, parfois additionnés de sirop de sucre de canne et dans lesquels un ou plusieurs ingrédients ont longuement macéré : gingembre, vanille, letchis, cannelle, bois bandé, agrumes variés ou feuilles d'agrumes, badiane, piment, café, menthe, banane, ananas, combava, feijoa, carambole, jasmin, jujube, mangue, noix de coco, ramboutan, etc., Sirop de tamarin, Sodas letchis, citron, ananas, Vin du cirque de Cilaos

Musée de la gastronomie : Jardin des parfums et des épices à Saint-Philippe, Musée agricole et industriel Stella Matutina à Piton-Saint-Leu

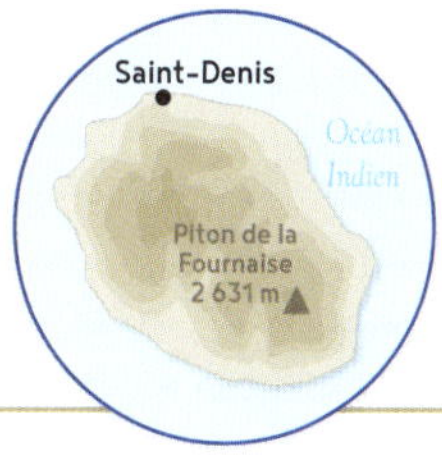

NOUVELLE-CALÉDONIE

Poissons, crustacés : Bec-de-canne, Calmar, Cigale de mer, Crabe de cocotier, Crabe de palétuvier, Crevette, Huître de palétuvier, Langouste, Poisson chirurgien, Poisson-perroquet, Poulpe, Vivaneau

Viandes : Bœuf, Canard, Cerf, Cochon sauvage, Mouton, Poulet, Roussette (chauve-souris), Veau, Vers de bancoule

Condiments, épices : Toutes épices tropicales

Légumes, fruits : Banane plantain, Chayotte, Chouchoute ou cristophine (cucurbitacée), Igname, Manioc, Noix de coco, Patate douce, Taro, Tous fruits tropicaux

Boissons : Bière Number One, Café néo-calédonien, Kawa

Bougna kanak
Brochettes de cerf
Bœuf au coco

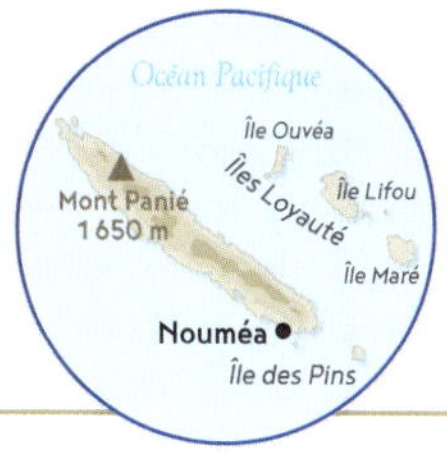

Pâtisseries : Angou, Beignet Dizé Milé, Bindingwel, Gâteau de Cramanioc, Lanmou chinois, Pâté banane

Confiseries : Confiture coco, Confiture de goyave, Tablette coco ou conserve

Pains, brioches : Pain à deux têtes, Riz de Guyane

Condiments, épices : Achards, Cannelle, Curcuma, Gingembre, Piment de Cayenne, Poivre, Miel de forêt

Boucanés
Salés
Accras de crevettes
Bouillon d'awara
Chevrettes au lait de coco
Blaff
Pimentade de requin au rhum
Cochon de lait en prière
Colombo de porc

Boissons : Bière d'ananas, Cacao, Cachiri, Madou, Punch guyanais, Rhum, Tafia

---

Légende :

- Poissons, crustacés
- Viandes
- Charcuteries
- Pâtisseries
- Confiseries
- Légumes, fruits
- Pains, brioches
- Condiments, épices
- *Colombo de porc* : Principales recettes
- Musée de la gastronomie
- Boissons

Eugène Le Mouël, *Grand cidre mousseux par les Domaines de Valençay, par Cérences, Manche*, 1897.

Table des matières

La gastronomie au cœur de l'identité française

Produits et recettes de la gastronomie française

Le goût des provinces

Crédits photographiques

Couverture et page 158 : © BnF ; © klenova/iStockphoto.com – 6 : © Jean-François Mallet – 13 : DR – 22 : © ricochet64/Shutterstock.com – 25 : © Kasia Kozinski/Myphotoagency.com pour *Le Chef* – 26 : © FOOD-micro/Fotolia.com – 28 : © AlexRaths/iStockphoto.com – 30 : DR – 32 : © FOOD-micro/Fotolia.com – 34 : © aterrom/Fotolia.com – 36 : © Maurice Metzger/Fotolia.com – 38 : © Jean-Robert Pitte – 40 : © Iamio/Fotolia.com – 42 : © Joana Wnuk/Fotolia.com – 46 : © erika8213/Fotolia.com – 50 : © havesen/Fotolia.com – 52 : © kiboka/Fotolia.com – 54 : © FOTOLOO/Fotolia.com – 56 : © FOOD-micro/Fotolia.com – 58 : collection du Musée de la Bière de Stenay, département de la Meuse – 60 : © peterzayda/Fotolia.com – 62 : © thomathzac23/Fotolia.com – 64 : © Sabine Segura/Getty images– 66 : © Bablo/Fotolia-com – 67 : © guitou60/Fotolia-com – 68 © Brad Pict/Fotolia-com – 69 © Brad Pict/Fotolia-com – 70 © Stieglitz/iStockphoto.com – 71 : © Thesupermat – 72 : © the-hague/iStockphoto.com – 73 : © Jerry Pank – 76 : © FOOD-pictures/Fotolia.com – 77 : © byjohn/iStockphoto.com – 78 : © FOOD-images/Fotolia.com – 79 : © Borisb17/iStockphoto.com – 80 : © Imladris/Shutterstock.com – 81 : © Pixavril/Shutterstock.com – 82 : © Marie Lécrivain – 84 : © margouillatphotos/iStockphoto.com – 85 : © Stéphane Bidouze/Fotolia.com – 87 : © FOOD-micro/Fotolia.com – 89 : © FOOD-micro/Fotolia.com – 90 : © pedrosala/iStockphoto.com – 91 : © Thierry RYO/Fotolia.com ; © Qwart/iStockphoto.com – 92 : © Sławomir Fajer/Fotolia.com – 94 : © Brasserie L'Excelsior – 96 : © demarco/Fotolia.com – 98 : © Jean-Robert Pitte – 100 : © laurent/Istockphoto.com – 101 : © objectif saveurs/Fotolia.com ; © SOLLUB/Fotolia.com – 102 : © FOOD-micro/Fotolia.com – 104 : © SOLLUB/Fotolia.com – 105 : © Eléonore H/Fotolia.com – 106 : © SOLLUB/Fotolia.com ; © JCStudio/Shutterstock.com – 108 : © FOOD-micro/Fotolia.com – 109 : © bluesky6867/Fotolia.com – 110 : © PHILETDOM/Fotolia.com ; © soniaC/Fotolia.com – 111 : olympus E5/Fotolia.com – 112 : © Casseb/Fotolia.com – 114 : © machiavel007/Fotolia.com – 116 : © StockFood/Getty images – 117 : © FOOD-micro/Fotolia.com – 118 : © Fabien Pawlicki/Fotolia.com – 120 : © FOOD-micro/Fotolia.com – 121 : © savoieleysse/Fotolia.com – 122 : © SOLLUB/Fotolia.com – 124 : © fkruger/Fotolia.com ; © chanelle/Fotolia.com – 126 : © M.studio/Fotolia.com ; © Arkadiusz Fajer/Fotolia.com – 127 : © Mastrofoto/Fotolia.com – 128 : © PJPhoto69/Fotolia.com – 129 : © kristina rütten/Fotolia.com – 130 : © ventdusud/Shuterstock.com ; BnF – 131 : © ALF photo/Fotolia.com – 132 : © Martine A Eisenlohr/Fotolia.com – 133 : © nblxer/Fotolia.com ; © FOOD-micro/Fotolia.com – 134 : © Angelika Sorkina/Shutterstock.com – 135 : © Office du Tourisme Mont Aigoual – 136 : © Jérôme Rommé/Fotolia.com – 138 : © DMHai/Shutterstock.com – 139 : © Pabkov/Fotolia.com – 140 : © Thomas Launois/Fotolia.com – 142 : © rdnzl/Fotolia.com ; © FreeProd/Fotolia.com – 144 : © iPics/Fotolia.com ; © FreeProd/Fotolia.com – 145 : © gimsan/Fotolia.com – 146 : © Bertrand photos/Fotolia.com – 149 : © Katerina Perera/Shutterstock.com – 150 : © skampixelle/Fotolia.com – 151 : © Gwenvidig/iStock.com – 152 : © Claude Cruelles ; © hassan bensliman/Fotolia.com – 154 : © Onfocus/iStock.com – 155 : © Gitana/iStock.com ; © Shutterstock.com ; © Vin de Tahiti – 158 : © BnF.

Les cartes de cet ouvrage ont été conçues par Jean-Robert Pitte, à partir de sources diverses :

9 h.d : Louis Stouff, *La table provençale. Boire et manger en Provence à la fin du Moyen Âge*, Avignon, Alain Barthélémy, 1996 – 13 : École nationale supérieure du paysage – 15 : Grimod de la Reynière ; Jean-Anthelme Brillat-Savarin, *Physiologie du goût*, 1825 – 16 : Henri Gault et Christian Millau, *Guide gourmand de la France*, Paris, Hachette, 1970 – 17 : Valérie Ortoli, *Paris. Capitale de la gastronomie*, Paris, Mairie de Paris, 1984 ; *Le Guide Michelin 2017 : hôtels et restaurants*, Boulogne-Billancourt, Michelin Cartes et guides, coll. « Le Guide rouge » – 19 h. g. et d. : Guy Chemla, *Les ventres de Paris. Les Halles, la Villette, Rungis. L'Histoire du plus grand marché du monde*, Paris, Glénat, 1994 ; b. : Marché de Rungis (www.rungisinternational.com) – 23 : *Le Guide Michelin 2017* – 25 h. : www.alain-ducasse.com, www.joel-robuchon.com; b. : www.laliste.com/fr/ – 29 : FranceAgriMer ; *L'atlas des enjeux maritimes-Le Marin* hors-série – 35 : INAO (www.inao.gouv.fr) – p. 37 : INAO ; Comité interprofessionnel des palmipèdes à foie gras (www.elevage-gavage.fr) – 39 : Yvan Le Caro ; Office national de la chasse et de la faune sauvage (ONCFS/FDC) – 41 : INAO – 44 : Lucien Febvre, *Travaux du premier congrès international de Folklore*, Paris-Tours, 1938 – 49 : Lionel Poilâne, *Guide de l'amateur de pain*, Paris, Robert Laffont, 198153 : Roger Lallemand, *Carte des douceurs de France*, Paris, Recta Foldex, 1991 – 55 : François Legouy et Sylvaine Boulanger (dir.), *Atlas de la vigne et du vin*, Paris, Armand Colin, 2012 – 57 : France AgriMer ; Atout France – 59 : INAO ; Association des Brasseurs de France ; www.bière-france.com – 61 : INAO – 63 : INAO – 67 à 157 : *Inventaire du patrimoine culinaire de la France*, Paris, Albin Michel, 24 vol. ; INAO ; Marchés de France (annuaire.marchesdefrance.fr) ; *Guide Michelin 2017* ; Jean-Paul Branlard, *Les cent meilleurs musées gastronomiques de France et autres lieux gourmets*, Paris, Grancher, 2001.

Création graphique et composition : Alain Chevallier

Armand Colin est une marque de Dunod Éditeur
11 rue Paul Bert, 92240 Malakoff
ISBN 978-2-200-61480-5

261480 – (I) – OSB 120 – CHE – GCO
Dépôt légal : octobre 2017
Achevé d'imprimer en Espagne par Gráficas Estella, S. L.